林业产业标准化国家创新联盟
木材工业转型升级推荐用书

木材工业转型升级标准指南

段新芳 主 编

中国建材工业出版社

图书在版编目（CIP）数据

木材工业转型升级标准指南/段新芳主编．-- 北京：中国建材工业出版社，2022.3

ISBN 978-7-5160-3422-4

Ⅰ.①木… Ⅱ.①段… Ⅲ.①木材加工工业—产业结构升级—中国—指南 Ⅳ.①F426.88-62

中国版本图书馆 CIP 数据核字（2021）第 259772 号

内容提要

本书介绍了木材工业标准化基础知识，分析论述了木材工业基础标准、木材工业方法标准、木材工业产品标准、木材工业环境保护和绿色发展标准、木材工业安全生产标准、木材工业能源能耗标准、木材工业工程建设标准、木结构工程建设标准、木材工业碳达峰碳中和标准，汇总分析 9 大类中国标准 1313 余项，木材工业与碳达峰碳中和国际标准 235 余项。该书全面系统总结了木材工业转型升级急需的木材工业产品质量、环保、能耗、安全生产、碳达峰碳中和等方面的标准，服务木材工业行业管理，助推木材工业高质量发展，为政府和产业管理部门、企业进行木材工业转型升级提供标准指导。

该书可作为木材工业转型升级标准化工作的工具书，为地方政府、木材工业行业和企业进行转型升级及高质量发展管理人员、木材工业标准化管理人员、高等院校和科研院所的师生、科研人员提供重要参考。

木材工业转型升级标准指南

Mucai Gongye Zhuanxing Shengji Biaozhun Zhinan

段新芳　主编

出版发行：中国建材工业出版社

地　　址：北京市海淀区三里河路 1 号

邮　　编：100044

经　　销：全国各地新华书店

印　　刷：北京鑫正大印刷有限公司

开　　本：787mm×1092mm　1/16

印　　张：11

字　　数：270 千字

版　　次：2022 年 3 月第 1 版

印　　次：2022 年 3 月第 1 次

定　　价：**88.00 元**

本社网址：www.jccbs.com，微信公众号：zgjcgycbs

本书编委会

主　　编　段新芳

编　　委　李晓玲　虞华强　赵有科　徐金梅　安　鑫　张　冉　段　衡

组织编写单位

全国木材标准化技术委员会

全国人造板标准化技术委员会

全国林业生物质材料标准化技术委员会

中国林业科学研究院木材工业研究所

国家林业和草原局林产品质量与标准化研究中心

林业产业标准化国家创新联盟

前言

在 2021 年 3 月发布的《中华人民共和国国民经济和社会发展第十四个五年规划和 2035 年远景目标纲要》的“第三篇　加快发展现代产业体系　巩固壮大实体经济根基”中指出，“坚持把发展经济着力点放在实体经济上，加快推进制造强国、质量强国建设，促进先进制造业和现代服务业深度融合，强化基础设施支撑引领作用，构建实体经济、科技创新、现代金融、人力资源协同发展的现代产业体系”，强调建设制造强国和质量强国；同时还指出，“改造提升传统产业，推动石化、钢铁、有色、建材等原材料产业布局优化和结构调整，扩大轻工、纺织等优质产品供给，加快化工、造纸等重点行业企业改造升级，完善绿色制造体系。深入实施增强制造业核心竞争力和技术改造专项，鼓励企业应用先进适用技术、加强设备更新和新产品规模化应用。建设智能制造示范工厂，完善智能制造标准体系。深入实施质量提升行动，推动制造业产品‘增品种、提品质、创品牌’。强调产业转型升级，加快发展现代产业体系”。

2020 年 9 月，中共中央总书记、国家主席习近平在第 75 届联合国大会上提出“中国将提高国家自主贡献力度，采取更加有力的政策和措施，二氧化碳排放力争于 2030 年前达到峰值，努力争取 2060 年前实现碳中和”。这项战略工作也被列入《中华人民共和国国民经济和社会发展第十四个五年规划和 2035 年远景目标纲要》中。中国政府确定的双碳战略，是一项重大战略决策，事关中华民族永续发展和构建人类命运共同体。在新发展阶段，做好碳达峰碳中和工作，加快经济社会发展全面绿色转型，对我国实现高质量发展、全面建设社会主义现代化强国具有重大意义。

木材工业是以木材为原料生产加工各种木材产品的工业。木材工业主要产品有原木、锯材、木片、防腐木材与阻燃木材、人造板、木地板、木质装饰材料、木家具、木门窗、木楼梯、木结构建筑、木制工艺品（木雕等）、木塑复合材料、石木塑材料及其制品、其他木材产品 15 大类。

我国已经成为世界木材工业大国，人造板、木地板和木家具产量世界第一。2019 年全国人造板总产量 3.0 亿立方米，世界第一；规模以上木地板企业的年总销量约 8.91 亿平方米，其中木竹地板约 4.25 亿平方米、石木塑地板约 3.96 亿平方米、木塑地板约 0.70 亿平方米；根据中国轻工业联合会统计，2019 年全国木家具总产量 3.16 亿件。

我国已进入高质量发展阶段，要坚定不移地贯彻创新、协调、绿色、开放、共享的新发展理念，加快构建以国内大循环为主体、国内国际双循环相互促进的新发展格局，推动高质量发展。木材工业作为国家经济发展的重要组成部分，高质量发展是木材工业发展的必由之路。

为加快发展现代木材工业产业体系，推动木材工业经济体系优化升级，建设木材工业制造强国和质量强国，推动木材工业高质量发展，要全面贯彻党的十九大精神，以习近平新时代中国特色社会主义思想为指引，以推动木材工业产业转型升级，实现绿色发展、安全发展、高品质发展为目标，综合运用经济、法律、行政等手段，充分运用环保、安全生产倒逼机制，强化创新驱动，加快技术改造，淘汰落后产能，使产业布局更加合理、产业结构更加优化、污染排放不断降低、质量效益不断提升，加强木材工业碳达峰碳中和工作，实现碳达峰碳中和目标，推动产业高质量发展。

在推动实施木材工业转型升级实践中，一要充分发挥市场在资源配置中的决定性作用，推动优胜劣汰和转型升级，发挥政府在规划、标准、政策等方面的引导、扶持、监管作用，使木材工业尽快融入以国内大循环为主体、国内国际双循环相互促进的新发展格局之中。从解决环境保护、安全生产、节能降耗等突出问题入手，明确产业发展方向，完善转型升级思路措施，补齐、补强产业转型升级、绿色发展面临的短板。二要充分发挥标准引领产业质量提升、标准支撑产业发展的作用，严格执行环保、能耗、质量、安全和碳达峰碳中和管理等标准，特别是强制性标准，依法依规淘汰违法落后产能，推动木材工业绿色低碳循环发展和木材工业转型升级，应用标准倒逼产业转型升级，规范产业绿色发展。

为推动我国木材工业转型升级，为政府主管部门和企业提供全面系统木材工业转型升级标准目录，在国家林业和草原局发改司、全国木材行业管理办公室委托课题“木材行业重要标准整理汇编”支持下，在国家林业和草原局科技司的指导下，全国木材标准化技术委员会、全国人造板标准化技术委员会、全国林业生物质材料标准化技术委员会、中国林业科学研究院木材工业研究所、国家林业和草原局林产品质量与标准化研究中心、林业产业标准化国家创新联盟组织专家和人员开展了“木材工业转型升级标准指南”研究，系统搜集、分类整理出了木材工业基础、木材工业方法、木材工业产品、木材工业环境保护和节能减排、安全生产、能源能耗、工程建设、木结构标准。本书共收集整理木材工业安全生产的法律 14 部、法规 49 部、规章 45 则、规范性文件 87 个；搜集整理中国木材行业重要标准 1313 项，其中木材工业基础重要标准 32 项、木材工业方法重要标准 129 项、木材工业产品重要标准 287 项、木材工业环境保护重要标准 144 项、木材工业绿色发展重要标准 129 项、木材工业安全生产重要标准 247 项、木材工业能源能耗重要标准 81 项、木材工程建设重要标准 34 项、木结构建设重要标准 87 项、木材工业碳达峰碳中和标准 143 项。这些标准涉及国家标准、林业行业标准、环境行业标准、安全行业标准、农业行业标准、能源行业标准等，以及部分地方标准、团体标准，其中木材工业环境保护标准、节能减排标准、安全生产的地方标准较多。这些环保、能耗、质量、安全等标准是木材工业产业转型升级的重要参考；此外，还专门搜集整理了归口管理木材、木结构、人造板、强化木地板和软木产品的木材工业国际标准化组织及其国际标准。木材工业国际标准化组织包括国际标准化组织木材技术委员会（ISO/TC 218 Timber）、国际标准化组织木结构技术委员会（ISO/TC 165 Timber structure）、国际标准化组织人造板技术委员会（ISO/TC 89 Wood-based panels）、国际标准化组织铺地物技术委员会第 3 工作组——强化木地板工作组（ISO/TC 219/WG 3

Floor coverings/Laminate floor coverings）、国际标准化组织软木技术委员会（ISO/TC 87 Cork）。截至2020年底，国际标准化组织木材技术委员会（ISO/TC 218）归口管理的木材国际标准60项，其中基础标准2项、产品标准19项、方法标准29项、术语标准9项、符号标准1项；国际标准化组织木结构技术委员会（ISO/TC 165）归口管理的木结构标准51项，其中产品标准11项、方法标准32项、分级标准2项、设计标准3项、技术报告3项；国际标准化组织人造板技术委员会（ISO/TC 89）归口管理的人造板国际标准42项，其中术语标准2项、试验方法标准23项和产品标准17项；国际标准化组织铺地物技术委员会强化木地板工作组（ISO/TC 219/WG3）归口管理的强化木地板国际标准共有16项，其中试验方法类标准14项、产品标准2项；国际标准化组织软木技术委员会（ISO/TC 87）归口管理的软木类国际标准共有38项，其中术语类标准1项、试验方法类标准30项和产品类标准7项。此外，还整理分析了碳达峰碳中和国际标准28项。

在此基础上，编写了《木材工业转型升级标准指南》这本工具书，旨在为木材工业行业管理和助推木材工业转型升级与高质量发展提供重要参考。

本书是国家林业和草原局发改司、全国木材行业管理办公室委托课题“木材行业重要标准整理汇编”和林业产业标准化国家创新联盟协同创新项目“木材工业碳达峰碳中和标准体系构建及木材工业碳排放管理重要标准研究”的成果，感谢国家林业和草原局发改司、全国木材行业管理办公室的资助和大力支持！感谢林业产业标准化国家创新联盟的大力支持！

本书在编撰和出版过程中，得到了国家林业和草原局发改司杨超司长、胡春芝巡视员，国家林业和草原局科技司黄发强副司长、佟金权处长，国家林业和草原局林产品质量与标准化研究中心主任、中国林业科学研究院木材工业研究所副所长吕斌研究员等的大力支持和指导。也得到了国家林业和草原局林产品质量与标准化研究中心、中国林业科学研究院木材工业研究所、林业产业标准化国家创新联盟、全国木材标准化技术委员会、全国人造板标准化技术委员会、全国林业生物质材料标准化技术委员会等的领导和专家的大力支持！

在此，向为我们提供支持和帮助的各位领导、老师和朋友们表示衷心的感谢！

由于作者知识水平、背景和认识问题角度有限，书中不足和错误之处在所难免，恳请广大读者批评指正。

本书共11章，前言、第一章第二节由段新芳编写，第一章第一、三节由李晓玲编写，第二章、第三章、第四章由虞华强编写，第五章由徐金梅编写，第六章由安鑫编写，第七章、第八章、第九章由张冉编写，第十章由段新芳、张冉、段衡编写，第十一章第一节由赵有科编写，第十一章第二节由赵有科、虞华强、徐金梅编写。全书由段新芳负责统稿。

段新芳
2022年1月

目　录

第一章　木材工业标准化基础知识

第一节　标准和标准化的基本概念

一、标准的定义

国家标准《标准化工作指南　第1部分：标准化和相关活动的通用术语》（GB/T 20000.1—2014）对“标准”的定义：“通过标准化活动，按照规定的程序经协商一致制定，为各种活动或其结果提供规则、指南或特性，供共同使用和重复使用的文件。”标准是用来规范和统一人类社会各项生产、工作和管理活动的技术性规定。

世界贸易组织贸易技术壁垒协定（WTO/TBT）技术性贸易壁垒协议规定：“标准是被公认机构批准的、非强制性的、为了通用或反复使用的目的，为产品或其加工或生产方法提供规则、指南或特性的文件。”

在2017年11月4日中华人民共和国第十二届全国人民代表大会常务委员会第三十次会议上修订通过的《中华人民共和国标准化法》中，对标准作如下定义：“标准（含标准样品），是指农业、工业、服务业以及社会事业等领域需要统一的技术要求。”

制定标准的目的就是为各种活动或其结果提供规则、指南或特性，供共同使用和重复使用的文件。标准产生的基础是科学、技术和经验的综合成果。制定标准的对象是“重复性事物”。标准由公认的机构，包括政府、学会、协会、社团或企业批准发布。

《中华人民共和国标准化法》要求，在农业、工业、服务业以及社会事业的各个领域中，需要统一的技术要求，都应当制定标准，这样能够更好地满足人民群众对美好生活的需要，让标准在其中发挥作用。

农业领域标准，包括种植业、林业、畜牧业、渔业等产业，以及与其直接相关的产前、产中、产后服务等，这些方面需要统一的技术要求，主要包括农业产品（含种子、种苗、种畜、种禽等）的品种、规格、质量、等级、检验、包装、储存、运输以及生产技术、管理技术等的要求。例如，《造林技术规程》（GB/T 15776—2016）规定了人工造林（含迹地人工更新）、飞机播种造林、封山封沙育林技术的内容和要求，适用于全国国有造林、集体造林、个体造林和各种形式的合作造林。该标准的发布实施是中国林业生态建设的一件大事，对于进一步规范、指导全国造林工作，科学推进国土绿化，提高科技兴林水平，提升造林质量和成效，推动生态文明和美丽中国建设具有十分重要的意义；《高标准农田建设　通则》（GB/T 30600—2014）规定了高标准农田建设的基本原则、建设区域、建设内容与技术要求、管理要求、监测与评价、建后管护与利用。

工业领域标准，包括采矿业、制造业、电力、燃气及水的生产和供应业、建筑业等行业的术语、符号、代号和制图方法，产品的分类、规格、质量、等级、标识或者安全、环保、资源节约要求，以及开采、设计、制造、检验、包装、储存、运输、使用、回收利用或者全生命周期中的安全、环保、资源节约要求，工程建设的勘察、规划、设计、施工（包括安装）、验收和安全要求等。例如，《车用汽油》（GB 17930—2016）规定了车用汽油的术语和定义、产品分类、技术要求和试验方法、取样、标志、包装、运输和贮存、安全等内容。《室内装饰装修材料　人造板及其制品中甲醛释放限量》（GB 18580—2017）规定了室内装饰装修用人造板及其制品中甲醛释放限量要求、试验方法、判定规则和检验报告等，适用于纤维板、刨花板、胶合板、细木工板、重组装饰材、单板层积材、集成材、饰面人造板、木质地板、木质墙板、木质门窗等室内用各种类人造板及其制品的甲醛释放限量。

服务业领域标准，包括生产性服务业（交通运输、邮政快递、科技服务、金融服务等）、生活性服务业（居民和家庭、养老、健康、旅游等）各领域，对服务各要素（供方、顾客、支付、交付、沟通等）提出的服务能力、服务流程、服务设施设备、服务环境、服务评价等管理和服务要求。例如，《快递服务　第 1 部分：基本术语》（GB/T 27917.1—2011）构建了完整的快递服务术语概念体系，《快递服务　第 2 部分：组织要求》（GB/T 27917.2—2011）对快递企业的服务能力进行了系统规定。《快递服务　第 3 部分：服务环节》（GB/T 27917.3—2011）对快递服务的全流程服务要求进行了规定，这三项标准规定了快递作业的“规范动作”，保证了快递服务质量和水平的持续提升。《旅游饭店星级的划分与评定》（GB/T 14308—2010）规定了旅游饭店星级的划分条件、评定规则及服务质量和管理制度要求，得到了行业、企业和社会公众的广泛认可。

社会事业领域需要统一的技术要求，包括国家为了社会公益目的所提供的公共教育、劳动就业创业、社会保险、医疗卫生、社会服务、住房保障、公共文化体育、残疾人服务等基本公共服务，以及政务服务、社会治理、城市管理、公益科技、公共安全等领域的服务功能、质量要求、管理和服务流程、管理技术、监督评价等要求。例如，《社会治安综合治理基础数据规范》（GB/T 31000—2015）对社会治安综合治理的基础性数据进行了统一和规范，《社会治安综合治理　综治中心建设与管理规范》（GB/T 33200—2016）对综治中心的建设与管理进行了统一和规范。《职工基本养老保险个人账户管理规范》（GB/T 34278—2017）对职工基本养老保险个人账户的标识、性质、用途、管理主体、权益维护等做了全面约定，对于进一步规范职工基本养老保险个人账户管理，维护参保对象的基本养老保险权益具有重要意义。

二、标准化的定义

国家标准《标准化工作指南　第 1 部分：标准化和相关活动的通用术语》（GB/T 20000.1—2014）对“标准化”定义：“为了既定范围内获得最佳秩序，促进共同效益，对现实问题或潜在问题确立共同使用和重复使用的条款以及编制、发布和应用文件的活动。”

标准化是一个活动过程，主要是制定标准、实施标准进而修订标准的过程，它是一个不断循环、螺旋式上升的运动过程。每完成一个循环，标准的水平就提高一步。标准化是一项有目的的活动，除了为达到预期目的改进产品、过程和服务的适用性之外，还包括防止贸易壁垒，推进技术进步。标准化活动是建立规范的活动，所建立的规范（条款）具有共同使用和重复使用的特征。

第二节　标准和标准化的作用

标准在现代社会经济和生活中具有非常重要的作用。标准是经济社会活动的技术依据，也是国际公认的国家质量基础设施之一，是国家治理现代化的重要工具，是现代生产社会化和管理现代化的重要技术基础，是发展市场经济、促进贸易交流的技术纽带，在保护人体健康，保障人身、财产安全，维护消费者合法权益，推动产品和服务质量提升、促进转型升级、引领创新驱动、推进高质量发展方面都发挥着十分重要的支撑和引领作用。

一、标准的作用

标准的作用就是标准使用产生的影响或效果，一般指标准使用后的作用。麦绿波（2019）在《标准学——标准的科学理论》中认为，标准具有 10 个主要作用，即统一作用、复制作用、仲裁作用、互通作用、保护作用、连接作用、简化作用、引领作用、推动作用、积累作用。

1. 统一作用

标准具有基准性，使所有的标准使用者都自愿遵循其内容，使得在不同空间、不同时间的标准使用者的执行结果都一致，实现了标准内容使用的时空统一，因此标准的使用具有时空统一作用。例如，机械制图标准和电气制图标准的实施，统一了全国对机械设计和电气设计的表达，标准对设计表达产生了统一作用；标准适用的范围越宽，标准的统一范围也越宽，如国际标准具有世界范围的统一作用；标准统一作用的另一种表现形态是规范作用。统一是学习、思考、交流的基础，标准的统一使用支持了人类认识和交流。

2. 复制作用

标准服务于重复性事物，是标准制定的目的之一。同一标准在重复性的使用过程中，使标准的约束对象在不同时间和不同空间与标准的规定关系相一致，标准对约束对象产生了复制作用。标准的复制作用依靠标准的内容，标准的内容相当于“产品”复制的基因，标准对重复性的使用对象具有基因的意义。对于批量化的产品生产，标准给出制造相同产品的“基因元素”，使不同企业、不同时间生产的产品在规定关系内完全相同。标准不仅具有复制产品作用，也可复制设计方法、制造方法、试验方法等。凡是有复制关系的地方，都可使用标准内容这种“遗传基因”进行复制。

3. 仲裁作用

标准制定的公正性机制，标准的公认性、唯一性和依据性是标准仲裁作用的基础。

标准制定要求利益相关方的平等参与，各方有平等意见提出权，意见的采纳与否取决于是否有利于进步和是否符合各方共同利益，而不取决于经济实力或政治实力。标准制定具有公正性机制；标准是协商一致的产物，由权威机构发布，标准具有公认性和唯一性，公认性和唯一性是仲裁的要素；标准还是规范行为的依据，依据通常既是开始的根据，又是结果的判据；标准的公认性、唯一性、依据性使标准具有仲裁的地位，在相关的技术行为、管理行为中发挥仲裁作用。当市场贸易的买卖双方（如产品制造方和用户）在产品的验收方面产生分歧时，产品标准将是仲裁的依据；当多个单位对某项测试结果不一致时，判定正确测试的依据必须是符合标准规定的测试方法。标准在市场经济中发挥着重要的仲裁作用。

4. 互通作用

互通是相互识别和相互理解。信息交换的双方包括多方在信息的形式和内容不一致时，信息交换后是不能相互识别的。例如，只讲英语的人和只讲俄语的人由于信息的形式与发音不同，他们之间是不能相互交流的，因为信息没有实现互通。标准通过统一信息的形式和内容，使信息在交互过程实现互通，标准对信息的交互发挥了互通作用；统一语言的标准和统一文字的标准分别对语言和文字发挥了互通作用。计算机、手机等涉及的网络协议、信息格式、信息代码的标准使网络传输的信息能被还原和识别，能有效支撑网络信息的互通。

5. 保护作用

公共环境、地球资源、生命和财产安全等的保护是集共识、法规、利益、技术为一体的问题，不是简单地应用法制手段就能解决好的问题。公共利益的保护需要以共识为基础、法规为约束、公益为根本、技术为手段来解决。地球的环境关系是相互关联的，局部性的改善是不能解决根本问题的，需要全球的共同努力。当涉及跨国关系时，政府的行政法规将失去效力。在这种情况下，标准有其独特的优势。标准是以共识为基础，以协商为条件，以公益为己任，并可以跨国界执行，既能表达管理关系，也能表达技术关系。制定和实施企业排放控制标准、环境管理体系标准、产品质量管理体系标准、资源开发标准对地球环境和公共利益起到有效保护作用。质量管理标准可保护消费者的利益，排放控制标准可保护公共环境，资源开发利用标准可保护资源的循环利用。标准的使用有效地发挥了保护公共利益的作用。

强制性标准包括保障、维护安全相关的产品标准、食品安全标准、污染物排放标准、安全生产标准等，在保障人身健康和生命财产安全、国家安全、生态环境安全等方面是国家保障各类安全的技术基础和基本准则。强制性标准为各类与安全相关的行为、产品、服务等设置底线和门槛，为保障和维护各类安全筑牢屏障。强制性标准制定得好不好，实施得到不到位，事关人民群众的切身利益。

6. 连接作用

不同级别或层级的标准将关系到相应层级面的相关关系，地方标准连接地方的关系，行业标准连接同行业的关系，国家标准连接各省市间的关系，国际标准连接各国间的关系。标准的实施使所有标准的执行方（不同的企业、不同地区、不同民族、不同国家的标准用户）汇向同一个目标，去达到相同的目的。标准发挥了地域、民族、国家之间的连接作用。由于标准规定的内容不是单一方面就能完成的，往往需要社会化协作和合作，标准的执行通常导致连接作用的产生。标准的连接作用具有广泛性。标准导致了人与人的连接、供方与用户的连接、企业与政府的连接、信息系统间的连接、表达关系间的连接，产品与产品的连接、软件与硬件的连接等。

7. 简化作用

标准的形成过程是一个诸多关系优化和筛选的过程，因此，标准的形成过程是一个集中的过程。集中是收敛，甚至是唯一，只有简化和唯一才有可比对性，才能建立秩序化的状态。集中的过程也是淘汰的过程和简化的过程。例如，曾经存在多种长度单位的关系，在确定国际长度标准时，选择了米制作为国际标准，淘汰了英制和其他国家自己的长度单位。例如，优先数系标准就是简化参数和品种规格的工具。制定标准的过程是一个简化的过程，使用标准的过程也是一个简化的过程，标准的使用缩小了可能的选择范围，因此，标准具有简化的作用。

8. 引领作用

在新兴产业领域或新一代技术研究和产品研究的前期或同期，前瞻性、超前性地制定标准、应用标准，领先一步进行产品优化发展的标准化设计和标准制定，可用先进性和前瞻性的技术标准引领技术发展和产品发展，提升产品竞争力和占有率。标准高于产品现状技术水平带来的是引领技术水平的提升，标准超前布局产品发展带来的是引领产品优化发展。如手机通信的 3G、4G 标准制定，引领了新一代通信产品跨越性的规模化发展，5G 标准将会发挥更大的引领作用。新兴产业领域更多的是先有标准，后有产业。此外，标准在国家转型升级和高质量发展中发挥着重要的引领作用。如通过制、修订一批质量、技术、能耗、资源综合利用方面的先进标准，以标准引领新材料、新产品、新技术的推广，为行业补短板、强弱项提供技术支撑，带动产品升级换代，推动行业节能减排、资源综合利用水平不断提高。

9. 推动作用

标准制定具有科学性、先进性、合理性等要求，这些要求使标准的内容在当时或一定时期内是先进的，甚至是前瞻性的，并代表了技术或管理的发展方向。另外，标准具有公认性、权威性和可信任性，执行标准就意味着被认可或不误入歧途，标准对其使用者具有吸引力和自觉性。企业使用先进性和前瞻性的技术标准将推动企业技术发展和技术进步，提升企业的技术竞争力。企业使用科学、合理的管理标准将改善企业的管理状况，提高企业的管理水平。企业制定和实施先进的产品标准将提升产品技术水平，有利于占领产品市场。标准对企业技术进步、提高管理水平、占领市场等都能发挥有效的推动作用。

10. 积累作用

标准制定过程是对技术、管理知识的提炼、固化和保存的过程。由于标准选择的是成熟、可靠的知识，并经过专家群体讨论和修改，标准凝聚的是专家的集体智慧。标准的形成过程就是有效知识的积累过程，标准对知识的积累是在知识全寿命周期一直被保留的，并在必要时进行修改和完善，使其始终保持对被积累内容的有效性。例如，产品设计标准积累了产品设计的知识精华，能有效地指导产品设计；产品工艺标准积累了产品制造的技术诀窍，能指引产品的成功制造；质量管理体系标准积累了质量管理的理论和经验，能有效地指导产品质量的监督和控制。标准对技术、管理等知识都能起到有效的积累作用。

二、标准化的重要作用

在现代社会，标准化工作已经从生产领域向贸易服务领域延伸，从经济层面向社会治理、文化建设、生态文明建设以及政府管理层面拓展，是与国家战略政策同等重要的国家治理手段。也就是说，标准化工作是涉及国家软实力和基础性的工作，中国要从经济大国向经济强国转变，必须突出标准化的基础作用，用高标准推动高质量发展，加快形成推动高质量发展的标准体系，提升标准化的水平，推动中国经济由高速增长向高质量发展的转变。

标准化的作用不同于标准的作用，标准的作用是标准使用过程带来的影响和效果，标准化的作用是统一化状态带来的影响和效果，它突出的是统一化状态的影响和效果。

1. 标准化是促进经济转型升级的重要手段，将有效推动转型升级和高质量发展

中国从经济大国向经济强国转变，关键在于经济能否顺利实现转型升级，这其中标准化工作具有特殊的作用。标准是产业调整升级的方向标，引导传统产业改造升级，引领新产业、新业态发展壮大。标准是实施创新驱动战略的“助推器”，先进的标准可以推动技术创新、产业创新和商业模式创新，提高产品和产业的核心竞争力。标准是统一市场建设的“红绿灯”，依托标准建立公平、开放、透明的市场标准，可以提升资源配置的效率和公平性。中国积极实施标准化战略，以标准助力创新发展、协调发展、绿色发展、开放发展、共享发展。引导和鼓励全社会运用标准化方式组织生产、经营、管理和服务，能够切实提升经济效益、社会效益和生态效益，全面提高经济社会发展水平。

2. 标准化是提升政府治理能力的重要抓手，将有效推进国家治理体系建设与治理能力现代化

标准化在社会治安综合治理、美丽乡村建设、提升农村基本公共服务等工作中已成为重要抓手。在推进国家治理体系和治理能力现代化中具有重要的支撑作用。首先，标准是法律法规的技术支撑和必要补充，是科学管理的重要方法，是行简政之道、革烦苛之弊、施公平之策的重要工具。它有利于促进政府依法行政，也是政府依法履行管理职能的重要依据。其次，它有利于促进政府职能转变，通过采取多方协商一致的标准，可以将政府的刚性指令和行政命令变成市场主体约定的市场准则，将政府单向管理变成社会共同治理。如淘汰落后产能，以前的很多做法是行政命令式的，政府一声令下就进行淘汰，但我们如果用标准化的方法便是另外一种局面。例如，规定多少万吨必须淘汰，以技术手段来判断符不符合标准，如果不符合则关闭，这样也容易让企业形成共识。最后，有利于促进基本公共服务均等化。通过实施标准化提高透明度、均衡度，形成总业务差异、质量相一致的民生保障体系，促进社会和谐发展。

3. 标准化是提升产品和服务质量的重要工具，能有效支撑建设质量强国

标准是实现人民美好生活的基本保障。标准决定质量，有什么样的标准就有什么样的质量。一方面，标准是企业组织生产和提供服务的依据。企业严格按照标准要求生产和提供服务，产品和服务质量才有保证，生产效率才能提高，行业整体生产和服务质量水平才能得以提升，才能提高服务质量、保障服务安全、提升用户满意度；另一方面，标准是执法监管和消费者维权的依据。监管部门、检测机构能够依标准执法、依标准检验、依标准维护消费者合法权益。消费者能够根据标准选择产品，明白消费，依标准维权。提升标准质量和水平，促进产品和服务质量提升。质量提升，标准先行；产业未兴，标准先行。

4. 标准是企业赢得竞争优势的制高点，将有效提升产业竞争力

在市场经济条件下，谁拥有标准的制定权，谁就掌握市场竞争的话语权。标准、技术法规、合格评定程序是世界贸易组织规则允许的技术性贸易措施，可以说中国企业要发展成为世界知名品牌企业，标准化是必经之路，只有抢占到标准化的制高点，企业才能做大做强，成为全球行业的领头羊，成为全球知名品牌企业。中国当前占据全球行业领先地位的高铁、特高压、核电、智能手机、家电等无不是如此，都是在标准化这个方面占据了领先地位，对我们提高国际竞争力非常关键。

5. 标准化是实现高水平对外开放的有力支撑，对促进世界互联互通，共建人类命运共同体有重要作用

在促进国际贸易、技术交流等方面，标准具有通行证作用。标准是人类文明进步的成果，是促进互联互通的“通行证”。标准是国际经贸往来的“技术语言”和准绳依据。从中国古代的“车同轨、书同文”，到现代工业规模化生产，都是标准化的生动实践。伴随着经济全球化深入发展，标准化在便利经贸往来、支撑产业发展、促进科技进步、规范社会治理中的作用日益凸显。标准已成为世界“通用语言”。产品进入国际市场，首先要符合国际或其他国家的标准，同时标准也是贸易仲裁的依据。国际权威机构研究表明，标准和合格评定影响着80%的国际贸易。世界需要标准协同发展，标准促进世界互联互通。以标准统一市场规则，促进公平竞争，已经成为世界各国的共同、普遍的共识。当前，我国实施“一带一路”倡议，推进国际产能和装备制造的合作，更需要大力推动自主技术标准的海外应用，加快与主要贸易国标准的互认互通，带动中国产品、装备和技术“走出去”。

国际标准是全球治理体系和经贸合作发展的重要技术基础。国际标准化组织作为最权威的综合性国际标准机构，制定的标准在全球得到广泛应用。中国愿同世界各国一道，深化标准合作，加强交流互鉴，共同完善国际标准体系，共同探索标准化在完善全球治理、促进可持续发展中的积极作用，为创造人类更加美好的未来做出贡献；以国际标准体系为技术基础构建全球治理体系和促进全球经贸合作发展，突出标准对促进世界互联互通、完善全球治理、构建人类命运共同体的作用。

6. 标准化是推动创新发展的重要桥梁和纽带，能有效引领科技进步

标准化是创新扩散的平台。“技术专利化，专利标准化”，新产品、新方法、新技术的市场化和推广，需要标准进行规范和引领，因此，作为产业创新成果转化、推广的有效载体，加强标准化工作，加大专利等创新成果向标准转化，可以有效推动创新成果的转化和新产品的推广，夯实创新发展的基础。

标准助推创新发展，标准引领时代进步。标准与科技创新具有内在的联系。标准源于创新，是科技创新成果的总结，同时又是科技成果转化应用的桥梁和纽带。标准的实施过程就是科技成果普及推广的过程，在这个过程中往往会对科技创新提出新的需求，激发科技的再创新，科技再创新成果又能够再次标准化。科技创新不断提升标准水平，标准又不断促进科技成果转化，两者互为基础、互为支撑。随着科技革命和产业变革步伐加快，标准研发和科技创新的联系越来越紧密，越来越趋向同步，标准研制逐步嵌入科技活动的各个环节，为科技成果快速形成产业、进入市场提供重要的支撑和保障。

在促进科技成果转化、培育发展新经济等方面，标准化具有引领作用。过去，一般先有产品，后有标准，用标准来规范行业发展。而现在有一种新趋势，就是标准与技术和产品同步，甚至是先有标准才有相应的产品。创新与标准相结合，所产生的“乘数效应”能更好地推动科技成果向产业转化，形成强有力的增长动力，真正发挥创新驱动的作用。科学技术研究成果转化成标准，将更好地推动科学技术进步。

第三节　标准的分类

一、按照标准约束力分类

按照标准约束力分类，标准可分为强制性标准和推荐性标准。

根据 2018 年 1 月 1 日生效的新版《中华人民共和国标准化法》，只有国家标准有强制性国家标准和推荐性国家标准之分。原来的强制性行业标准已经取消。

强制性国家标准是指对保障人身健康和生命财产安全、国家安全、生态环境安全以及满足经济社会管理基本需要的技术要求，属于政府主导制定的标准。强制性国家标准代号：GB。

强制性国家标准严格限定在保障人身健康和生命财产安全、国家安全、生态环境安全和满足社会经济管理基本需求的范围之内。如，中国是人造板及其制品生产和消费大国，从保障人身健康基本需求方面，强制性国家标准《室内装饰装修材料　人造板及其制品中甲醛释放限量》（GB 18580—2017）规定了室内装饰装修用人造板及其制品中甲醛释放限量要求、试验方法、判定规则和检验报告等，适用于纤维板、刨花板、胶合板、细木工板、重组装饰材、单板层积材、集成材、饰面人造板、木质地板、木质墙板、木质门窗等室内用各种类人造板及其制品的甲醛释放限量。该标准的发布对保护消费者健康、推动人造板产业发展、提高产品质量等方面具有重大意义。

推荐性国家标准是对满足基础通用、与强制性国家标准配套、对各有关行业起引领作用等需要规范的技术要求，具有公益性质。推荐性国家标准代号：GB/T。

如，《绿色产品评价　人造板和木质地板》（GB/T 35601—2017）标准规定了人造板和木质地板绿色产品评价的术语和定义、评价要求、检验方法和评价方法。本标准适用于室内用人造板和木质地板绿色产品评价。该标准规定的人造板和木质地板绿色产品评价要求包括基本要求和评价指标要求。绿色人造板和绿色木质地板应同时满足本标准基本要求和评价指标要求。该标准于2017年12月8日发布，2018年7月1日实施。这个标准是首批发布的13个绿色产品评价标准之一，也是目前林业行业唯一的绿色产品评价标准。该标准发布的重要意义：

（1）颁布实施《绿色产品评价　人造板和木质地板》（GB/T 35601—2017）标准，是响应国家号召的重要举措，是开展人造板和木质地板室内装饰装修材料绿色产品统一认证、统一标识工作的基础。建立统一的绿色产品标准、认证、标识等体系，制定绿色产品评价标准，是推动实施产业绿色发展的重要举措。

（2）《绿色产品评价　人造板和木质地板》（GB/T 35601—2017）提出了更严格的指标要求，树立了更高的产品绿色性能标杆，对促进中国人造板和木质地板产业转型升级、实现高端引领、提升消费品质量、引领绿色消费，具有重要意义。

（3）《绿色产品评价　人造板和木质地板》（GB/T 35601—2017）标准中各性能指标均与国外先进标准接轨，中国绿色产品将与国外认证标准实现互认。对促进中国绿色人造板和木质地板国际贸易、减少企业负担、消除贸易壁垒、扩大绿色产品贸易，具有重要意义。

此外，林业行业标准《软木纸》（LY/T 1320—2019）规定了软木纸的术语和定义、分类和标记、要求、检验方法、检验规则及包装、标识、运输和贮存，该标准规范了相关单位检测和生产，对提高产品质量、促进软木纸产业的规范化和健康发展具有重要意义。

二、按照标准级别分类

按照标准制定的主体和发生作用的范围以及标准的审批权限可分为国际标准、区域标准、国家标准、行业标准、地方标准、团体标准和企业标准。中国标准体系包括国家标准、行业标准、地方标准、团体标准和企业标准等。

1. 国际标准

国际标准是指“由国际标准化组织或国际标准化组织认定的国际组织通过并公开发布的标准”。国际标准是由国际标准化组织或国际组织制定。目前，国际标准主要由世界上的三大标准组织发布：国际标准化组织（ISO）发布的 ISO 标准，国际电工委员会（IEC）发布的 IEC 标准，国际电信联盟（ITU）发布的 ITU-T 标准［又称“建议书（Rec. ITU-T）”］和 ITU-R 标准［又称“建议书（Rec. ITU-R）”］。ISO、IEC、ITU 这三个国际标准组织发布的标准几乎覆盖了所有与标准化活动有关的技术领域。

除 ISO、IEC、ITU 之外，在某个专业范围内发布国际机构和组织还有几十个，如国际计量局（BIPM）、国际原子能机构（IAEA）、国际海事组织（IMO）、世界卫生组织（WHO）等。

国际标准发布后在世界范围内适用，作为世界各国贸易、交流和技术合作的基本准则。

截至 2020 年 12 月，中国主导制修订的林业国际标准有 *Plywood—Decorative veneered plywood*《装饰单板贴面胶合板》（ISO 13608：2014）、*Wood-based panels—Plywood—Blockboards and battenboards*《细木工板》（ISO 13609：2014）、*Veneers—Terms and definitions, determination of physical characteristics and tolerances*《单板　术语与定义、物理特征及其偏差的测定》（ISO 18775：2020）、*General requirements for solid wood flooring*《实木地板通用要求》（ISO 17959：2014）、*Physical and mechanical properties of wood-Test methods for small clear wood specimens—Part 5: Determination of strength in compression perpendicular to grain*《木材物理力学性质试验方法　第 5 部分：横纹抗压强度测定》（ISO 13061—5：2020）、*Physical and mechanical properties of wood-Test methods for small clear wood specimens—Part 10: Determination of impact bending strength*《木材物理力学性质试验方法　第 10 部分：抗冲击弯曲强度测定》（ISO 13601—10：2017）、*Physical and mechanical properties of wood-Test methods for small clear wood specimens—Part 11: Determination of resistance to impact indentation*《木材物理力学性质试验方法　第 11 部分：抗冲击压痕测定》（ISO 13601—11：2017）、*Physical and mechanical properties of wood-Test methods for small clear wood specimens—Part 12: Determination of static hardness*《木材物理力学性质试验方法　第 12 部分：硬度测定》（ISO 13601—12：2017）、*Physical and mechanical properties of wood-Test methods for small clear wood specimens—Part 17: Determination of compression parallel to grain*《木材物理力学性质试验方法　第 17 部分：顺纹抗压强度测定》（ISO 13601—17：2017）、《竹和竹产品术语》（ISO 21625：2020）、《通用竹炭》（ISO 21626—1：2020）、《燃料用竹炭》（ISO 21626—2：2020）、《净化用竹炭》（ISO 21626—3：2020）13 项国际标准。

2. 区域标准

区域标准是指“由区域标准化组织或区域组织通过并公开发布的标准”。区域标准均由具备地域型特点的区域标准化组织或区域标准组织制定。目前有影响的区域标准包括以下几种：

（1）欧洲地区：欧洲标准化委员会（CEN）和欧洲电工标准化委员会（CENELEC）发布欧洲标准（EN）；欧洲电信标准学会（ETSI）发布电信领域的欧洲标准（ETSI EN）和欧洲电信标准学会标准（ETSI ES）；跨欧亚地区的独联体跨国标准化、计量与认证委员会（EASC）发布独立国家联合体标准（TOCT）。

（2）美洲地区：泛美标准委员会（COPANT）发布泛美地区标准（COPANT）。

（3）亚洲、非洲及阿拉伯地区：南亚标准化组织（SARSO）发布 SAARC 标准（SARS）；非洲地区标准化组织（ARSO）发布非洲地区标准（ARS）；阿拉伯标准化与计量组织（ASMO）发布阿拉伯地区标准。

区域标准发布后在区域范围内适用，作为区域内贸易、交流和技术合作的基本准则。

目前，我国也有区域标准。为实施国家区域发展（如京津冀协同发展、长三角区域发展、粤港澳大湾区发展）战略，由区域内的省、自治区、直辖市联合制定的统一的标准，也称为区域标准。如：为推动京津冀协同发展，京津冀三地已经在交通、医疗、环保等方面发布统一的区域标准；2000 年以来，上海就会同江苏、浙江、安徽积极推进长三角标准合作，形成了“信息互通、资源共享、统一制定、分头发布”的工作局面，制定发布、互认实施了《旅游景区（点）道路交通指引标志设置规范》《房车旅游服务区基本要求》等一批长三角区域协同标准。下一步，长三角区域将统一使用标准一体化编号，并逐步完善长三角地区标准一体化合作机制，优化工作制度和工作流程，实现长三角协同创新发展。

3. 国家标准

国家标准是指“由国家标准机构通过并公开发布的标准”。在中国，国家标准是指由国家市场监督管理总局、中国国家标准化管理委员会（SAC）发布的国家标准。国际上具有影响力的国家标准大多由公认的国家标准机构（非权力机关）发布，主要有英国标准学会（BSI）发布的英国标准（BS），德国标准化学会（DIN）发布的德国标准（DIN），法国标准化协会（AFONR）发布的法国标准（NF），美国国家标准学会（ANSI）发布的美国国家标准（ANSI），加拿大标准理事会（SCC）发布的加拿大标准（CAN），日本工业标准调查会（JISC）发布的日本工业标准（JIS），俄罗斯联邦技术法规和计量局（GOST R）发布的俄罗斯国家标准（TOCT P），印度标准局（BIS）发布的印度标准（IS），巴西技术标准协会（ABNT）发布的巴西标准（ABNT NBR）等。

国家标准发布后在某个国家的范围内适用。

中华人民共和国国家标准是指对中国经济技术发展有重大意义、必须在全国范围内统一的标准。对需要在全国范围内统一的技术要求，应当制定国家标准。国家标准在全国范围内适用，其他各级标准不得与国家标准相抵触。国家标准一经发布，与其重复的行业标准、地方标准相应废止。

国家标准分为强制性国家标准和推荐性国家标准。强制性国家标准代号：GB；推荐性国家标准代号：GB/T。

根据国务院标准化协调推进部际联席会议办公室印发的《推进国家标准公开工作实施方案》（国标委信办〔2017〕14号），2017年3月16日，由国家标准化管理委员会组织建立的“国家标准全文公开系统”正式上线运行，社会各界可以免费查阅或下载相关标准。

根据2021年10月国家标准化管理委员会发布的《中国标准化发展年度报告（2020）》，截至2020年年底，共有国家标准39847项，其中强制性标准2133项，推荐性标准37714项；国家标准样品共1983项。国家标准公开有利于促进企业研制和运用先进标准生产、提高产品和服务质量，有利于引导消费、维护消费者权益、强化社会监督。

为了方便辨识标准的级别、类别及标准所属行业，现将中国技术标准代号所代表的意义汇总如下：

强制性国家标准代号为GB，推荐性国家标准代号为GB/T，国家标准化指导性技术文件代号为GB/Z。GB即国标的汉语拼音缩写，T是推荐的意思，Z是指导的意思。

此外，还有GBJ工程建设国家标准，如《住宅建筑模数协调标准》（GBJ 100—1985）、GBZ国家职业卫生技术标准，如《工业企业设计卫生标准》（GBZ 1—2010）、GJB国家军用标准，如《航天飞行试验测试发射质量控制程序和要求》（GJB 4401A—2011）、JJF国家计量技术规范，如《家用燃气灶具能源效率计量检测计量技术规范》（JJF 1261.26—2018）、JJG国家计量检定规程，如《通用卡尺》（JJG 30—2012）、GSB标准样品，如《工业硅标准样品》（GSB 04—3415—2017）、GBW一级标准物质（如GBW02102b铁黄铜）、GBW（E）二级标准物质（如GBW（E）130035苯甲酸标准物质）。

4. 行业标准

行业标准是指没有推荐性国家标准、需要在全国某个行业范围内统一的技术要求。《中华人民共和国标准化法》第十二条规定，“对没有推荐性国家标准、需要在全国某个行业范围内统一的技术要求，可以制定行业标准。行业标准由国务院有关行政主管部门制定，报国务院标准化行政主管部门备案”。

行业标准是推荐性国家标准的补充。行业标准的制定范围应当同时满足两个要求：一是没有推荐性国家标准，即已有推荐性国家标准的，不得制定行业标准；二是在本行业范围内需要统一的技术要求，即不能超越本行业范围、不能超越国务院有关行政主管部门的职责制定行业标准。作为政府主导制定的标准，行业标准也应定位于政府职责范围内的公益类标准。如林业行业标准《沉香》（LY/T 2904—2017）规定了沉香的术语和定义、要求、试验方法及判定，适用沉香原料及其制品的检验与判定。该标准的正式颁布与实施，为中国沉香相关行业提供了沉香真伪的科学检测依据，规范了沉香原料及其制品的市场秩序，保护了消费者权益。同时，该标准也为相关部门对中国沉香进出口贸易的监管提供了技术支撑，促进了沉香产业的健康发展。

过去行业标准也有强制性标准与推荐性标准之分，在2018年1月1日生效的最新版《中华人民共和国标准化法》中已经去除了强制性行业标准。

各个行业的行业标准代号见表1-1。如林业行业的行业标准代号为LY，通信行业的行业标准代号为YD，电子行业的行业标准代号为SJ。

行业标准应由制定标准的部门报国务院标准化行政主管部门备案。根据2021年10月国家标准委发布的《中国标准化发展年度报告（2020）》，截至2020年年底，共有71类行业标准72620项。

表1-1 中国行业标准分类、代号

序号	分类	代号	序号	分类	代号	序号	分类	代号
1	安全生产	AQ	24	建筑工程	JG	47	水利	SL
2	包装	BB	25	金融	JR	48	出入境检验检疫	SN
3	船舶	CB	26	交通	JT	49	税务	SW
4	测绘	CH	27	教育	JY	50	石油天然气	SY
5	城镇建设	CJ	28	旅游	LB	51	铁路运输	TB
6	新闻出版	CY	29	劳动和劳动安全	LD	52	土地管理	TD
7	档案	DA	30	粮食	LS	53	体育	TY
8	地震	DB	31	林业	LY	54	物资管理	WB
9	电力	DL	32	民用航空	MH	55	文化	WH
10	地质矿产	DZ	33	煤炭	MT	56	兵工民品	WJ
11	核工业	EJ	34	民政	MZ	57	外经贸	WM
12	纺织	FZ	35	能源	NB	58	卫生	WS
13	公共安全	GA	36	农业	NY	59	文物保护	WW
14	供销合作	GH	37	轻工	QB	60	稀土	XB
15	国密	GM	38	汽车	QC	61	黑色冶金	YB
16	广播电影电视	GY	39	航天	QJ	62	烟草	YC
17	航空	HB	40	气象	QX	63	通信	YD
18	化工	HG	41	认证认可	RB	64	有色金属	YS
19	环境保护	HJ	42	国内贸易	SB	65	医药	YY
20	海关	HS	43	水产	SC	66	邮政	YZ
21	海洋	HY	44	石油化工	SH	67	中医药	ZY
22	机械	JB	45	司法	SF			
23	建材	JC	46	电子	SJ			

5. 地方标准

地方标准是指“在国家的某个地区通过并公开发布的标准”。

地方标准是在国家的某个地区通过并公开发布的标准，地方标准均为推荐性标准。根据2017年11月4日中华人民共和国第十二届全国人民代表大会常务委员会第三十次会议修订通过的《中华人民共和国标准化法》第十三条规定，“为满足地方自然条件、风俗习惯等特殊技术要求，可以制定地方标准。地方标准由省、自治区、直辖市人民政府标准化行政主管部门制定；设区的市级人民政府标准化行政主管部门根据本行政区域的特殊需要，经所在地省、自治区、直辖市人民政府标准化行政主管部门批准，可以制定本行政区域的地方标准。地方标准由省、自治区、直辖市人民政府标准化行政主管部门报国务院标准化行政主管部门备案，由国务院标准化行政主管部门通报国务院有关行政主管部门。”

地方标准的制定主体包括省、自治区、直辖市人民政府标准化行政主管部门和设区的市级人民政府标准化行政主管部门。2019 年 2 月，安徽省市场监督管理局批准同意合肥、池州、宣城、阜阳、蚌埠、马鞍山、淮南、芜湖、黄山 9 市标准化行政主管部门制定本行政区域的地方标准。

中国幅员辽阔、民族众多，自然条件和民族生活习惯差异较大，省级人民政府以及经省级人民政府批准的设区的市可以制定符合本行政区域自然条件、民族风俗习惯的特殊技术要求以及地理标志产品标准。根据 2021 年 10 月国家标准化管理委员会发布的《中国标准化发展年度报告（2020）》，截至 2020 年年底，共有地方标准 49334 项；根据国家标准化管理委员会管理的“全国标准信息公共服务平台”数据，截至 2019 年 1 月，共备案了 31 个省、自治区、直辖市，共计 41447 项标准，其中华北地区 6375 项，东北地区 4916 项，华东地区 10992 项，中南地区 7320 项，西南地区 4776 项，西北地区 5273 项。

地方标准在本行政区域内适用。

地方标准的编号，由地方标准代号、顺序号和年代号三部分组成。省级地方标准代号，由汉语拼音字母“DB”加上其行政区划代码前两位数字组成，如 DB11 为北京市地方标准的代号。市级地方标准代号，由汉语拼音字母“DB”加上其行政区划代码前四位数字组成。

6. 团体标准

团体标准由社会团体按照规定的标准制定程序制定并发布，供团体成员或社会自愿采用的标准。

发达国家拥有大量制定标准的专业性社团组织，这些组织大多面向包括政府、企业、研究机构、专家在内的所有利益相关方开放。典型的如美国材料试验协会（ASTM）、美国石油学会（API）、美国保险商实验室（UL）、美国机械工程师协会（ASME）、美国电气电子工程师协会（IEEE）、德国电器工程师协会（VDE）、德国工程师协会（VDI）、万维网联盟（W3C）等，这类组织制定的许多标准被上升为本国国家标准，有些标准则被公认为国际先进标准，为许多国家和地区所采用。

2016 年 3 月 10 日，国家质检总局、国家标准化管理委员会印发了《关于培育和发展团体标准的指导意见》，标志着中国团体标准化正式启动。2017 年 11 月 4 日中华人民共和国第十二届全国人民代表大会常务委员会第三十次会议修订通过了《中华人民共和国标准化法》，其中第二条、第十八条、第二十七条、第四十二条等条款，对团体标准进行了相应的规定，标志着团体标准发展拥有了法律依据。团体标准制定主体是具有法人资格，且具备相应专业技术能力、标准化工作能力和组织管理能力的学会、协会、商会、联合会和产业技术联盟等社会团体。

中国社会团体可在没有国家标准、行业标准和地方标准的情况下，制定团体标准，快速响应创新和市场对标准的需求，填补现有标准空白。国家鼓励社会团体制定严于国家标准和行业标准的团体标准，引领产业和企业的发展，提升产品和服务的市场竞争力。

团体标准的统一代码为“T”，每个团体标准的代号为在“T”后依次加上“/团体代号”、团体标准顺序号和年代号。团体标准代号不应与现有标准代号相重复，且不应与全国团体标准信息平台上已有的社会团体代号相重复。如中国标准化协会发布的《家用电冰箱智能水平评价技术规范》（T/CAS 287—2017）团体标准，中国家用电器协会发布的《智能家电云云互联互通》（T/CHEAA 0001—2017）团体标准。国家支持在重要行业、战略性新兴产业、关键共性技术领域用自主创新技术制定团体标准，对中国经济的发展、技术的创新进步，对于增强中国的整体实力具有重要意义。团体标准的基本特征包括市场性、开放性、创新性、适用性，主要体现解决方案能够快速投入市场并加以实施；能够让国内外标准相关方参与其中；有利于促进新技术开发、新产品应用和新领域拓展；避免不必要的或成本过高的文本形成过程。

中国实行团体标准自我声明公开和监督制度。社会团体应当公开其团体标准的名称、编号等信息。团体标准涉及专利的，还应当公开标准涉及专利的信息。鼓励社会团体公开其团体标准的全文或主要技术内容。鼓励社会团体通过标准信息公共服务平台自我声明公开其团体标准信息。根据全国团体标准信息平台数据，根据 2021 年 10 月国家标准化管理委员会发布的《中国标准化发展年度报告（2020）》，截至 2020 年年底，全国 4334 家社会团体在平台注册并发布团体标准 21350 项。其中与林业相关的，中国林学会、中国木材与木制品流通协会、中国建筑装饰装修材料协会、中国林产工业协会、中国产学研合作促进会等 23 家社会团体开展林业团体标准制修订工作，制定了《航空施药防控有害生物操作规程》（T/CSF 003—2018）、《森林食品认证技术规范：加工》（T/CEDA 004—2016）、《木质地板行业诚信经营服务规范》（T/SBMIA 006—2018）等 100 项团体标准。

7. 企业标准

企业标准是由企业制定并发布的供本企业使用的标准。

2017 年 11 月 4 日中华人民共和国第十二届全国人民代表大会常务委员会第三十次会议修订通过的《中华人民共和国标准化法》第十九条规定，“企业可以根据需要自行制定企业标准，或者与其他企业联合制定企业标准。企业根据自己生产和经营的需要，可自行制定本企业所需要的标准，不必经过其他机构的批准或认定。”

《中华人民共和国标准化法》第二十七条规定，国家实行企业标准自我声明公开和监督制度。企业标准自我声明公开和监督制度调整的对象是企业生产的产品和提供的服务所执行的标准，这类标准规定了企业生产的产品和提供的服务所应达到的各类技术指标和要求，是企业对其产品和服务质量的硬承诺，应当公开并接受市场监督。因此，企业产品和服务标准公开是企业的法定义务。

建立企业标准自我声明公开和监督制度，是营造公平竞争市场环境的重要举措。一是有利于放开搞活企业，保障企业主体地位，落实企业主体责任。二是有利于消除消费者（用户）与企业之间对产品质量信息不对称的问题，维护消费者（用户）知情权，引导消费者（用户）理性消费。三是有利于政府更好地提供公共服务和事中事后监管。四是有利于社会监督，能够充分调动消费者（用户）、行业组织、技术机构等的积极性，促进形成全社会质量共治机制，提升企业产品和服务标准水平，实现"优标优质优价"，推动市场秩序健康稳定发展。

根据国家标准化管理委员会2021年10月发布的《中国标准化发展年度报告（2020）》，截至2020年底，在全国企业标准服务公共信息平台的注册企业共341940家，其中305592家企业通过平台自我声明公开1713107项标准，涵盖2920229种产品。

三、按照标准功能分类

标准按照功能（或用途）分为基础标准（如术语标准、方法标准等）、产品标准、安全标准、环保标准、能源能耗标准、工程建设标准等。

1. 基础标准

基础标准是指以相互理解或品种控制为编制目的形成的具有广泛适用性的标准。基础标准具有广泛的适用性，其中的内容在编制其他标准（如服务标准、技术标准、规范标准、产品标准等）时常常用到，或直接引用。换言之，基础标准是编写其他标准的基础。由于术语标准、符号标准、分类标准、方法标准的编制目的是促进互相理解或品种控制，因此从编制目的的维度来看，它们都属于基础标准。

根据基础标准的对象，基础标准可分为9类：

（1）标准化工作导则（指南）标准：是标准结构、格式、编写、出版印刷的基本规定，是标准化工作的指导性标准。《标准化工作导则》（GB/T 1—2020）、《标准化工作指南》（GB/T 20000）、《标准编写规则》（GB/T 20001）、《标准中特定内容的起草》（GB/T 20002）和《标准制定的特殊程序　第1部分：涉及专利的标准》（GB/T 20003.1—2014）共同构成支撑标准制修订工作的基础性系列国家标准。如：《标准化工作导则》（GB/T 1—2020）是全国各行各业在编写标准时共同遵守的基础标准，规定了适用各类标准的资料性概述要素、规范性一般要素和资料性补充要素等，对促进中国标准化工作的发展、促进国际贸易和交流发挥了举足轻重的作用；《标准化工作指南》（GB/T 20000）由7个部分组成，包括标准化和相关活动的通用术语、引用文件、国家标准英文译本翻译通则、国家标准英文译本通用表述等。

（2）术语标准：是为通用和专业用术语而制定的标准，是技术沟通与经济交流的通用语言标准。如：《人造板及其表面装饰术语》（GB/T 18259—2018）界定了以木材或非木材植物纤维为主要原料的各类人造板及其表面装饰产品的术语及其定义，对规范人造板行业科研、教学、生产、贸易和销售等起到了重要作用。

（3）图形、符号和标志标准：是由图形、符号、代号、标志为主要特征来表达一定事物或概念的标准。如：《图形符号　术语》（GB/T 15565—2020）包含通用、标志及导向系统，界定了图形符号的基本术语和定义、标志及导向系统的基本术语和定义，对图形、符号、标志的规范统一，促进各行各业相互了解起到了举足轻重的作用。

（4）信息分类编码标准：是对各种信息进行科学分类和编码的标准。如：《个人基本信息分类与代码》（GB/T 2261.1～2261.7—2003）由 7 个部分组成，包括人的性别代码、婚姻状况代码、健康状况代码、从业状况（个人身份）代码、港澳台侨属代码、人大代表/政协委员代码、院士代码，对满足个人基本信息的交换与共享发挥着重要作用。

（5）计量单位标准：是各种用约定量来表示同种量量值的标准。如：《国际单位制及其应用》（GB 3100—1993），同等采用国际标准 ISO 1000，对规范中国计量单位的使用、促进国际贸易发挥着重要作用。

（6）数系标准：是在所有需要数值分级的场合，事先按一个或几个数系对特征值分级的标准。如：《优先数和优先数系》（GB/T 321—2005），同等采用国际标准 ISO 3，对促进相互理解发挥着重要作用。

（7）技术制图标准：是用点、线、符号、文字和数字等描绘事物集合特征、形态、位置及大小的标准。如：《技术制图　通用术语》（GB/T 13361—2012）界定了技术制图通用术语及其定义，对规范各类技术图样与有关技术文件，以及工程技术手册、教材等出版物发挥着重要作用。

（8）统计方法标准：是对各种统计指标的含义、计算方法、分类等做出的统一规范的标准。如：《计数抽样检验程序》（GB/T 2828）。

（9）管理方法标准：是以管理方法为对象制定的标准。如：《环境管理体系　通用实施指南》（GB/T 24004—2017）。

2. 产品标准

产品标准是指规定产品需要满足的要求以保证其适用性的标准。

根据产品标准的定义可以归纳出产品标准的特点：标准化对象为具体的产品，编制标准的目的是保证产品的适用性，标准中规定的内容为“产品应满足的要求”。只有符合上述特点的标准才可划入产品标准这一类别。产品标准的标准化对象可进一步细分，根据细分的结果还可以将产品标准分为原材料标准、零部件或元器件标准、制成品标准等。

产品标准的主要作用是规定产品的质量要求，包括性能要求、适应性要求、使用技术条件、检验方法、包装及运输要求等，用于指导设计，组织生产和检验，是产品验收、维护和洽谈贸易的技术依据。

产品标准的主要内容包括以下几个方面：产品的适应范围；产品的形式、规格、基本参数、尺寸以及结构形式；产品的技术要求，如使用性能要求、卫生安全性要求、外观和感官质量要求、材料要求、工艺要求、理化性能要求等；试验方法和检验规则；标志、包装、运输、贮存的要求。如《普通胶合板》（GB/T 9846—2015）是胶合板产品标准，它规定了普通胶合板的术语和定义、分类、要求、测量及试验方法、检验规则以及标准、包装、运输和贮存等；《地采暖用实木地板技术要求》（GB/T 35913—2018）规定了地采暖用实木地板的术语和定义、分类、要求、检验方法、检验规则以及标识、包装、运输和存储。

3. 安全标准

安全标准，以保护人和物的安全为目的所制定的标准，多为强制性标准。安全标准有两种形式：一种是独立制定的安全标准；另一种是在产品标准或其他标准里列出有关安全的要求和指标。安全标准主要包括劳动保护安全标准、锅炉和压力容器安全标准、电气安全标准、消费安全标准等。木材工业重要安全标准见第六章。

4. 环境标准

环境标准，是为了防止环境污染，维护生态平衡，保护人群健康，对环境保护工作中需要统一的各项技术规范和技术要求。具体讲，环境标准是国家为了保护人民健康，促进生态良性循环，实现社会经济发展目标，根据国家的环境政策和法规，在综合考虑本国自然环境特征、社会经济条件和科学技术水平的基础上，规定环境中污染物的允许含量和污染源排放污染物的数量、浓度、时间和速度、监测方法，以及其他有关技术规范。中国环境标准包括环境质量标准、污染物排放标准、环境基础标准、环境方法标准、环境标准物质标准和环保仪器设备标准六类。

5. 能源能耗标准

能源能耗标准是对工业生产过程中能源管理、能源检测、生产能耗、节能技术与监测、能源产品等进行规范的标准，对推动工业节能减排、引领绿色发展具有重要作用。

能源能耗标准通常规定能效限定值、节能评价值或能效分等分级等。能效限定值是指在规定测试条件下所允许的用能产品的最大耗电量或最低能效值；节能评价值是用能产品是否达到节能产品认证要求的评价指标；能效分等分级是根据耗电量和能效水平的高低将产品分为 1、2、3、4、5 级，1 级表示能效水平最高，最节能，5 级表示仅达到能效限定值指标。

6. 工程建设标准

工程建设标准是对基本建设中各类工程的勘察、规划、设计、施工、安装、验收等需要协调统一的事项所制定的标准，分为强制性标准和推荐性标准。

（1）根据 2016 年中华人民共和国住房和城乡建设部《住房城乡建设部关于印发深化工程建设标准化工作改革意见的通知》（建标〔2016〕166 号）精神，强制性标准在工程建设领域具有强制约束力，是保障人民生命财产安全、人身健康、工程安全、生态环境安全、公众权益和公共利益，以及促进能源资源节约利用、满足社会经济管理等方面的控制性底线要求的标准。工程建设强制性标准项目名称统称为技术规范。可以有强制性行业和地方工程建设标准。

(2) 推荐性标准是指其他非强制性的国家标准和行业标准、地方标准。工程建设推荐性国家标准重点制定基础性、通用性和重大影响的专用标准，突出公共服务的基本要求。工程建设推荐性行业标准重点制定本行业的基础性、通用性和重要的专用标准，推动产业政策、战略规划贯彻实施；工程建设推荐性地方标准重点制定具有地域特点的标准，突出资源禀赋和民俗习惯，促进特色经济发展、生态资源保护、文化和自然遗产传承。

工程建设标准根据标准内容分为设计标准、施工及验收标准和建设定额。

(1) 设计标准：是指从事工程设计所依据的技术文件；

(2) 施工及验收标准：施工标准是指施工操作程序及其技术要求的标准；验收标准是指检验、接收竣工工程项目的规程、办法与标准[如《建筑工程施工质量验收统一标准》(GB 50300—2013)]；

(3) 建设定额：是指国家规定的消耗在单位建筑产品上活劳动和物化劳动的数量标准，以及用货币表现的某些必要费用的额度。

工程建设标准根据标准属性分类分为技术标准、管理标准、工作标准。

(1) 技术标准：是指对标准化领域中需要协调统一的技术事项所制定的标准；

(2) 管理标准：是指对标准化领域中需要协调统一的管理事项所制定的标准；

(3) 工作标准：是指对标准化领域中需要协调统一的工作事项所制定的标准。

工程建设国家标准由住房城乡建设部负责，行业工程建设标准由国务院有关行业标准主管部门负责。截至 2018 年年底，中国工程建设标准经过 60 余年发展，国家、行业和地方标准已达 9181 余项，形成了覆盖经济社会各领域、工程建设各环节的标准体系。林业工程建设标准涉及林业生产、林业产业、林业生态、林区建设等的勘察、规划、设计、施工、安装、验收等方面。1953 年，我国颁布了第一个林业工程建设标准《森林铁路(762 毫米轨距)设计规程》。截至 2018 年 6 月，共有林业工程建设国家标准 15 项，其中，4 项国家建设标准，11 项技术规范，如《中密度纤维板工程设计规范》(GB 50822—2012)、《人造板生产热能中心工程设计规范》(GB 50879—2013) 和《自然保护区工程项目建设标准》(建标 195—2018) 等行业标准。

第二章　木材工业基础标准

基础标准是在一定范围内作为其他标准的基础并普遍使用，具有广泛指导意义的标准。基础标准是对一定范围内的标准化对象的共性因素的规定，是制定产品标准或其他标准所必须遵循的依据或准则。

木材工业基础标准主要包括材积表、抽样方法、木材名称、术语等方面的标准。木材工业重要基础标准共计 32 项（表 2-1），其中国家标准 20 项、行业标准 8 项、地方标准 3 项、团体标准 1 项。

表 2-1　木材工业基础标准

序号	领域	标准规范或支撑的目标	类别	标准级别	标准编号	标准名称
1	木材	沉香	木材名称	行业标准	LY/T 2904—2017	沉香
2	木材	锯材	材积表	国家标准	GB/T 449—2009	锯材材积表
3	木材	锯材	材积表	行业标准	LY/T 1293—1999	原条材积表
4	木材	锯材	术语标准	国家标准	GB/T 4823—2013	锯材缺陷
5	木材	锯材	术语标准	国家标准	GB/T 11917—2009	制材工艺术语
6	木材	木材	木材名称	国家标准	GB/T 18107—2017	红木
7	木材	木材	木材名称	国家标准	GB/T 18513—2001	中国主要进口木材名称
8	木材	木材	木材名称	行业标准	WB/T 1038—2008	中国主要木材流通商品名称
9	木材	木材	木材名称	国家标准	GB/T 16734—1997	中国主要木材名称
10	木材	木材	木材名称	团体标准	T/CNFPIA 2001—2018	木材鉴定图谱
11	木材	木材	木材名称	地方标准	DB45/T 1146—2015	木材树种名称鉴别
12	木材	木材	木材名称	地方标准	DB45/T 811—2012	木材树种识别 分类
13	木材	木材	木材名称	国家标准	GB/T 32769—2016	非洲热带木材树种鉴定图谱
14	木材	木材	木材名称	国家标准	GB/T 32768—2016	拉丁美洲热带木材树种鉴定图谱
15	木材	木材	术语标准	国家标准	GB/T 15035—2009	木材干燥术语
16	木材	木材	术语标准	行业标准	LY/T 1788—2008	木材性质术语
17	木材	木材保护	术语标准	国家标准	GB/T 14019—2009	木材防腐术语
18	木材	木地板	木材名称	地方标准	DB45/T 854—2012	实木地板木材标准样照及鉴别方法
19	木材	原木	材积表	行业标准	LY/T 1353—1999	立木材积表

续表

序号	领域	标准规范或支撑的目标	类别	标准级别	标准编号	标准名称
20	木材	原条	材积表	国家标准	GB/T 4815—2009	杉原条材积表
21	木材	原木	材积表	国家标准	GB/T 4814—2013	原木材积表
22	木材	原木	抽样方法	国家标准	GB/T 17659.1—2018	原木锯材批量检查抽样、判定方法　第1部分：原木批量检查抽样、判定方法
23	木材	原木	抽样方法	国家标准	GB/T 17659.2—2018	原木锯材批量检查抽样、判定方法　第2部分：锯材批量检查抽样、判定方法
24	木材	原木	术语标准	国家标准	GB/T 36202—2018	锯材检验术语
25	木材	原木	术语标准	国家标准	GB/T 15787—2017	原木检验术语
26	木材	原木	术语标准	国家标准	GB/T 155—2017	原木缺陷
27	人造板	木材工业胶粘剂	术语标准	行业标准	LY/T 1280—2008	木材工业胶粘剂术语
28	人造板	人造板	术语标准	国家标准	GB/T 38743—2020	废旧木材与人造板术语
29	人造板	人造板	术语标准	国家标准	GB/T 18259—2018	人造板及其表面装饰术语
30	人造板	人造板	抽样方法	行业标准	LY/T 1717—2007	人造板抽样检验指导通则
31	林业生物质材料	软木及其制品	术语标准	行业标准	LY/T 3149—2019	软木制品 术语
32	林业生物质材料	林业生物质材料	术语标准	国家标准	GB/T 30366—2013	生物质术语

备注：GB/T：推荐性国家标准；LY/T：推荐性林业行业标准；WB/T：推荐性物资行业标准；DB：地方标准；T：团体标准

第一节　材积表标准

材积表是测树数表的一种。按计量的对象有原木、锯材和原条材积表等，主要标准包括《原木材积表》（GB/T 4814—2013）、《锯材材积表》（GB/T 449—2009）、《杉原条材积表》（GB/T 4815—2009）等5项。

第二节　抽样方法标准

了解一批产品的质量状况，要通过取样和对样品的检测来做出判断。现行的木材工业抽样方法标准包括《人造板抽样检验指导通则》（LY/T 1717—2007）等3项标准。

第三节　木材名称标准

木材名称标准是木材鉴定的重要依据，在木材加工生产和使用、贸易以及科研、教学等部门应用广泛。现行的木材名称方面的标准主要有《红木》(GB/T 18107—2017)、《中国主要进口木材名称》(GB/T 18513—2001)、《中国主要木材名称》(GB/T 16734—1997)、《沉香》(LY/T 2904—2017) 等 11 项基础标准。

由中国林科院木材工业研究所负责起草的《红木》(GB/T 18107—2000) 国家标准于 2000 年发布实施以来，对行业的发展起到了巨大的促进作用，并于 2006 年获国家标准创新贡献奖。红木作为中国传统文化的瑰宝，承载了民族的文化元素。随着国人生活水平显著提高，红木制品成为投资的热点备受关注。

2017 年修订后的《红木》(GB/T 18107—2017)，经科学试验研究，确定了 29 个红木树种，分别归为红木的紫檀木类、花梨木类、香枝木类、黑酸枝木类、红酸枝木类、乌木类、条纹乌木类和鸡翅木类共 8 类木材，隶属于紫檀属、黄檀属、柿属、崖豆属和决明属。中国主要木材及中国主要进口木材名称标准内容规定了国内和进口木材名称（商品名称）、树种名称（中名、别名、拉丁名）、科别和产地等，是中国木材、林业专家十几年心血研究的科研成果，对我国国产木材和进口木材名称的规范、木材市场的健康发展产生了很好的促进作用。该两项标准规定的树种多、工作量大，国内研究了 907 个树种，归类成 380 类商品材；国外研究了 1010 个树种，归类为 423 类商品木材，覆盖了国内外的商品材名称。

第四节　术语标准

术语标准是沟通技术与经济交流的通用性语言标准，是一类十分重要的基础标准，是标准在贯彻实施过程中得到共同理解和解释的前提。

木材工业的术语标准有《木材性质术语》(LY/T 1788—2008)、《人造板及其表面装饰术语》(GB/T 18259—2018)、《生物质术语》(GB/T 30366—2013)、《原木检验术语》(GB/T 15787—2017) 等 13 项标准。

如：国家标准《生物质术语》(GB/T 30366—2013) 收录了生物质的一般概念、生物质来源、生物质转化和加工、生物质利用等相关的术语，适用生物质及其相关领域的标准化文件和技术文件，用于定义通用的术语。具体分为 4 类术语：

(1) 一般概念，主要收录生物质基本概念及其相关术语，共收录术语 20 个；

(2) 生物质来源，主要收录各类来源的生物质术语，共收录术语 11 个；

(3) 生物质转化和加工，主要收录生物质物理、化学和生物转化以及加工过程的术语，共收录术语 14 个；

(4) 生物质利用，主要收录生物质能源、生物质材料、生物基产品相关术语，共收录术语 16 个。

第三章 木材工业方法标准

方法标准是给出测定材料、部件、成品等的特性值、性能指标或成分的步骤以及得出结论的方法标准。试验方法标准化是将试验方法作为标准化对象，建立测定指定特性或指标的试验步骤和结果计算规则，以便为试验活动和过程提供指导。试验方法标准的目的是促进相互理解。试验方法标准在文本形式上具有典型的结构、特定的要素构成以及相应的内容表述规则，其主要技术要素包括仪器设备、样品、试验步骤、试验数据处理和试验报告等。

试验方法是分析方法、测量方法等的统称。在实践中，对材料、部件、成品等的指定特性或指标的测定可能涉及物理试验、化学分析、防腐试验、燃烧试验等多种不同类型的试验。

方法标准是一类十分重要的标准种类，无论是国际标准化组织，还是各国标准化机构，都很重视方法标准的制定。ISO 初期制定的标准中，方法标准和术语标准并列为当时的两大标准主题，美国 ASTM 标准中绝大部分为材料或试验方法标准。我国同样十分重视方法标准的制定，目前我国的国家标准中方法标准的占比达到 40%以上。

木材工业方法标准主要包括木材、人造板和林业生物质材料等领域的方法标准（表 3-1），共计 129 项。其中国家标准 78 项、行业标准 48 项、地方标准 3 项。

表 3-1 木材工业方法标准

序号	领域	标准规范或支撑的目标	标准级别	标准编号	标准名称
1	木材	锯材	国家标准	GB/T 17661—1999	锯材干燥设备性能检测方法
2	木材	锯材	行业标准	LY/T 2054—2012	锯材机械加工性能评价方法
3	木材	木材	地方标准	DB44/T 2123—2018	生长锥取样木材密度测定方法
4	木材	木材	地方标准	DB45/T 1147—2015	木材年轮数测定
5	木材	木材	国家标准	GB/T 14017—2009	木材横纹抗拉强度试验方法
6	木材	木材	国家标准	GB/T 1927—2009	木材物理力学试材采集方法
7	木材	木材	国家标准	GB/T 1928—2009	木材物理力学试验方法总则
8	木材	木材	国家标准	GB/T 1929—2009	木材物理力学试材锯解及试样截取方法
9	木材	木材	国家标准	GB/T 1930—2009	木材年轮宽度和晚材率测定方法
10	木材	木材	国家标准	GB/T 1931—2009	木材含水率测定方法
11	木材	木材	国家标准	GB/T 1932—2009	木材干缩性测定方法
12	木材	木材	国家标准	GB/T 1933—2009	木材密度测定方法
13	木材	木材	国家标准	GB/T 1934.1—2009	木材吸水性测定方法

续表

序号	领域	标准规范或支撑的目标	标准级别	标准编号	标准名称
14	木材	木材	国家标准	GB/T 1934.2—2009	木材湿胀性测定方法
15	木材	木材	国家标准	GB/T 1935—2009	木材顺纹抗压强度试验方法
16	木材	木材	国家标准	GB/T 1936.1—2009	木材抗弯强度试验方法
17	木材	木材	国家标准	GB/T 1936.2—2009	木材抗弯弹性模量测定方法
18	木材	木材	国家标准	GB/T 1937—2009	木材顺纹抗剪强度试验方法
19	木材	木材	国家标准	GB/T 1938—2009	木材顺纹抗拉强度试验方法
20	木材	木材	国家标准	GB/T 1939—2009	木材横纹抗压试验方法
21	木材	木材	国家标准	GB/T 1940—2009	木材冲击韧性试验方法
22	木材	木材	国家标准	GB/T 1941—2009	木材硬度试验方法
23	木材	木材	国家标准	GB/T 1942—2009	木材抗劈力试验方法
24	木材	木材	国家标准	GB/T 1943—2009	木材横纹抗压弹性模量测定方法
25	木材	木材	国家标准	GB/T 29894—2013	木材鉴别方法通则
26	木材	木材	国家标准	GB/T 6043—2009	木材 pH 值测定方法
27	木材	木材	国家标准	GB/T 14018—2009	木材握钉力试验方法
28	木材	木材	国家标准	GB/T 15777—2017	木材顺纹抗压弹性模量测定方法
29	木材	木材	国家标准	GB/T 17658—2018	阻燃木材燃烧性能试验　火传播试验方法
30	木材	木材	国家标准	GB/T 17660—1999	木材缓冲容量测定方法
31	木材	木材	国家标准	GB/T 29905—2013	木材防腐剂抗流失率试验方法
32	木材	木材	国家标准	GB/T 32767—2016	木材防腐剂性能评估的野外地上 L 连接件试验方法
33	木材	木材	国家标准	GB/T 33040—2016	热处理木材鉴别方法
34	木材	木材	国家标准	GB/T 34749—2017	木材及其复合材料耐火试验方法　锥形量热仪法
35	木材	木材	行业标准	LY/T 2151—2013	木材综纤维素含量、酸不溶木质素含量测定近红外光谱法
36	木材	木材	行业标准	LY/T 2152—2013	木材抗冲击压痕的测定方法
37	木材	木材	行业标准	LY/T 3036—2018	阻燃木质材料吸湿性试验方法
38	木材	木材	行业标准	LY/T 3136—2019	旋切单板干燥质量检测方法
39	木材	木材	行业标准	LY/T 3138—2019	木质品耐光色牢度等级评定方法
40	木材	木材	行业标准	LY/T 2053—2012	木材的近红外光谱定性分析方法
41	木材	木材	行业标准	LY/T 2491—2015	蒸汽热源木材干燥设备节能检测方法
42	木材	木材	行业标准	LY/T 2558—2015	人造板生产用回收木材检验方法
43	木材	木材防腐	国家标准	GB/T 13942.1—2009	木材耐久性能　第 1 部分：天然耐腐性实验室试验方法
44	木材	木材防腐	国家标准	GB/T 13942.2—2009	木材耐久性能　第 2 部分：天然耐久性野外试验方法

续表

序号	领域	标准规范或支撑的目标	标准级别	标准编号	标准名称
45	木材	木材防腐	国家标准	GB/T 23229—2009	水载型木材防腐剂分析方法
46	木材	木材防腐	国家标准	GB/T 27652—2011	防腐木材化学分析前的预处理方法
47	木材	木材防腐	国家标准	GB/T 29900—2013	木材防腐剂性能评估的野外近地面试验方法
48	木材	木材防腐	国家标准	GB/T 29902—2013	木材防腐剂性能评估的土床试验方法
49	木材	木材防腐	国家标准	GB/T 18260—2015	木材防腐剂对白蚁毒性实验室试验方法
50	木材	木材防腐	国家标准	GB/T 18261—2013	防霉剂对木材霉菌及变色菌防治效力的试验方法
51	木材	木材防腐	国家标准	GB/T 27653—2011	防腐木材中季铵盐的分析方法　两相滴定法
52	木材	木材防腐	国家标准	GB/T 27655—2011	木材防腐剂野外埋地耐久试验方法
53	木材	木材防腐	国家标准	GB/T 29896—2013	接触土壤防腐木材的防腐剂流失率测定方法
54	木材	木材防腐	国家标准	GB/T 33021—2016	有机型木材防腐剂分析方法　三唑及苯并咪唑类
55	木材	木材防腐	国家标准	GB/T 34724—2017	接触防腐木材的金属腐蚀速率加速测定方法
56	木材	木材防腐	国家标准	GB/T 34726—2017	木材防腐剂对金属的腐蚀速率测定方法
57	木材	木材防腐	国家标准	GB/T 35214—2017	无机水载型木材防腐剂固着时间的确定方法
58	木材	木材防腐	行业标准	LY/T 2374—2014	防腐木材和阻燃木材中有效药剂透入度测试方法
59	木材	木材防腐	行业标准	LY/T 1283—2011	木材防腐剂对腐朽菌毒性试验室试验方法
60	木材	木材防腐	行业标准	LY/T 1284—2012	木材防腐剂对软腐菌毒性实验室试验方法
61	木材	木材防腐	行业标准	NY/T 1153.4—2013	农药登记用白蚁防治剂药效试验方法及评价　第4部分：农药木材处理预防白蚁
62	木材	木材防腐	行业标准	SB/T 10405—2006	防腐木材化学分析前的湿灰化方法
63	木材	木材防腐	行业标准	SB/T 10558—2009	防腐木材及木材防腐剂取样方法
64	木材	木材防腐	行业标准	SN/T 1796—2006	进出口木材及木制品中砷、铬、铜的测定　电感耦合等离子体原子发射光谱法
65	木材	木材防腐	行业标准	SN/T 1877.8—2011	木材及木材制品中多环芳烃的测定　气相色谱-质谱法
66	木材	木材防腐	行业标准	SN/T 2145—2008	木材防腐剂与防腐处理木材及其制品中五聚苯酚的测定　气相色谱法
67	木材	木材防腐	行业标准	SN/T 2308—2009	木材防腐剂与防腐处理后木材及其制品中铜、铬和砷的测定　原子吸收光谱法
68	木材	木材防腐	行业标准	SN/T 2406—2009	玩具中木材防腐剂的测定
69	木材	木材防腐	行业标准	SN/T 2679—2010	木材及木制品中砷含量的测定　氢化物发生-原子荧光光谱法
70	木材	木材防腐	行业标准	SN/T 3025—2011	木材防腐剂杂酚油及杂酚油处理后木材、木制品取样分析方法 杂酚油中苯并［a］芘含量的测定

续表

序号	领域	标准规范或支撑的目标	标准级别	标准编号	标准名称
71	木材	木材防腐	行业标准	SN/T 3361—2012	木材及木制品中有机锡化合物的测定　气相色谱-质谱法
72	木材	木材防腐	行业标准	SN/T 3376—2012	木材及木制品中有机氯杀虫剂的测定　气相色谱法
73	木材	木材防腐	行业标准	SN/T 4691—2016	木材及木制品中氮丙啶的测定　气相色谱法
74	木材	木材防腐	行业标准	SN/T 4771—2017	木材及其制品中辛硫磷杀虫剂的测定　液相色谱-质谱法
75	木材	木材防腐	行业标准	YB/T 5171—2016	木材防腐油试验方法　40℃结晶物测定方法
76	木材	木材防腐	行业标准	YB/T 5172—2016	木材防腐油试验方法　闪点测定方法
77	木材	木材防腐	行业标准	YB/T 5173—2016	木材防腐油试验方法　流动性测定方法
78	木材	木材改性	国家标准	GB/T 29901—2013	木材防水剂的防水效率测试方法
79	木材	木材改性	行业标准	LY/T 2490—2015	改性木材尺寸稳定性测试方法
80	木材	木材工业胶粘剂	国家标准	GB/T 17517—1998	胶粘剂压缩剪切强度试验方法　木材与木材
81	木材	木材工业胶粘剂	行业标准	LY/T 2722—2016	指接材用胶黏剂胶合性能测试方法
82	木材	木材涂料	国家标准	GB/T 33569—2017	户外用木材涂饰表面人工老化试验方法
83	木材	木材涂料	国家标准	GB/T 33568—2017	户外用木材涂饰表面老化等级与评价方法
84	木材	木材涂料	行业标准	LY/T 3033—2018	户外用木材涂料人工老化试验方法
85	木材	木地板	国家标准	GB/T 15036.2—2018	实木地板　第 2 部分：检验方法
86	木材	木地板	行业标准	LY/T 2487—2015	木质地板冲击噪声测试方法
87	人造板	单板类产品	行业标准	LY/T 1927—2010	集成材理化性能试验方法
88	人造板	甲醛和 VOC	地方标准	DB35/T 1605—2016	室内装饰装修材料　人造板及其制品中　氨释放量试验方法
89	人造板	甲醛和 VOC	国家标准	GB/T 23825—2009	人造板及其制品中甲醛释放量测定　气体分析法
90	人造板	甲醛和 VOC	国家标准	GB/T 29899—2013	人造板及其制品中挥发性有机化合物释放量的试验方法　小型释放舱法
91	人造板	甲醛和 VOC	国家标准	GB/T 31762—2015	木质材料及其制品中苯酚释放量测定　小型释放舱法
92	人造板	甲醛和 VOC	国家标准	GB/T 33043—2016	人造板甲醛释放量测定大气候箱法
93	人造板	甲醛和 VOC	国家标准	GB/T 35239—2017	人造板及其制品用甲醛清除剂清除能力的测试方法
94	人造板	甲醛和 VOC	国家标准	GB/T 35241—2017	木质制品用紫外光固化涂料挥发物含量的检测方法

续表

序号	领域	标准规范或支撑的目标	标准级别	标准编号	标准名称
95	人造板	甲醛和 VOC	国家标准	GB/T 35243—2017	人造板及其制品游离甲醛吸附材料吸附性能的测试方法
96	人造板	甲醛和 VOC	行业标准	LY/T 1978—2011	甲醛释放量抽吸法测定
97	人造板	甲醛和 VOC	行业标准	SN/T 2307—2009	人造板及其制品中甲醛释放量的快速测定　气体分析法
98	人造板	甲醛和 VOC	行业标准	SN/T 4129—2015	人造板及其制品中甲醛释放量的测定方法　高效液相色谱法
99	人造板	人造板防腐	行业标准	LY/T 3044—2018	人造板防腐性能评价
100	人造板	人造板防腐	行业标准	LY/T 1985—2011	防腐木材和人造板中五氯苯酚含量的测定方法
101	人造板	木材工业胶粘剂	国家标准	GB/T 14074—2017	木材工业用胶粘剂及其树脂检验方法
102	人造板	木地板	国家标准	GB/T 33042—2016	木质地板饰面层中铅、镉、铬、汞重金属元素含量测定
103	人造板	木地板	行业标准	LY/T 1926—2010	抗菌木（竹）质地板抗菌性能检验方法与抗菌效果
104	人造板	木门窗	国家标准	GB/T 32774—2016	木质门内部结构特征 X 射线检测方法
105	人造板	人造板	国家标准	GB/T 17657—2013	人造板及饰面人造板理化性能试验方法
106	人造板	人造板	国家标准	GB/T 19367—2009	人造板的尺寸测定
107	人造板	人造板	国家标准	GB/T 34723—2017	不饱和聚酯树脂装饰人造板残留苯乙烯单体含量测定　气相色谱法
108	人造板	人造板	行业标准	LY/T 2559—2015	人造板吸音性能测定　小混响室
109	人造板	人造板	行业标准	LY/T 2718—2016	人造板剖面密度测定方法
110	人造板	人造板	行业标准	SN/T 4772—2017	人造板中氟和氯含量的测定　离子色谱法
111	林业生物质材料	木塑复合材	国家标准	GB/T 35821—2018	生物质/塑料复合材料生物质含量测定方法
112	林业生物质材料	木塑复合材	行业标准	LY/T 2554—2015	木塑复合材料中生物质含量测定　傅立叶变换红外光谱法
113	林业生物质材料	木塑复合材	行业标准	LY/T 2881—2017	木塑复合材料氧化诱导时间和氧化诱导温度的测定方法
114	林业生物质材料	软木及其制品	行业标准	LY/T 1319—1999	软木砖试验方法
115	林业生物质材料	林业生物质材料	国家标准	GB/T 35808—2018	林业生物质原料分析方法　纤维素酶活性测定
116	林业生物质材料	林业生物质材料	国家标准	GB/T 35809—2018	林业生物质原料分析方法　蛋白质含量测定

续表

序号	领域	标准规范或支撑的目标	标准级别	标准编号	标准名称
117	林业生物质材料	林业生物质材料	国家标准	GB/T 35811—2018	林业生物质原料分析方法　淀粉测定
118	林业生物质材料	林业生物质材料	国家标准	GB/T 35812—2018	林业生物质原料分析方法　预处理后不溶固体含量测定
119	林业生物质材料	林业生物质材料	国家标准	GB/T 35814—2018	林业生物质原料分析方法　样品处理方法
120	林业生物质材料	林业生物质材料	国家标准	GB/T 35816—2018	林业生物质原料分析方法　抽提物含量的测定
121	林业生物质材料	林业生物质材料	国家标准	GB/T 35818—2018	林业生物质原料分析方法　多糖及木质素含量的测定
122	林业生物质材料	林业生物质材料	国家标准	GB/T 35820—2018	林业生物质原料分析方法　取样方法
123	林业生物质材料	林业生物质材料	国家标准	GB/T 35905—2018	林业生物质原料分析方法　总固体含量测定
124	林业生物质材料	林业生物质材料	国家标准	GB/T 36055—2018	林业生物质原料分析方法　含水率的测定
125	林业生物质材料	林业生物质材料	国家标准	GB/T 36056—2018	林业生物质原料分析方法　可溶性糖的测定
126	林业生物质材料	林业生物质材料	国家标准	GB/T 36057—2018	林业生物质原料分析方法　灰分的测定
127	林业生物质材料	林业生物质材料	国家标准	GB/T 36058—2018	林业生物质原料分析方法　不可溶性糖测定
128	林业生物质材料	林业生物质材料	行业标准	LY/T 2369—2014	沙生灌木物理力学性能测试方法
129	林业生物质材料	林业生物质材料	行业标准	LY/T 2557—2015	生物质基泡沫材料中生物质基含量测定方法

备注：GB/T：推荐性国家标准；LY/T：推荐性林业行业标准；SN/T：推荐性出入境检验检疫行业标准；NY/T：推荐性农业行业标准；SB/T：推荐性商业行业标准；DB：地方标准；T：团体标准。

第一节　木材方法标准

现行的木材方法标准，主要包括木材性质测定、木材防腐性能测定方面的方法标准，共计86项。

木材性质测定方法标准主要包括《木材物理力学试材采集方法》（GB/T 1927—

2009）等 22 项木材物理力学性质方面的试验方法标准；《木材物理力学性质试验方法》系列标准是木材工业的重要基础标准，在木材科学研究、教学、木材检验、木结构设计、木材加工生产等方面都有非常广泛的应用。1980 年首次颁布实施的 17 项木材物理力学性质试验方法国家标准（GB 1927—1980 至 GB 1943—1980），荣获 1982 年优秀国家标准四等奖。

木材防腐性能测定方法标准是防腐木材生产和检验的技术依据。现行的木材防腐方法标准包括《木材耐久性能　第 1 部分：天然耐腐性实验室试验方法》（GB/T 13942.1—2009）、《木材耐久性能　第 2 部分：天然耐久性野外试验方法》（GB/T 13942.2—2009）、《水载型木材防腐剂分析方法》（GB/T 23229—2009）、《木材防腐剂性能评估的野外埋地试验方法》（GB/T 27655—2011）、《木材防腐剂对白蚁毒效实验室试验方法》（GB/T 18260—2015）、《木材防腐剂性能评估的土床试验方法》（GB/T 29902—2013）等 39 项；结构用木材方面的方法标准包括《结构用规格材特征值的测试方法》（GB/T 28987—2012）、《结构用木质复合材产品力学性能评定》（GB/T 28986—2012）、《结构用锯材力学性能测试方法》（GB/T 28993—2012）、《古建筑木构件内部腐朽与弹性模量应力波无损检测规程》（GB/T 28990—2012）、《结构用人造板力学性能试验方法》（GB/T 31264—2014）、《木材和木基产品的荷载持续时间效应和蠕变性能评定》（GB/T 31291—2014）、《结构用人造板均布荷载性能测试方法》（GB/T 34719—2017）、《结构用人造板集中荷载和冲击荷载性能测试方法》（GB/T 34725—2017）、《木结构　销类紧固件屈服弯矩试验方法》（LY/T 3140—2019）等 26 项方法标准。

第二节　人造板方法标准

现行的人造板方法标准，主要包括人造板及其制品物理力学性能试验方法、人造板及其制品甲醛、VOCs 及其他有机化合物释放量检查方法、木质地板、木门窗、集成材、防腐人造板及胶粘剂性能检测等方面的方法标准，共计 24 项。

人造板及其制品理化性能试验方法标准《人造板及饰面人造板理化性能试验方法》（GB/T 17657—2013），该标准规范了人造板及其制品密度、含水率、抗弯强度、甲醛释放量测定等 61 种理化性能试验方法。

人造板及其制品甲醛、VOCs 及其他有机化合物释放量检测方法标准：《人造板及其制品中甲醛释放量测定　气体分析法》（GB/T 23825—2009）、《人造板甲醛释放量测定大气候箱法》（GB/T 33043—2016）、《甲醛释放量抽吸法测定》（LY/T 1978—2011）、《人造板及其制品用甲醛清除剂清除能力的测试方法》（GB/T 35239—2017）、《人造板及其制品游离甲醛吸附材料吸附性能的测试方法》（GB/T 35243—2017）、《人造板及其制品中挥发性有机化合物释放量的试验方法　小型释放舱法》（GB/T 29899—2013）、《木质材料及其制品中苯酚释放量测定　小型释放舱法》（GB/T 31762—2015）、《不饱和聚酯树脂装饰人造板残留苯乙烯单体含量测定　气相色谱法》（GB/T 34723—2017）、《木质制品用紫外光固化涂料挥发物含量的检测方法》（GB/T 35241—2017）。

木质地板、木门窗、集成材、防腐人造板及胶粘剂及其他方面的方法标准：《木质门内部结构特征X射线检测方法》（GB/T 32774—2016）、《木质地板饰面层中铅、镉、铬、汞重金属元素含量测定》（GB/T 33042—2016）、《集成材理化性能试验方法》（LY/T 1927—2010）、《人造板与木（竹）制品抗菌性能检测与分级》（LY/T 1926—2020）、《防腐木材和人造板中五氯苯酚含量的测定方法》（LY/T 1985—2011）、《人造板防腐性能评价》（LY/T 3044—2018）、《木材工业用胶粘剂及其树脂检验方法》（GB/T 14074—2017）、《人造板吸音性能测定　小混响室》（LY/T 2559—2015）、《人造板及其制品气味分级及其评价方法》（LY/T 3236—2020）、《人造板剖面密度测定方法》（LY/T 2718—2016）。

第三节　林业生物质材料方法标准

在生物质材料方面，主要包括林业生物质原料分析方法系列标准、木塑复合材检测等方面的方法标准，共计19项。如林业生物质原料分析方法系列标准包括《林业生物质原料分析方法　取样方法》（GB/T 35820—2018）、《林业生物质原料分析方法　样品处理方法》（GB/T 35814—2018）、《林业生物质原料分析方法　总固体含量测定》（GB/T 35905—2018）、《林业生物质原料分析方法　预处理后不溶固体含量测定》（GB/T 35812—2018）、《林业生物质原料分析方法　纤维素酶活性测定》（GB/T 35808—2018）、《林业生物质原料分析方法　蛋白质含量测定》（GB/T 35809—2018）、《林业生物质原料分析方法　淀粉测定》（GB/T 35811—2018）、《林业生物质原料分析方法　抽提物含量的测定》（GB/T 35816—2018）、《林业生物质原料分析方法　多糖及木质素含量的测定》（GB/T 35818—2018）、《生物质/塑料复合材料生物质含量测定方法》（GB/T 35821—2018）、《林业生物质原料分析方法　含水率的测定》（GB/T 36055—2018）、《林业生物质原料分析方法　可溶性糖的测定》（GB/T 36056—2018）、《林业生物质原料分析方法　灰分的测定》（GB/T 36057—2018）、《林业生物质原料分析方法　不可溶性糖测定》（GB/T 36058—2018）14项林业生物质原料化学分析方法国家标准，这些属于国家战略新兴产业标准化发展规划中的“生物质（非能源）综合利用标准综合体”国家标准研制成果，这些标准为中国林业生物质材料和生物质能源产业发展的原料化学分析提供重要的标准规范，将有力地促进林业生物质产业的发展。

此外，还有《木塑复合材料中生物质含量测定　傅立叶变换红外光谱法》（LY/T 2554—2015）、《软木砖试验方法》（LY/T 1319—1999）等生物质材料分析方法重要标准。

第四章　木材工业产品标准

产品标准是为保证产品质量的适用性，对产品必须达到的某些要求或全部要求所制定的标准。木材工业产品标准主要用于生产、贸易、检验等方面。在编写产品技术要求时首先要了解用户对产品性能的需求情况，然后研究用什么质量特性来反映并保证能够实现这些性能。产品的质量特性是指反映产品性能的质量指标。不同的产品或者同一产品用途不同时其质量特性指标是不同的。

产品标准的内容主要包括术语、产品分类与命名、技术要求、试验方法、检验规则、标志、包装、运输和贮存等方面，标准的具体内容可根据制定标准的目的等实际情况进行取舍、组合、调整、增加。

木材行业产品标准主要包括木材、人造板和林业生物质材料等领域的产品标准，共计 287 项（表 4-1），其中国家标准 103 项（其中强制性国家标准 3 项）、行业标准 170 项、地方标准 1 项、团体标准 13 项。

表 4-1　木材工业产品标准

序号	领域	标准规范或支撑的目标	标准级别	标准编号	标准名称
1	木材	原木	国家标准	GB/T 143—2017	锯切用原木
2	木材	原木	国家标准	GB/T 15106—2017	刨切单板用原木
3	木材	原木	国家标准	GB/T 29893—2013	轻型木结构锯材用原木
4	木材	原木	国家标准	GB/T 5039—1999	杉原条
5	木材	原木	国家标准	GB/T 4812—2016	特级原木
6	木材	原木	国家标准	GB/T 11716—2018	小径原木
7	木材	原木	国家标准	GB/T 15779—2017	旋切单板用原木
8	木材	原木	国家标准	GB/T 144—2013	原木检验
9	木材	原木	国家标准	GB/T 11717—2018	造纸用原木
10	木材	原木	行业标准	LY/T 1002—2012	车立柱
11	木材	原木	行业标准	LY/T 1158—2018	椽材
12	木材	原木	行业标准	LY/T 1369—2011	次加工原木
13	木材	原木	行业标准	LY/T 1506—2018	短原木
14	木材	原木	行业标准	LY/T 1503—2011	加工用原木　枕资
15	木材	原木	行业标准	LY/T 1504—2013	脚手杆
16	木材	原木	行业标准	LY/T 1509—2019	阔叶树原条
17	木材	原木	行业标准	LY/T 1157—2018	檩材

续表

序号	领域	标准规范或支撑的目标	标准级别	标准编号	标准名称
18	木材	原木	行业标准	LY/T 1502—2008	马尾松原条
19	木材	原木	行业标准	LY/T 1507—2018	木杆
20	木材	原木	行业标准	LY/T 1793—2008	木纤维用原木
21	木材	原木	行业标准	LY/T 1079—2015	小原条
22	木材	原木	行业标准	LY/T 1511—2002	原木产品　标志　号印
23	木材	原木	行业标准	LY/T 2984—2018	原条检验
24	木材	原木	行业标准	LY/T 1370—2018	原条造材
25	木材	原木	行业标准	LY/T 1294—2012	直接用原木　电杆
26	木材	原木	行业标准	LY/T 1371—2013	原木归楞
27	木材	原木	强制性国家标准	GB 4820—2013	罐道木
28	木材	原木	强制性国家标准	GB 142—2013	坑木
29	木材	沉香	行业标准	LY/T 3137—2019	沉香产品通用技术要求
30	木材	回收利用	国家标准	GB/T 33039—2016	人造板生产用回收木材质量要求
31	木材	回收利用	行业标准	LY/T 3135—2019	木材剩余物
32	木材	锯材	国家标准	LY/T 1200—2012	机台木
33	木材	锯材	国家标准	GB/T 6491—2012	锯材干燥质量
34	木材	锯材	国家标准	GB/T 4822—2015	锯材检验
35	木材	锯材	国家标准	GB/T 35217—2017	锯切薄板
36	木材	锯材	国家标准	GB/T 4817—2009	阔叶树锯材
37	木材	锯材	国家标准	GB/T 20445—2017	刨光材
38	木材	锯材	国家标准	GB/T 153—2019	针叶树锯材
39	木材	锯材	行业标准	LY/T 1156—2012	木板皮
40	木材	锯材	行业标准	LY/T 1285—2011	船舶锯材
41	木材	锯材	行业标准	LY/T 1513—2012	乐器锯材　钢琴用材
42	木材	锯材	行业标准	LY/T 2485—2015	梁材
43	木材	锯材	行业标准	LY/T 1352—1999	毛边锯材
44	木材	锯材	行业标准	LY/T 3042—2018	民族乐器锯材　柳琴用材
45	木材	锯材	行业标准	LY/T 3043—2018	民族乐器锯材　阮用材
46	木材	锯材	行业标准	LY/T 1974.1—2011	民族乐器锯材：第1部分：古琴用材
47	木材	锯材	行业标准	LY/T 1974.1—2011	民族乐器锯材：第2部分：琵琶用材
48	木材	锯材	行业标准	LY/T 1510—1999	剖开材检验
49	木材	锯材	行业标准	LY/T 1656—2018	实木包装箱板
50	木材	锯材	行业标准	LY/T 2057—2012	室内装修用木方

续表

序号	领域	标准规范或支撑的目标	标准级别	标准编号	标准名称
51	木材	锯材	行业标准	LY/T 1295—1999	铁路货车锯材
52	木材	锯材	行业标准	LY/T 1184—1995	橡胶木锯材
53	木材	锯材	行业标准	LY/T 1296—1999	载重汽车锯材
54	木材	锯材	行业标准	LY/T 1156—1994	造纸板皮
55	木材	锯材	行业标准	LY/T 2148—2013	脱脂松木锯材
56	木材	锯材	强制性国家标准	GB 154—2013	木枕
57	木材	木材	国家标准	GB/T 31783—2015	商用木材与木制品标识
58	木材	木材	国家标准	GB/T 19314.3—2019	小艇　艇体结构和构件尺寸　第3部分：材料：钢、铝、木、其他材料
59	木材	木材	行业标准	LY/T 3147—2019	室外木材用涂料（清漆和色漆）分类及耐候性能要求
60	木材	木材防腐	国家标准	GB/T 22102—2008	防腐木材
61	木材	木材防腐	国家标准	GB/T 27654—2011	木材防腐剂
62	木材	木材防腐	国家标准	GB/T 27656—2011	农作物支护用防腐小径木
63	木材	木材防腐	国家标准	GB/T 31761—2015	铜氨（胺）季铵盐（ACQ）防腐剂加压处理木材
64	木材	木材防腐	国家标准	GB/T 31760—2015	铜铬砷（CCA）防腐剂加压处理木材
65	木材	木材防腐	国家标准	GB/T 27651—2011	防腐木材的使用分类和要求
66	木材	木材防腐	国家标准	GB/T 31763—2015	铜铬砷（CCA）防腐木材的处理及使用规范
67	木材	木材防腐	行业标准	YB/T 5168—2016	木材防腐油
68	木材	木材防腐	行业标准	SB/T 10628—2011	建筑用加压处理防腐木材
69	木材	木材防腐	行业标准	SB/T 10502—2008	铜铬砷（CCA）防腐剂加压处理木材
70	木材	木材防腐	行业标准	SB/T 10435—2007	木材防腐剂　铜唑-B型（CA-B）
71	木材	木材防腐	行业标准	SB/T 10440—2007	真空和（或）压力浸注（处理）用木材防腐设备机组
72	木材	木材防腐	行业标准	SB/T 10434—2007	木材防腐剂　铜硼唑-A型（CBA-A）
73	木材	木材防腐	行业标准	SB/T 10433—2007	木材防腐剂　铜铬砷（CCA）
74	木材	木材防腐	行业标准	SB/T 10503—2008	铜氨（胺）季铵盐（ACQ）防腐剂加压处理木材
75	木材	木材防腐	行业标准	SB/T 10432—2007	木材防腐剂　铜氨（胺）季铵盐（ACQ）
76	木材	木材防腐	行业标准	LY/T 1925—2019	防腐木材产品标识
77	木材	木材防腐	行业标准	LY/T 1635—2005	木材防腐剂
78	木材	木材改性	国家标准	GB/T 38467—2020	家具用改性木材技术条件

续表

序号	领域	标准规范或支撑的目标	标准级别	标准编号	标准名称
79	木材	木材改性	国家标准	GB/T 31747—2015	炭化木
80	木材	木材改性	国家标准	GB/T 31754—2015	改性木材生产技术规范
81	木材	木材改性	国家标准	GB/T 35817—2018	室内用树脂改性木材通用技术要求
82	木材	木材改性	行业标准	LY/T 3037—2018	乙酰化木材
83	木材	木材涂饰	行业标准	LY/T 3133—2019	户外用水性木器涂料
84	木材	木材涂饰	行业标准	LY/T 2056—2012	木粉腻子
85	木材	木材涂饰	行业标准	LY/T 2709—2016	木蜡油
86	木材	木材阻燃	行业标准	SB/T 10896—2012	结构木材　加压法阻燃处理
87	木材	木片	国家标准	GB/T 7909—2017	造纸木片
88	木材	木片	行业标准	LY/T 1794—2019	人造板用木片
89	人造板	木质层积材/集成材	国家标准	GB/T 20241—2021	单板层积材
90	人造板	木质层积材/集成材	国家标准	GB/T 21140—2017	非结构用指接材
91	人造板	木质层积材/集成材	国家标准	GB/T 26899—2011	结构用集成材
92	人造板	木质层积材/集成材	行业标准	LY/T 1278—2011	电工层压木板
93	人造板	木质层积材/集成材	行业标准	LY/T 1416—2013	纺织用木质层压板
94	人造板	木质层积材/集成材	行业标准	LY/T 1787—2016	非结构用集成材
95	人造板	木质层积材/集成材	行业标准	LY/T 1401—2013	木质层积塑料
96	人造板	检测箱	行业标准	LY/T 1980—2011	挥发性有机化合物（VOC）及甲醛释放量检测箱
97	人造板	检测箱	行业标准	LY/T 1612—2004	甲醛释放量检测用 $1m^3$ 气候箱
98	人造板	检测箱	行业标准	LY/T 1981—2011	甲醛释放量气体分析法检测箱
99	人造板	检测箱	行业标准	LY/T 1982—2011	人造板及其制品甲醛释放量检测用大气候室
100	人造板	胶合板	国家标准	GB/T 22350—2017	成型胶合板
101	人造板	胶合板	国家标准	GB/T 17656—2018	混凝土模板用胶合板
102	人造板	胶合板	国家标准	GB/T 19536—2015	集装箱底板用胶合板
103	人造板	胶合板	国家标准	GB/T 22349—2008	木结构覆板用胶合板
104	人造板	胶合板	国家标准	GB 18101—2013	难燃胶合板
105	人造板	胶合板	国家标准	GB/T 9846—2015	普通胶合板

续表

序号	领域	标准规范或支撑的目标	标准级别	标准编号	标准名称
106	人造板	胶合板	国家标准	GB/T 5849—2016	细木工板
107	人造板	胶合板	国家标准	GB/T 24311—2009	组合式包装箱用胶合板
108	人造板	胶合板	国家标准	GB/T 38752—2020	难燃细木工板
109	人造板	胶合板	行业标准	LY/T 1170—2013	茶叶包装箱用胶合板
110	人造板	胶合板	行业标准	LY/T 1171—2016	单板用湿粘性胶纸带
111	人造板	胶合板	行业标准	LY/T 2062—2012	防虫胶合板
112	人造板	胶合板	行业标准	LY/T 1860—2009	非甲醛类热塑性树脂胶合板
113	人造板	胶合板	行业标准	LY/T 1417—2011	航空用桦木胶合板
114	人造板	胶合板	行业标准	LY/T 1977—2011	木质板材用热熔胶线
115	人造板	胶合板	行业标准	LY/T 2875—2017	难燃细木工板
116	人造板	胶合板	行业标准	LY/T 1115—2012	乒乓球拍用胶合板
117	人造板	胶合板	行业标准	LY/T 1364—2020	铁路客车用胶合板
118	人造板	胶合板	行业标准	LY/T 1599—2011	旋切单板
119	人造板	刨花板	国家标准	GB/T 4897—2015	刨花板
120	人造板	刨花板	国家标准	GB/T 28996—2012	涂装水泥刨花板
121	人造板	刨花板	行业标准	LY/T 1057—2020	船用贴面刨花板
122	人造板	刨花板	行业标准	LY/T 1580—2010	定向刨花板
123	人造板	刨花板	行业标准	LY/T 1598—2011	石膏刨花板
124	人造板	刨花板	团体标准	T/CTWPDA 03—2017	可饰面定向刨花板
125	人造板	纤维板	国家标准	GB/T 12626.5—2015	湿法硬质纤维板　第5部分：潮湿条件下使用的普通用板
126	人造板	纤维板	国家标准	GB/T 31765—2015	高密度纤维板
127	人造板	纤维板	国家标准	GB/T 34717—2017	挤压刨花板
128	人造板	纤维板	国家标准	GB/T 15105.1—2006	模压刨花制品　第1部分：室内用
129	人造板	纤维板	国家标准	GB/T 39032—2020	难燃刨花板
130	人造板	纤维板	国家标准	GB/T 18958—2013	难燃中密度纤维板
131	人造板	纤维板	国家标准	GB/T 12626.1—2009	湿法硬质纤维板　第1部分：定义和分类
132	人造板	纤维板	国家标准	GB/T 12626.2—2009	湿法硬质纤维板　第2部分：对所有板型的共同要求
133	人造板	纤维板	国家标准	GB/T 12626.3—2009	湿法硬质纤维板　第3部分：试件取样及测量
134	人造板	纤维板	国家标准	GB/T 12626.4—2015	湿法硬质纤维板　第4部分：干燥条件下使用的普通用板
135	人造板	纤维板	国家标准	GB/T 12626.6—2015	湿法硬质纤维板　第6部分：高湿条件下使用的普通用板

续表

序号	领域	标准规范或支撑的目标	标准级别	标准编号	标准名称
136	人造板	纤维板	国家标准	GB/T 12626.7—2015	湿法硬质纤维板　第7部分：室外条件下使用的普通用板
137	人造板	纤维板	国家标准	GB/T 12626.8—2015	湿法硬质纤维板　第8部分：干燥条件下使用的承载用板
138	人造板	纤维板	国家标准	GB/T 12626.9—2015	湿法硬质纤维板　第9部分：潮湿条件下使用的承载用板
139	人造板	纤维板	国家标准	GB/T 24312—2009	水泥刨花板
140	人造板	纤维板	国家标准	GB/T 11718—2021	中密度纤维板
141	人造板	纤维板	行业标准	LY/T 1718—2017	低密度和超低密度纤维板
142	人造板	纤维板	行业标准	LY/T 1204—2013	浮雕纤维板
143	人造板	纤维板	行业标准	LY/T 1856—2009	挤压法空心刨花板
144	人造板	纤维板	行业标准	LY/T 2882—2017	饰面模压纤维板
145	人造板	纤维板	行业标准	LY/T 2060—2012	室外用模压刨花制品
146	人造板	纤维板	行业标准	LY/T 1611—2011	地板基材用纤维板
147	人造板	纤维板	行业标准	LY/T 2386—2014	室内木质门用纤维板
148	人造板	饰面材料及饰面人造板	国家标准	GB/T 34722—2017	浸渍胶膜饰面胶合板和细木工板
149	人造板	饰面材料及饰面人造板	国家标准	GB/T 15102—2017	浸渍胶膜纸饰面纤维板和刨花板
150	人造板	饰面材料及饰面人造板	国家标准	GB/T 13010—2020	木材工业用单板
151	人造板	饰面材料及饰面人造板	国家标准	GB/T 7911—2013	热固性树脂浸渍纸高压装饰层积板（HPL）
152	人造板	饰面材料及饰面人造板	国家标准	GB/T 28995—2012	人造板饰面专用纸
153	人造板	饰面材料及饰面人造板	国家标准	GB/T 28999—2012	重组装饰单板
154	人造板	饰面材料及饰面人造板	国家标准	GB/T 21129—2007	竹单板饰面人造板
155	人造板	饰面材料及饰面人造板	国家标准	GB/T 15104—2006	装饰单板贴面人造板
156	人造板	饰面材料及饰面人造板	行业标准	LY/T 1070—2013	不饱和聚酯树脂装饰人造板
157	人造板	饰面材料及饰面人造板	行业标准	LY/T 2874—2017	陈列用木质挂板

续表

序号	领域	标准规范或支撑的目标	标准级别	标准编号	标准名称
158	人造板	饰面材料及饰面人造板	行业标准	LY/T 1279—2020	聚氯乙烯薄膜饰面人造板
159	人造板	饰面材料及饰面人造板	行业标准	LY/T 1857—2009	软木饰面板
160	人造板	饰面材料及饰面人造板	行业标准	LY/T 1143—2006	饰面用浸渍胶膜纸
161	人造板	饰面材料及饰面人造板	行业标准	LY/T 1983—2011	铜箔、铝箔饰面人造板
162	人造板	饰面材料及饰面人造板	行业标准	LY/T 2385—2014	预油漆装饰单板
163	人造板	饰面材料及饰面人造板	行业标准	LY/T 1658—2015	直接印刷人造板
164	人造板	饰面材料及饰面人造板	行业标准	LY/T 2879—2017	装饰微薄木
165	人造板	饰面材料及饰面人造板	国家标准	GB/T 15104—2006	装饰单板贴面人造板
166	人造板	饰面材料及饰面人造板	团体标准	T/ZZB 0059—2016	人造板饰面专用原纸
167	人造板	绿色产品	国家标准	GB/T 35601—2017	绿色产品评价　人造板和木质地板
168	人造板	木材工业胶粘剂	行业标准	HG/T 2727—2010	聚乙酸乙烯酯乳液木材胶粘剂
169	人造板	木材工业胶粘剂	国家标准	GB/T 14732—2017	木材工业胶粘剂用脲醛、酚醛、三聚氰胺甲醛树脂
170	人造板	木材工业胶粘剂	行业标准	LY/T 1206—2008	木工用氯丁橡胶胶粘剂
171	人造板	木材工业胶粘剂	行业标准	LY/T 1740—2008	木器用不饱和聚酯漆
172	人造板	木材工业胶粘剂	行业标准	LY/T 1180—2006	脲醛预缩液
173	人造板	木材工业胶粘剂	行业标准	LY/T 1601—2011	水基聚合物—异氰酸酯木材胶粘剂
174	人造板	木材工业胶粘剂	团体标准	T/ZZB 1881—2020	水基木材拼板胶粘剂
175	人造板	木材工业胶粘剂	团体标准	T/CTWPDA 07—2019	人造板用无甲醛添加胶黏剂

续表

序号	领域	标准规范或支撑的目标	标准级别	标准编号	标准名称
176	人造板	防水剂	行业标准	HG/T 4105—2009	人造板　防水剂
177	人造板	防水剂	团体标准	T/ZZB 0657—2018	人造板乳液防水剂
178	人造板	人造板	国家标准	GB/T 28998—2012	重组装饰材
179	人造板	人造板	行业标准	NB/SH/T 0965—2017	木质人造板用乳化蜡
180	人造板	人造板	行业标准	LY/T 2555—2015	木质吸声板
181	人造板	人造板	行业标准	LY/T 2983—2018	桐木拼板
182	人造板	人造板	行业标准	LY/T 2717—2016	人造板包装通用技术要求
183	人造板	人造板	地方标准	DB44/T 2124—2018	人造板用废弃木质材料回收技术要求
184	人造板	人造板防腐	行业标准	LY/T 2230—2013	人造板防霉性能评价
185	人造板	生态标签	行业标准	HJ 571—2010	环境标志产品技术要求　人造板及其制品
186	林业生物质材料	秸秆板	国家标准	GB/T 23472—2009	浸渍胶膜纸饰面秸秆板
187	林业生物质材料	柳编	国家标准	GB/T 33024—2016	柳编制品
188	林业生物质材料	木材工业胶粘剂	行业标准	LY/T 2373—2014	木材工业用豆基蛋白胶粘剂
189	林业生物质材料	木材工业胶粘剂	行业标准	LY/T 2371—2014	木材工业用复合改性玉米淀粉基-异氰酸酯胶粘剂
190	林业生物质材料	木塑复合材	行业标准	LY/T 1613—2017	挤出成型木塑复合板材
191	林业生物质材料	木塑复合材	行业标准	LY/T 2715—2016	木塑复合外挂墙板
192	林业生物质材料	木塑复合材	行业标准	LY/T 2556—2015	平压生物基塑性复合板材
193	林业生物质材料	木塑复合材	行业标准	LY/T 2565—2015	竹塑复合材料
194	林业生物质材料	木纤维	行业标准	LY/T 2142—2013	喷播用木质纤维
195	林业生物质材料	软木及其制品	行业标准	LY/T 2560—2015	软木复合装饰卷（片）材
196	林业生物质材料	软木及其制品	行业标准	LY/T 1320—2019	软木纸
197	林业生物质材料	软木及其制品	行业标准	LY/T 1318—1999	软木砖（低温隔热用）
198	林业生物质材料	软木及其制品	行业标准	LY/T 3150—2019	鞋底用软木

续表

序号	领域	标准规范或支撑的目标	标准级别	标准编号	标准名称
199	林业生物质材料	软木及其制品	行业标准	LY/T 1317—2013	栓皮
200	林业生物质材料	生物质基重组材料	国家标准	GB/T 21723—2008	麦（稻）秸秆刨花板
201	林业生物质材料	生物质基重组材料	行业标准	LY/T 2141—2013	定向结构麦秸板
202	林业生物质材料	生物质基重组材料	行业标准	LY/T 2370—2014	生物质重组刨切单板
203	林业生物质材料	生物质基重组材料	行业标准	LY/T 1795—2008	椰壳纤维板
204	林业生物质材料	纤维板	行业标准	LY/T 2372—2014	活动地板基材用石膏纤维板
205	木制品	木地板	国家标准	GB/T 35913—2018	地采暖用实木地板技术要求
206	木制品	木地板	国家标准	GB/T 31745—2015	高耐磨漆饰实木地板
207	木制品	木地板	国家标准	GB/T 31757—2015	户外用防腐实木地板
208	木制品	木地板	国家标准	GB/T 34743—2017	栎木实木地板
209	木制品	木地板	国家标准	GB/T 28992—2012	热处理实木地板
210	木制品	木地板	国家标准	GB/T 15036.1—2018	实木地板　第1部分：技术要求
211	木制品	木地板	行业标准	LY/T 2058—2012	实木地板坯料
212	木制品	木地板	行业标准	LY/T 2710—2016	木地板用紫外光固化涂料
213	木制品	木地板	行业标准	LY/T 3131—2019	木质拼花地板
214	木制品	木地板	团体标准	T/CTWPDA 02—2017	负氧离子木地板
215	木制品	木地板	团体标准	T/CTWPDA 04—2018	无甲醛添加木质地板
216	木制品	木家具	国家标准	GB/T 28010—2011	红木家具通用技术条件
217	木制品	木门窗	国家标准	GB/T 35379—2017	木门分类和通用技术要求
218	木制品	木门窗	国家标准	GB/T 34742—2017	木门窗用木材及人造板规范
219	木制品	木门窗	行业标准	LY/T 3132—2019	木质移门
220	木制品	木门窗	行业标准	LY/T 3134—2019	室内木质隔声门
221	木制品	木地板	国家标准	GB/T 24507—2020	浸渍纸层压实木复合地板
222	木制品	木地板	国家标准	GB/T 18102—2020	浸渍纸层压木质地板
223	木制品	木地板	国家标准	GB/T 18103—2013	实木复合地板
224	木制品	木地板	国家标准	GB/T 24599—2009	室内木质地板安装配套材料
225	木制品	木地板	国家标准	GB/T 20239—2015	体育馆用木质地板
226	木制品	木地板	国家标准	GB/T 28997—2012	舞台用木质地板
227	木制品	木地板	国家标准	GB/T 24509—2009	阻燃木质复合地板

序号	领域	标准规范或支撑的目标	标准级别	标准编号	标准名称
228	木制品	木地板	行业标准	LY/T 1738—2020	实木复合地板用胶合板
229	木制品	木地板	行业标准	LY/T 1700—2018	地采暖用木质地板
230	木制品	木地板	行业标准	LY/T 1859—2020	仿古木质地板
231	木制品	木地板	行业标准	LY/T 1861—2009	户外用木地板
232	木制品	木地板	行业标准	LY/T 2716—2016	聚氯乙烯片材饰面复合地板
233	木制品	木地板	行业标准	LY/T 1330—2011	抗静电木质活动地板
234	木制品	木地板	行业标准	LY/T 3192—2020	内置电热层电采暖木质地板
235	木制品	木地板	行业标准	LY/T 1657—2015	软木类地板
236	木制品	木地板	行业标准	LY/T 1614—2011	实木集成地板
237	木制品	木地板	行业标准	LY/T 1854—2009	室内高湿场所用木质地板
238	木制品	木地板	行业标准	LY/T 1858—2009	涂饰浸渍纸层压木质地板
239	木制品	木地板	行业标准	LY/T 2563—2015	以定向刨花板为基材的复合地板
240	木制品	木地板	行业标准	LY/T 1986—2011	直接印刷木地板
241	木制品	木地板	行业标准	LY/T 1984—2011	重组木地板
242	木制品	木地板	行业标准	LY/T 1739—2008	装饰单板层压木质地板
243	木制品	木地板	行业标准	LY/T 2880—2017	浸渍纸层压定向刨花板地板
244	木制品	人造板	行业标准	LY/T 2876—2017	人造板定制衣柜技术规范
245	木制品	定制家居产品	团体标准	T/ZZB 1320—2019	人造板定制衣柜
246	木制品	定制家居产品	团体标准	T/GCHA 1.5—2018	定制家居产品　人造板定制衣柜　第5部分：客户服务规范
247	木制品	定制家居产品	团体标准	T/GCHA 1.4—2018	定制家居产品　人造板定制衣柜　第4部分：安装验收规范
248	木制品	定制家居产品	团体标准	T/GCHA 1.3—2018	定制家居产品　人造板定制衣柜　第3部分：有害物质限量及气味等级
249	木制品	定制家居产品	团体标准	T/GCHA 1.2—2018	定制家居产品　人造板定制衣柜　第2部分：原材料验收规范
250	木制品	木门窗	行业标准	LY/T 2877—2017	木夹板门
251	木制品	木门窗	行业标准	LY/T 2878—2017	木镶板门
252	木制品	木门窗	行业标准	LY/T 1855—2009	木制百叶窗帘和百叶窗用叶片
253	木制品	木门窗	行业标准	LY/T 1923—2010	室内木质门
254	木制品	木门窗	行业标准	LY/T 2387—2014	室内木质门安装与验收规范
255	木制品	木制品	国家标准	GB/T 28994—2012	木质楼梯
256	木制品	木制品	国家标准	GB/T 30356—2013	木质楼梯安装、验收和使用规范
257	木制品	木制品	国家标准	GB/T 23898—2009	木质平托盘用人造板

续表

序号	领域	标准规范或支撑的目标	标准级别	标准编号	标准名称
258	木制品	木制品	行业标准	LY/T 2229—2013	木质相框
259	木制品	木制品	行业标准	LY/T 1697—2017	饰面木质墙板
260	木制品	木制品	行业标准	LY/T 1789—2008	居住建筑套内用木质楼梯
261	木制品	木制品	行业标准	LY/T 1976—2011	楼梯用木质踏板
262	木制品	木制品	行业标准	LY/T 2061—2012	木质模压工业托盘
263	木制品	木制品	行业标准	LY/T 1987—2011	木质踢脚线
264	木制品	木制品	国家标准	GB/T 35475—2017	红木制品用材规范
265	木制品	木制品	国家标准	GB/T 20446—2006	木线条
266	木制品	木制品	行业标准	LY/T 3035—2018	车削类工具木柄
267	木制品	木制品	行业标准	LY/T 2055—2012	木镜
268	木制品	木制品	行业标准	LY/T 1159—2006	木牙签
269	木制品	木制品	行业标准	LY/T 2884—2017	木栅栏
270	木制品	木制品	行业标准	LY/T 1924—2010	木制茶具
271	木制品	木制品	行业标准	LY/T 2872—2017	木制珠串
272	木制品	木制品	行业标准	LY/T 2149—2013	木质太阳伞
273	木制品	木制品	行业标准	LY/T 2873—2017	铅笔板
274	木制品	木制品	行业标准	LY/T 1794—2019	人造板用木片
275	木制品	木制品	行业标准	LY/T 2486—2015	实木菜板
276	木制品	木制品	行业标准	LY/T 2488—2015	实木拼接板
277	木制品	木制品	行业标准	LY/T 2143—2013	实木衣架
278	木制品	木制品	行业标准	LY/T 2145—2013	梳篦
279	木制品	木制品	行业标准	LY/T 2871—2017	木（竹）质容器通用技术要求
280	木制品	木制品	行业标准	LY/T 3148—2019	木雕及其制品通用技术要求
281	木制品	木制品	行业标准	LY/T 2375—2014	托盘用木材质量分级
282	木制品	木制品	国家标准	GB/T 19790.1—2021	一次性筷子　第1部分：木筷
283	木制品	木制品	团体标准	T/HJZB 005—2018	名贵木材制品
284	木制品	木地板	国家标准	GB/T 23471—2018	浸渍纸层压秸秆复合地板
285	木制品	木地板	国家标准	GB/T 24508—2020	木塑地板
286	木制品	木地板	行业标准	LY/T 2562—2015	涂饰定向结构麦秸板地板
287	木制品	木制品	行业标准	LY/T 2714—2016	木塑门套线

备注：GB/T：推荐性国家标准；LY/T：推荐性林业行业标准；SB/T：推荐性商业行业标准；HG/T：推荐性化工行业标准；HJ：强制性环境保护标准；NB/SH/T SH/T：推荐性能源行业标准；DB：地方标准；T：团体标准。

第一节　木材产品标准

在木材方面，主要包括原木、锯材、防腐木材和改性木材方面的产品标准，共计88项。这些标准在生产、经销、科研、设计、监督、检验、诉讼等方面广泛应用，整个标准体系在支撑林业、木制品加工业现代化建设中发挥了重要作用。

1. 原木标准

原木是指原条经过截断造材所形成的圆形木段。现行原木产品标准30项，如：《原木检验》（GB/T 144—2013）、《锯切用原木》（GB/T 143—2017）、《坑木》（GB 142—2013）、《罐道木》（GB 4820—2013）等。在原木进口方面，经对绥芬河、满洲里、大连等主要口岸调研，对俄罗斯进口的原木，在绥芬河、满州里使用《原木检验》（GB/T 144—2013）标准，这一标准在进口贸易中发挥着巨大作用。

2. 锯材标准

锯材是原木经制材加工得到的产品。现行锯材产品标准25项，如：《锯材干燥质量》（GB/T 6491—2012）、《锯材检验》（GB/T 4822—2015）、《阔叶树锯材》（GB/T 4817—2009）、《针叶树锯材》（GB/T 153—2019）、《木枕》（GB 154—2013）等。

3. 防腐木材和改性木材

现行木材防腐产品标准18项，重要的标准有《防腐木材产品标识》（LY/T 1925—2019）、《木材防腐剂》（GB/T 27654—2011）、《防腐木材的使用分类和要求》（GB/T 27651—2011）、《防腐木材》（GB/T 22102—2008）、《农作物支护用防腐小径木》（GB/T 27656—2011）等。

第二节　人造板产品标准

人造板产品标准主要包括木材工业胶粘剂、纤维板、刨花板、胶合板、木质层积材/集成材、人造板饰面材料及饰面人造板等方面的产品标准，共计97项。重要的产品标准主要有下列6类：

（1）木材工业胶粘剂：主要规范用于人造板生产胶合的胶粘剂标准，如：《木材工业胶粘剂用脲醛、酚醛、三聚氰胺甲醛树脂》（GB/T 14732—2017）、《木工用氯丁橡胶胶粘剂》（LY/T 1206—2008）等。

（2）纤维板：主要规范纤维板类产品的标准，如：《中密度纤维板》（GB/T 11718—2021）、《高密度纤维板》（GB/T 31765—2015）等。

（3）刨花板：主要规范刨花板类产品的标准，如：《定向刨花板》（LY/T 1580—2010）、《刨花板》（GB/T 4897—2015）等。

（4）胶合板：主要规范胶合板类产品的标准。如：《普通胶合板》（GB/T 9846—2015）、《细木工板》（GB/T 5849—2016）等。

（5）木质层积材/集成材：主要规范以木材为原料，进行重组加工而成的层积材与集成材的标准，如：《单板层积材》（GB/T 20241—2021）、《结构用集成材》（GB/T 26899—2011）等。

（6）人造板饰面材料及饰面人造板：主要规范用于人造板饰面材料以及进行表面装饰加工而成的饰面人造板标准，如：《浸渍胶膜纸饰面纤维板和刨花板》（GB/T 15102—2017）。

第三节　木制品标准

木制品标准主要规范以木材、人造板为主要材料加工而成的用于地面和墙面的木地板、木门窗、木楼梯与其他木制品质量的标准；现行木制品标准有 83 项。

1. 木地板

现行木地板方面标准共计 43 项。重要标准有《实木地板　第 1 部分：技术要求》（GB/T 15036.1—2018）、《实木复合地板》（GB/T 18103—2013）、《浸渍纸层压木质地板》（GB/T 18102—2020）、《地采暖用实木地板技术要求》（GB/T 35913—2018）、《栎木实木地板》（GB/T 34743—2017）、《木质拼花地板》（LY/T 3131—2019）、《体育馆用木质地板》（GB/T 20239—2015）、《木塑地板》（GB/T 24508—2020）、《木质地板铺装、验收和使用规范》（GB/T 20238—2018）、《浸渍纸层压实木复合地板》（GB/T 24507—2020）、《地采暖用木质地板》（LY/T 1700—2018）、《仿古木质地板》（LY/T 1859—2020）等。

2. 木门窗

现行的木门窗标准 10 项。重要标准有《室内木质门》（LY/T 1923—2020）、《木门分类和通用技术要求》（GB/T 35379—2017）、《木门窗用木材及人造板规范》（GB/T 34742—2017）、《木镶板门》（LY/T 2878—2017）、《木夹板门》（LY/T 2877—2017）等。

3. 其他木制品

如木筷、木牙签、定制衣柜、木楼梯、木线条等产品都有产品标准。

现行木制品标准中，《一次性筷子　第 1 部分　木筷》（GB/T 19790.1—2021）为推荐性国家标准。

第四节　林业生物质材料产品标准

林业生物质材料产品标准主要包括生物质基重组材料、木塑复合材料、软木及其制品等方面的产品标准，共计 19 项。重要的产品标准如：《定向结构麦秸板》（LY/T

2141—2013)、《挤出成型木塑复合板材》(LY/T 1613—2017)、《浸渍胶膜纸饰面秸秆板》(GB/T 23472—2009)、《浸渍纸层压秸秆复合地板》(GB/T 23471—2018)、《柳编制品》(GB/T 33024—2016)、《麦(稻)秸秆刨花板》(GB/T 21723—2008)、《木塑地板》(GB/T 24508—2020)、《喷播用木质纤维》(LY/T 2142—2013)、《软木复合装饰卷(片)材》(LY/T 2560—2015)、《软木纸》(LY/T 1320—2019)、《软木砖(低温隔热用)》(LY/T 1318—1999)等。

第五章　木材工业环境保护和绿色发展标准

习近平总书记在中国共产党第十九次全国代表大会上的报告的“加快生态文明体制改革，建设美丽中国”新时代工作任务中，进一步指出“推进绿色发展。加快建立绿色生产和消费的法律制度和政策导向，建立健全绿色低碳循环发展的经济体系。构建市场导向的绿色技术创新体系，发展绿色金融，壮大节能环保产业、清洁生产产业、清洁能源产业。推进能源生产和消费革命，构建清洁低碳、安全高效的能源体系。推进资源全面节约和循环利用，实施国家节水行动，降低能耗、物耗，实现生产系统和生活系统循环链接”。“推进绿色发展。加快建立绿色生产和消费的法律制度和政策导向，建立健全绿色低碳循环发展的经济体系。构建市场导向的绿色技术创新体系，发展绿色金融，壮大节能环保产业、清洁生产产业、清洁能源产业。推进能源生产和消费革命，构建清洁低碳、安全高效的能源体系。推进资源全面节约和循环利用，实施国家节水行动，降低能耗、物耗，实现生产系统和生活系统循环链接”。

为践行“绿水青山就是金山银山”的理念，坚持节约资源和保护环境的基本国策，建设美丽中国，推动木材工业环境保护，实现绿色低碳循环发展，标准制定对支撑木材工业环境保护和绿色发展具有重要作用。

木材工业环境保护和绿色发展标准主要包括木材工业污染物排放、木材工业产业与产品有害物质控制标准；木材工业绿色发展标准主要包括清洁生产、再利用、废固资源化、废水及工业余热资源化、绿色产品、绿色工厂、绿色供应链、森林认证等方面的标准。

第一节　木材工业环境保护和绿色发展标准内涵

中国木材工业环境保护重要标准共计 144 项（表 5-1），其中木材工业污染物排放 98 项（国家标准 23 项、行业标准 59 项、地方标准 15 项、团体标准 1 项）；木材工业产业与产品有害物质控制标准 46 项（国家标准 31 项、行业标准 10 项、地方标准 2 项、团体标准 3 项）。

在环境保护方面，地方标准往往比国家标准要求更为严苛，比如关于锅炉大气污染物排放标准，有 13 个省或市制定了自己的地方标准，对比北京市地方标准、河北省地方标准、天津市地方标准、重庆市地方标准发现，地方标准在很多指标上比国家标准要求高，京津冀地区对锅炉大气污染物排放限值最为严格。导致地方标准与国家标准重要指标存在差异主要是因为标准制定背景的不同，国家标准的制定必须按照全国整体基础条件和技术水平而制定，而地方标准的制定只需要根据自身产业结构和规划、在强调环境保护的重要性基础上，满足其经济、就业、综合发展等符合地方发展的实际需求。

表 5-1 木材工业环境保护标准

序号	领域	标准规范或支撑的目标	标准级别	标准编号	标准名称
1	环境保护	产业污染物排放	强制性国家标准	GB 8978—1996	污水综合排放标准
2	环境保护	产业污染物排放	强制性国家标准	GB 13271—2014	锅炉大气污染物排放标准
3	环境保护	产业污染物排放	强制性国家标准	GB 3095—2012	环境空气质量标准
4	环境保护	产业污染物排放	强制性国家标准	GB 3096—2008	声环境质量标准
5	环境保护	产业污染物排放	强制性国家标准	GB 31572—2015	合成树脂工业污染物排放标准
6	环境保护	产业污染物排放	强制性国家标准	GB 12348—2008	工业企业厂界环境噪声排放标准
7	环境保护	产业污染物排放	强制性国家标准	GB 16297—1996	大气污染物综合排放标准
8	环境保护	产业污染物排放	强制性国家标准	GB 13271—2014	锅炉大气污染物排放标准
9	环境保护	产业污染物排放	强制性国家标准	GB 3544—2008	制浆造纸工业水污染物排放标准
10	环境保护	产业污染物排放	强制性国家标准	GB 37822—2019	挥发性有机物无组织排放控制标准
11	环境保护	产业污染物排放	强制性国家标准	GB 18599—2020	一般工业固体废物贮存和填埋污染控制标准
12	环境保护	产业污染物排放	强制性国家标准	GB 18597—2001	危险废物贮存污染控制标准
13	环境保护	产业污染物排放	强制性国家标准	GB 18484—2020	危险废物焚烧污染控制标准
14	环境保护	产业污染物排放	强制性国家标准	GB 14554—1993	恶臭污染物排放标准
15	环境保护	产业污染物排放	强制性国家标准	GB 3839—1983	制订地方水污染物排放标准的技术原则与方法
16	环境保护	产业污染物排放	强制性国家标准	GB 9078—1996	工业炉窑大气污染物排放标准
17	环境保护	产业污染物排放	强制性国家标准	GB 15581—1995	烧碱、聚氯乙烯工业水污染物排放标准
18	环境保护	产业污染物排放	强制性国家标准	GB 37824—2019	涂料、油墨及胶粘剂工业大气污染物排放标准
19	环境保护	产业污染物排放	推荐性国家标准	GB/T 3840—1991	制定地方大气污染物排放标准的技术方法
20	环境保护	产业污染物排放	推荐性国家标准	GB/T 16705—1996	环境污染类别代码
21	环境保护	产业污染物排放	推荐性国家标准	GB/T 16706—1996	环境污染源类别代码
22	环境保护	产业污染物排放	推荐性国家标准	GB/T 16157—1996	固定污染源排气中颗粒物测定与气态污染物采样方法
23	环境保护	产业污染物排放	推荐性国家标准	在研	人造板工业污染物排放标准
24	环境保护	产业污染物排放	强制性行业标准	HJ 1032—2019	排污许可证申请与核发技术规范 人造板工业

续表

序号	领域	标准规范或支撑的目标	标准级别	标准编号	标准名称
25	环境保护	产业污染物排放	强制性行业标准	HJ 1091—2020	固体废物再生利用污染防治技术导则
26	环境保护	产业污染物排放	强制性行业标准	HJ 945.1—2018	国家大气污染物排放标准制订技术导则
27	环境保护	产业污染物排放	强制性行业标准	HJ 2302—2018	制浆造纸工业污染防治可行技术指南
28	环境保护	产业污染物排放	强制性行业标准	HJ 212—2017	污染物在线监控（监测）系统数据传输标准
29	环境保护	产业污染物排放	强制性行业标准	HJ 772—2015	环境统计技术规范　污染源统计
30	环境保护	产业污染物排放	强制性行业标准	HJ 732—2014	固定污染源废气　挥发性有机物的采样　气袋法
31	环境保护	产业污染物排放	强制性行业标准	HJ 25.3—2019	建设用地土壤污染风险评估技术导则
32	环境保护	产业污染物排放	强制性行业标准	HJ 693—2014	固定污染源废气　氮氧化物的测定　定电位电解法
33	环境保护	产业污染物排放	强制性行业标准	HJ 692—2014	固定污染源废气　氮氧化物的测定　非分散红外吸收法
34	环境保护	产业污染物排放	强制性行业标准	HJ 690—2014	固定污染源废气　苯可溶物的测定　索氏提取—重量法
35	环境保护	产业污染物排放	强制性行业标准	HJ 685—2014	固定污染源废气　铅的测定　火焰原子吸收分光光度法
36	环境保护	产业污染物排放	强制性行业标准	HJ 684—2014	固定污染源废气　铍的测定　石墨炉原子吸收分光光度法
37	环境保护	产业污染物排放	强制性行业标准	HJ 675—2013	固定污染源排气　氮氧化物的测定　酸碱滴定法
38	环境保护	产业污染物排放	强制性行业标准	HJ 193—2013	环境空气气态污染物（SO_2、NO_2、O_3、CO）连续自动监测系统安装和验收技术规范
39	环境保护	产业污染物排放	强制性行业标准	HJ 606—2011	工业污染源现场检查技术规范
40	环境保护	产业污染物排放	强制性行业标准	HJ 2000—2010	大气污染治理工程技术导则
41	环境保护	产业污染物排放	强制性行业标准	HJ 525—2009	水污染物名称代码
42	环境保护	产业污染物排放	强制性行业标准	HJ 524—2009	大气污染物名称代码
43	环境保护	产业污染物排放	强制性行业标准	HJ 945.2—2018	国家水污染物排放标准制订技术导则
44	环境保护	产业污染物排放	推荐性行业标准	HJ/T 378—2007	污染治理设施运行记录仪技术要求及检测方法

续表

序号	领域	标准规范或支撑的目标	标准级别	标准编号	标准名称
45	环境保护	产业污染物排放	推荐性行业标准	HJ/T 393—2007	防治城市扬尘污染技术规范
46	环境保护	产业污染物排放	推荐性行业标准	HJ/T 373—2007	固定污染源监测质量保证与质量控制技术规范（试行）
47	环境保护	产业污染物排放	推荐性行业标准	HJ/T 356—2007	水污染源在线监测系统数据有效性判别技术规范（试行）
48	环境保护	产业污染物排放	推荐性行业标准	HJ/T 354—2007	水污染源在线监测系统验收技术规范（试行）
49	环境保护	产业污染物排放	推荐性行业标准	HJ/T 353—2007	水污染源在线监测系统安装技术规范（试行）
50	环境保护	产业污染物排放	推荐性行业标准	HJ/T 355—2007	水污染源在线监测系统运行与考核技术规范（试行）
51	环境保护	产业污染物排放	推荐性行业标准	HJ/T 92—2002	水污染物排放总量监测技术规范
52	环境保护	产业污染物排放	推荐性行业标准	HJ/T 68—2001	大气固定污染源　苯胺类的测定　气相色谱法
53	环境保护	产业污染物排放	推荐性行业标准	HJ/T 63. 1—2001	大气固定污染源　镍的测定　火焰原子吸收分光光度法
54	环境保护	产业污染物排放	推荐性行业标准	HJ/T 63. 2—2001	大气固定污染源　镍的测定　石墨炉原子吸收分光光度法
55	环境保护	产业污染物排放	推荐性行业标准	HJ/T 63. 3—2001	大气固定污染源　镍的测定　丁二酮肟-正丁醇萃取分光光度法
56	环境保护	产业污染物排放	推荐性行业标准	HJ/T 64. 1—2001	大气固定污染源　镉的测定　火焰原子吸收分光光度法
57	环境保护	产业污染物排放	推荐性行业标准	HJ/T 64. 2—2001	大气固定污染源　镉的测定　石墨炉原子吸收分光光度法
58	环境保护	产业污染物排放	推荐性行业标准	HJ/T 64. 3—2001	大气固定污染源　镉的测定　对-偶氮苯重氮氨基偶氮苯磺酸分光光度法
59	环境保护	产业污染物排放	推荐性行业标准	HJ/T 65—2001	大气固定污染源　锡的测定　石墨炉原子吸收分光光度法
60	环境保护	产业污染物排放	推荐性行业标准	HJ/T 67—2001	大气固定污染源　氟化物的测定　离子选择电极法
61	环境保护	产业污染物排放	推荐性行业标准	HJ/T 55—2000	大气污染物无组织排放监测技术导则
62	环境保护	产业污染物排放	推荐性行业标准	HJ/T 56—2000	固定污染源排气中二氧化硫的测定　碘量法
63	环境保护	产业污染物排放	推荐性行业标准	HJ/T 30—1999	固定污染源排气中氯气的测定　甲基橙分光光度法

续表

序号	领域	标准规范或支撑的目标	标准级别	标准编号	标准名称
64	环境保护	产业污染物排放	推荐性行业标准	HJ/T 37—1999	固定污染源排气中丙烯腈的测定　气相色谱法
65	环境保护	产业污染物排放	推荐性行业标准	HJ/T 36—1999	固定污染源排气中丙烯醛的测定　气相色谱法
66	环境保护	产业污染物排放	推荐性行业标准	HJ/T 35—1999	固定污染源排气中乙醛的测定　气相色谱法
67	环境保护	产业污染物排放	推荐性行业标准	HJ/T 45—1999	固定污染源排气中沥青烟的测定　重量法
68	环境保护	产业污染物排放	推荐性行业标准	HJ/T 34—1999	固定污染源排气中氯乙烯的测定　气相色谱法
69	环境保护	产业污染物排放	推荐性行业标准	HJ/T 44—1999	固定污染源排气中一氧化碳的测定　非色散红外吸收法
70	环境保护	产业污染物排放	推荐性行业标准	HJ/T 33—1999	固定污染源排气中甲醇的测定　气相色谱法
71	环境保护	产业污染物排放	推荐性行业标准	HJ/T 32—1999	固定污染源排气中酚类化合物的测定　4-氨基安替比林分光光度法
72	环境保护	产业污染物排放	推荐性行业标准	HJ/T 31—1999	固定污染源排气中光气的测定　苯胺紫外分光光度法
73	环境保护	产业污染物排放	推荐性行业标准	HJ/T 43—1999	固定污染源排气中氮氧化物的测定　盐酸萘乙二胺分光光度法
74	环境保护	产业污染物排放	推荐性行业标准	HJ/T 42—1999	固定污染源排气中氮氧化物的测定　紫外分光光度法
75	环境保护	产业污染物排放	推荐性行业标准	HJ/T 41—1999	固定污染源排气中石棉尘的测定　镜检法
76	环境保护	产业污染物排放	推荐性行业标准	HJ/T 40—1999	固定污染源排气中苯并（a）芘的测定　高效液相色谱法
77	环境保护	产业污染物排放	推荐性行业标准	HJ/T 29—1999	固定污染源排气中铬酸雾的测定　二苯基碳酰二肼分光光度法
78	环境保护	产业污染物排放	推荐性行业标准	HJ/T 28—1999	固定污染源排气中氰化氢的测定　异烟酸-吡唑啉酮分光光度法
79	环境保护	产业污染物排放	推荐性行业标准	HJ/T 27—1999	固定污染源排气中氯化氢的测定　硫氰酸汞分光光度法
80	环境保护	产业污染物排放	推荐性行业标准	HJ/T 8.4—1994	环境保护档案管理规范　污染源
81	环境保护	产业污染物排放	推荐性行业标准	LY/T 1659—2020	人造板工业粉尘防控技术规范

续表

序号	领域	标准规范或支撑的目标	标准级别	标准编号	标准名称
82	环境保护	产业污染物排放	推荐性行业标准	在研	排污单位自行监测技术指南　人造板工业
83	环境保护	产业污染物排放	广东省地方标准	DB44/26—2001	水污染物排放限值
84	环境保护	产业污染物排放	北京市地方标准	DB11/307—2013	水污染物综合排放标准
85	环境保护	产业污染物排放	河北省地方标准	DB13/5161—2020	锅炉大气污染物排放标准
86	环境保护	产业污染物排放	天津市地方标准	DB12/151—2020	锅炉大气污染物排放标准
87	环境保护	产业污染物排放	天津市地方标准	DB12/765—2016	生物质成型燃料锅炉大气污染物排放标准
88	环境保护	产业污染物排放	江苏省地方标准	DB32/3728—2020	工业炉窑大气污染物排放标准
89	环境保护	产业污染物排放	上海市地方标准	DB31/387—2014	锅炉大气污染物排放标准
90	环境保护	产业污染物排放	上海市地方标准	DB31/1059—2017	家具制造业大气污染物排放标准
91	环境保护	产业污染物排放	北京市地方标准	DB11/501—2017	大气污染物综合排放标准
92	环境保护	产业污染物排放	北京市地方标准	DB11/1201—2015	木质家具制造业大气污染物排放标准
93	环境保护	产业污染物排放	北京市地方标准	DB11/139—2015	锅炉大气污染物排放标准
94	环境保护	产业污染物排放	重庆市地方标准	DB50/418—2016	大气污染物综合排放标准
95	环境保护	产业污染物排放	重庆市地方标准	DB50/658—2016	锅炉大气污染物排放标准
96	环境保护	产业污染物排放	广东省地方标准	DB44/27—2001	大气污染物排放限值
97	环境保护	产业污染物排放	山西省地方标准	DB14/1929—2019	锅炉大气污染物排放标准
98	环境保护	产业污染物排放	团体标准	T/JSIIEPPC 0001—2020	室内空气质量健康评价标准
99	环境保护	有害物质控制	强制性国家标准	GB 18581—2020	木器涂料中有害物质限量
100	环境保护	有害物质控制	强制性国家标准	GB 33372—2020	胶粘剂挥发性有机化合物限量
101	环境保护	有害物质控制	强制性国家标准	GB 18582—2020	建筑用墙面涂料中有害物质限量
102	环境保护	有害物质控制	强制性国家标准	GB 18580—2017	室内装饰装修材料　人造板及其制品中甲醛释放限量
103	环境保护	有害物质控制	强制性国家标准	GB 24410—2009	室内装饰材料　水性木器中有害物质限量
104	环境保护	有害物质控制	强制性国家标准	GB 18584—2001	室内装饰装修材料　木家具中有害物质限量
105	环境保护	有害物质控制	强制性国家标准	GB 18585—2001	室内装饰装修材料　壁纸中有害物质限量
106	环境保护	有害物质控制	推荐性国家标准	GB/T 38724—2020	家具中有害物质　放射性的测定
107	环境保护	有害物质控制	推荐性国家标准	GB/T 38723—2020	木家具中挥发性有机化合物释放速率检测　逐时浓度法

续表

序号	领域	标准规范或支撑的目标	标准级别	标准编号	标准名称
108	环境保护	有害物质控制	推荐性国家标准	GB/T 39386—2020	定制家具　挥发性有机化合物现场检测方法
109	环境保护	有害物质控制	推荐性国家标准	GB/T 38597—2020	低挥发性有机化合物含量涂料产品技术要求
110	环境保护	有害物质控制	推荐性国家标准	GB/T 37884—2019	涂料中挥发性有机化合物（VOC）释放量的测定
111	环境保护	有害物质控制	推荐性国家标准	GB/T 36799—2018	胶粘剂挥发性有机化合物释放量的测定　微舱法
112	环境保护	有害物质控制	推荐性国家标准	GB/T 36803—2018	胶粘剂挥发性有机化合物释放量的测定　袋式法
113	环境保护	有害物质控制	推荐性国家标准	GB/T 35466—2017	建筑用木塑复合材料挥发性有机化合物（VOC）测定
114	环境保护	有害物质控制	推荐性国家标准	GB/T 31762—2015	木质材料及其制品中苯酚释放量测定　小型释放舱法
115	环境保护	有害物质控制	推荐性国家标准	GB/T 33042—2016	木质地板饰面层中铅、镉、铬、汞重金属元素含量测定
116	环境保护	有害物质控制	推荐性国家标准	GB/T 36021—2018	家具中重金属锑、砷、钡、硒、六价铬的评定方法
117	环境保护	有害物质控制	推荐性国家标准	GB/T 36022—2018	木家具中氨释放量试验方法
118	环境保护	有害物质控制	推荐性国家标准	GB/T 31106—2014	家具中挥发性有机化合物的测定
119	环境保护	有害物质控制	推荐性国家标准	GB/T 31107—2014	家具中挥发性有机化合物检测用气候舱通用技术条件
120	环境保护	有害物质控制	推荐性国家标准	GB/T 32437—2015	家具中有害物质检测方法　总则
121	环境保护	有害物质控制	推荐性国家标准	GB/T 32443—2015	家具中挥发性有机物释放量的测定　小型散发罩法
122	环境保护	有害物质控制	推荐性国家标准	GB/T 23825—2009	人造板及其制品中甲醛释放量测定　气体分析法
123	环境保护	有害物质控制	推荐性国家标准	GB/T 39598—2021	基于极限甲醛释放量的人造板室内承载限量指南
124	环境保护	有害物质控制	推荐性国家标准	GB/T 33043—2016	人造板甲醛释放量测定大气候箱法
125	环境保护	有害物质控制	推荐性国家标准	GB/T 37185—2018	气体分析　室内挥发性有害有机物的测定“SUMMA 罐-硅烷化管”采样气相色谱/质谱联用（GC/MS）法

续表

序号	领域	标准规范或支撑的目标	标准级别	标准编号	标准名称
126	环境保护	有害物质控制	推荐性国家标准	GB/T 33284—2016	室内装饰装修材料　门、窗用未增塑聚氯乙烯（PVC-U）型材有害物质限量
127	环境保护	有害物质控制	推荐性国家标准	GB/T 30647—2014	涂料中有害元素总含量的测定
128	环境保护	有害物质控制	推荐性国家标准	GB/T 36381—2018	废弃液体化学品分类规范
129	环境保护	有害物质控制	推荐性国家标准	GB/T 36380—2018	工业废硫酸的处理处置规范
130	环境保护	有害物质控制	推荐性行业标准	LY/T 3229—2020	人造板及其制品 VOCs 释放下的室内承载量规范
131	环境保护	有害物质控制	推荐性行业标准	LY/T 3230—2020	人造板及其制品挥发性有机化合物释放量分级
132	环境保护	有害物质控制	推荐性行业标准	LY/T 3233—2020	地采暖用木质地板甲醛释放承载量规范
133	环境保护	有害物质控制	推荐性行业标准	LY/T 3236—2020	人造板及其制品气味评价方法
134	环境保护	有害物质控制	推荐性行业标准	SN/T 2086—2008	木制玩具中甲醛含量的测定　高效液相色谱法
135	环境保护	有害物质控制	推荐性行业标准	SN/T 3613—2013	家具中总挥发性有机化合物的检测方法
136	环境保护	有害物质控制	推荐性行业标准	SN/T 3026—2011	木制品和家具产品中甲醛释放量的测定　气候箱法
137	环境保护	有害物质控制	推荐性行业标准	HJ 920—2017	环境空气　无机有害气体的应急监测　便携式傅里叶红外仪法
138	环境保护	有害物质控制	推荐性行业标准	HJ 871—2017	环境空气　氯气等有毒有害气体的应急监测　比长式检测管法
139	环境保护	有害物质控制	推荐性行业标准	HJ 872—2017	环境空气　氯气等有毒有害气体的应急监测　电化学传感器法
140	环境保护	有害物质控制	广西壮族自治区地方标准	DB45/T 1971—2019	室内装饰装修主要材料有害物质限量
141	环境保护	有害物质控制	新疆维吾尔自治区地方标准	DB65/T 3926—2016	室内木质门有害物质限量
142	环境保护	有害物质控制	团体标准	T/CNFA 004—2017	办公家具挥发性有机物释放限量
143	环境保护	有害物质控制	团体标准	T/CNFA 003—2017	家具部件及室内装饰装修材料挥发性有机物释放限量
144	环境保护	有害物质控制	团体标准	T/GIEHA 004—2018	木家具有害物质限量等级细分

备注：GB/T：推荐性国家标准；LY/T：推荐性林业行业标准；JB/T 推荐性机械行业标准：HJ：强制性环境保护标准；HJ/T：推荐性环境保护标准；DB：地方标准；T：团体标准。

中国木材工业绿色发展重要标准共计 129 项（表 5-2），其中清洁生产 20 项、再利用 24 项、废固资源化 15 项、废水及工业余热资源化 14 项、绿色产品 19 项、绿色抗菌 2 项、绿色工厂 9 项、绿色制造 6 项、绿色供应链 6 项、绿色设计 4 项、森林认证 10 项等。

表 5-2　木材工业绿色发展标准

序号	领域	标准规范或支撑的目标	标准级别	标准编号	标准名称
1	绿色发展	清洁生产	推荐性国家标准	GB/T 20106—2006	工业清洁生产评价指标体系编制通则
2	绿色发展	清洁生产	推荐性国家标准	GB/T 21453—2008	工业清洁生产审核指南编制通则
3	绿色发展	清洁生产	推荐性国家标准	GB/T 25973—2010	工业企业清洁生产审核　技术导则
4	绿色发展	清洁生产	推荐性国家标准	GB/T 29904—2013	人造板工业清洁生产评价指标体系
5	绿色发展	清洁生产	推荐性国家标准	GB/T 29903—2013	人造板工业清洁生产技术要求
6	绿色发展	清洁生产	推荐性国家标准	GB/T 37648—2019	清洁生产评价指标体系　木家具制造业
7	绿色发展	清洁生产	推荐性行业标准	LY/T 2719—2016	人造板制造企业清洁生产审核指南
8	绿色发展	清洁生产	推荐性行业标准	LY/T 1862—2009	木材工业气力运输与除尘系统节能技术规范
9	绿色发展	清洁生产	推荐性行业标准	HJ/T 315—2006	清洁生产标准　造纸工业（废纸制浆）
10	绿色发展	清洁生产	行业标准	HJ 468—2009	清洁生产标准　造纸工业（废纸制浆）
11	绿色发展	清洁生产	推荐性行业标准	HJ/T 340—2007	清洁生产标准　造纸工业（硫酸盐化学木浆生产工艺）
12	绿色发展	清洁生产	推荐性行业标准	HJ/T 339—2007	清洁生产标准　造纸工业（漂白化学烧碱法麦草浆生产工艺）
13	绿色发展	清洁生产	甘肃省地方标准	DB62/T 4114—2020	清洁生产审核技术指南
14	绿色发展	清洁生产	安徽省地方标准	DB34/T 3451—2019	家具行业清洁生产技术规程
15	绿色发展	清洁生产	北京市地方标准	DB11/T 1415—2017	清洁生产绩效验收技术要求
16	绿色发展	清洁生产	湖南省地方标准	DB11/T 1414—2017	清洁生产方案产生与效益计算技术要求
17	绿色发展	清洁生产	湖南省地方标准	DB43/T 1129—2015	工业企业资源性清洁生产审核报告编制技术规范
18	绿色发展	清洁生产	浙江省地方标准	DB33/T 969—2015	清洁生产审核技术要求
19	绿色发展	清洁生产	广东省地方标准	DB44/T 1538—2015	木家具清洁生产规范

续表

序号	领域	标准规范或支撑的目标	标准级别	标准编号	标准名称
20	绿色发展	清洁生产	北京市地方标准	DB11/T 1138—2014	清洁生产评价指标体系　家具制造业
21	绿色发展	再利用	强制性国家标准	GB 16487.4—2017	进口可用作原料的固体废物环境保护控制标准——废纸或纸板
22	绿色发展	再利用	强制性国家标准	GB 16487.3—2017	进口可用作原料的固体废物环境保护控制标准——木、木制品废料
23	绿色发展	再利用	强制性国家标准	GB/T 20811—2018	废纸分类技术要求
24	绿色发展	再利用	推荐性国家标准	GB/T 39198—2020	一般固体废物分类与代码
25	绿色发展	再利用	推荐性国家标准	GB/T 39197—2020	一般固体废物物质流数据采集原则和要求
26	绿色发展	再利用	推荐性国家标准	GB/T 38925—2020	废复合包装分选质量要求
27	绿色发展	再利用	推荐性国家标准	GB/T 38743—2020	废旧木材与人造板术语
28	绿色发展	再利用	推荐性国家标准	GB/T 36574—2018	产业园区废气综合利用原则和要求
29	绿色发展	再利用	推荐性国家标准	GB/T 35380—2017	进境原木中废材的判定方法
30	绿色发展	再利用	推荐性国家标准	GB/T 34805—2017	农业废弃物综合利用　通用要求
31	绿色发展	再利用	推荐性国家标准	GB/T 16716.4—2018	包装与环境　第4部分：材料循环再生使用
32	绿色发展	再利用	推荐性国家标准	GB/T 32568—2016	重复使用包装箱通用技术条件
33	绿色发展	再利用	推荐性国家标准	GB/T 21667—2008	二手货品质鉴定通则
34	绿色发展	再利用	推荐性国家标准	GB/T 30342—2013	二手货　分类
35	绿色发展	再利用	推荐性国家标准	GB/T 21557—2008	废纸中胶粘物的测定
36	绿色发展	再利用	推荐性国家标准	GB/T 24996—2010	纸张中脱墨回用纤维的判定
37	绿色发展	再利用	推荐性国家标准	GB/T 20216—2016	纸浆和纸　有效残余油墨浓度CERIC值的测定　红外线反射率测定法
38	绿色发展	再利用	推荐性行业标准	QB/T 4896—2015	废纸浆脱墨效率的测定
39	绿色发展	再利用	推荐性行业标准	SB/T 11058—2013	废纸分类等级规范
40	绿色发展	再利用	推荐性行业标准	SB/T 11110—2014	废纸塑铝复合包装物回收分拣技术规范
41	绿色发展	再利用	推荐性行业标准	SN/T 1791.13—2006	进口可用作原料的废物检验检疫规程　第13部分：废纸或纸板
42	绿色发展	再利用	推荐性行业标准	SN/T 2293.5—2009	进口可用作原料的固体废物分类鉴别　第5部分：废纸
43	绿色发展	再利用	推荐性行业标准	SN/T 4402—2015	入境废纸卫生处理规程
44	绿色发展	再利用	山东省地方标准	DB37/T 1494—2009	办公废纸脱墨浆技术要求

续表

序号	领域	标准规范或支撑的目标	标准级别	标准编号	标准名称
45	绿色发展	废固资源化	强制性国家标准	GB 34330—2017	固体废物鉴别标准——通则
46	绿色发展	废固资源化	推荐性国家标准	GB/T 29408—2012	废旧木质材料分类
47	绿色发展	废固资源化	推荐性国家标准	GB/T 32328—2015	工业固体废物综合利用产品环境与质量安全评价技术导则
48	绿色发展	废固资源化	推荐性国家标准	GB/T 32326—2015	工业固体废物综合利用技术评价导则
49	绿色发展	废固资源化	推荐性国家标准	GB/T 22529—2008	废弃木质材料回收利用管理规范
50	绿色发展	废固资源化	推荐性国家标准	GB/T 33039—2016	人造板生产用回收木材质量要求
51	绿色发展	废固资源化	推荐性国家标准	GB/T 34911—2017	工业固体废物综合利用术语
52	绿色发展	废固资源化	推荐性国家标准	GB/T 28744—2012	废弃产品回收处理企业统计指标体系
53	绿色发展	废固资源化	强制性行业标准	HJ 1091—2020	固体废物再生利用污染防治技术导则
54	绿色发展	废固资源化	推荐性行业标准	LY/T 1822—2009	废弃木材循环利用规范
55	绿色发展	废固资源化	推荐性行业标准	LY/T 1680—2006	木材综合利用规范
56	绿色发展	废固资源化	推荐性行业标准	LY/T 2558—2015	人造板生产用回收木材检验方法
57	绿色发展	废固资源化	推荐性行业标准	LY/T 1979—2011	刨花板生产节材和减排技术规范
58	绿色发展	废固资源化	推荐性行业标准	HJ/T 364—2007	废塑料回收与再生利用污染控制技术规范（试行）
59	绿色发展	废固资源化	团体标准	T/SZFA 1001.5—2019	家具产业链品质星级评定准则 第5部分：废弃家具及包装处置
60	绿色发展	废水及工业余热资源化	推荐性国家标准	GB/T 38596—2020	催化剂生产废水中重金属含量的测定
61	绿色发展	废水及工业余热资源化	推荐性国家标准	GB/T 38602—2020	湿式催化氧化有机废水催化剂活性试验方法
62	绿色发展	废水及工业余热资源化	推荐性国家标准	GB/T 38224.1—2019	重金属废水处理与回用技术评价 第1部分：程序和方法
63	绿色发展	废水及工业余热资源化	推荐性国家标准	GB/T 38224.2—2019	重金属废水处理与回用技术评价 第2部分：指标体系
64	绿色发展	废水及工业余热资源化	推荐性国家标准	GB/T 32327—2015	工业废水处理与回用技术评价导则
65	绿色发展	废水及工业余热资源化	推荐性国家标准	GB/T 32123—2015	含氰废水处理处置规范
66	绿色发展	废水及工业余热资源化	推荐性国家标准	GB/T 31189—2014	金属磷化废水中磷回收技术规范

续表

序号	领域	标准规范或支撑的目标	标准级别	标准编号	标准名称
67	绿色发展	废水及工业余热资源化	推荐性国家标准	GB/T 19923—2005	城市污水再生利用　工业用水水质
68	绿色发展	废水及工业余热资源化	推荐性国家标准	GB/T 1028—2018	工业余能资源评价方法
69	绿色发展	废水及工业余热资源化	推荐性国家标准	GB/T 17719—2009	工业锅炉及火焰加热炉烟气余热资源量计算方法与利用导则
70	绿色发展	废水及工业余热资源化	推荐性行业标准	JB/T 11890—2014	低中温工业气体余热回收利用成套装备通用技术条件
71	绿色发展	废水及工业余热资源化	推荐性行业标准	HJ 1095—2020	芬顿氧化法废水处理工程技术规范
72	绿色发展	废水及工业余热资源化	福建省地方标准	DB35/T 1099—2011	天然饰面板材加工废水处理工程技术规范
73	绿色发展	废水及工业余热资源化	福建省地方标准	DB33/ 887—2013	工业企业废水氮、磷污染物间接排放限值
74	绿色发展	绿色产品	推荐性国家标准	GB/T 33761—2017	绿色产品评价通则
75	绿色发展	绿色产品	推荐性国家标准	GB/T 35601—2017	绿色产品评价　人造板和木质地板
76	绿色发展	绿色产品	推荐性国家标准	GB/T 39126—2020	室内绿色装饰装修选材评价体系
77	绿色发展	绿色产品	推荐性国家标准	GB/T 39084—2020	绿色产品评价　快递封装用品
78	绿色发展	绿色产品	推荐性国家标准	GB/T 35602—2017	绿色产品评价　涂料
79	绿色发展	绿色产品	推荐性国家标准	GB/T 35607—2017	绿色产品评价　家具
80	绿色发展	绿色产品	推荐性国家标准	GB/T 35608—2017	绿色产品评价　绝热材料
81	绿色发展	绿色产品	推荐性国家标准	GB/T 35612—2017	绿色产品评价　木塑制品
82	绿色发展	绿色产品	推荐性国家标准	GB/T 35613—2017	绿色产品评价　纸和纸制品
83	绿色发展	绿色产品	推荐性国家标准	GB/T 35609—2017	绿色产品评价　防水与密封材料
84	绿色发展	绿色产品	推荐性行业标准	LY/T 2876—2017	人造板定制衣柜技术规范
85	绿色发展	绿色产品	辽宁省地方标准	DB21/T 2763—2017	绿色建筑材料评价标准
86	绿色发展	绿色产品	北京市地方标准	DB11/T 825—2021	绿色建筑评价标准
87	绿色发展	绿色产品	天津市地方标准	DB12/T 670—2016	绿色供应链技术要求　编制导则
88	绿色发展	绿色产品	团体标准	T/CPQS F001—2020	木质办公家具环保等级评价技术要求
89	绿色发展	绿色产品	团体标准	T/SBMIA 007—2018	绿色木质地板评价
90	绿色发展	绿色产品	团体标准	T/CNFPIA 3001—2018	绿色产品评价——木质门
91	绿色发展	绿色产品	推荐性国家标准	GB/T 32813—2016	绿色制造　机械产品生命周期评价　细则

续表

序号	领域	标准规范或支撑的目标	标准级别	标准编号	标准名称
92	绿色发展	绿色产品	团体标准	T/CTWPDA 01—2016	绿色产品评价规范　人造板
93	绿色发展	绿色抗菌	推荐性行业标准	LY/T 1926—2020	人造板与木（竹）质制品　抗菌性能检测与分级
94	绿色发展	绿色抗菌	团体标准	在研	绿色校园用装饰装修材料抗菌性能
95	绿色发展	绿色工厂	推荐性国家标准	GB/T 36132—2018	绿色工厂评价通则
96	绿色发展	绿色工厂	推荐性国家标准	GB/T 38849—2020	绿色商场
97	绿色发展	绿色工厂	推荐性国家标准	GB/T 38538—2020	产业园区基础设施绿色化指标体系及评价方法
98	绿色发展	绿色工厂	推荐性国家标准	GB/T 38197—2019	建筑施工机械绿色性能指标与评价方法
99	绿色发展	绿色工厂	推荐性行业标准	在研	绿色人造板工厂评价细则
100	绿色发展	绿色工厂	推荐性行业标准	在研	人造板行业绿色工厂评价要求
101	绿色发展	绿色工厂	衢州市地方标准	DB3308/T 069—2020	绿色企业评价规范
102	绿色发展	绿色工厂	衢州市地方标准	DB3308/T 070—2020	绿色项目评价规范
103	绿色发展	绿色工厂	上海市地方标准	DB31/T 946—2021	绿色产业园区评价导则
104	绿色发展	绿色制造	推荐性国家标准	GB/T 39258—2020	绿色制造　制造企业绿色供应链管理　采购控制
105	绿色发展	绿色制造	推荐性国家标准	GB/T 39256—2020	绿色制造　制造企业绿色供应链管理　信息化管理平台规范
106	绿色发展	绿色制造	推荐性国家标准	GB/T 39259—2020	绿色制造　制造企业绿色供应链管理　物料清单要求
107	绿色发展	绿色制造	推荐性国家标准	GB/T 39257—2020	绿色制造　制造企业绿色供应链管理　评价规范
108	绿色发展	绿色制造	推荐性国家标准	GB/T 33635—2017	绿色制造　制造企业绿色供应链管理　导则
109	绿色发展	绿色制造	推荐性国家标准	GB/T 26119—2010	绿色制造　机械产品生命周期评价　总则
110	绿色发展	绿色供应链	推荐性国家标准	GB/T 37422—2019	绿色包装评价方法与准则
111	绿色发展	绿色供应链	推荐性国家标准	GB/T 37099—2018	绿色物流指标构成与核算方法
112	绿色发展	绿色供应链	深圳市地方标准	DB4403/T 10—2019	绿色供应链企业评价
113	绿色发展	绿色供应链	湖南省地方标准	DB43/T 1592—2019	绿色物流企业
114	绿色发展	绿色供应链	天津市地方标准	DB12/T 669—2016	绿色供应链标准化工作指南
115	绿色发展	绿色供应链	北京市地方标准	DB11/T 513—2018	绿色施工管理规程
116	绿色发展	绿色设计	推荐性国家标准	GB/T 26694—2011	家具绿色设计评价规范
117	绿色发展	绿色设计	团体标准	T/CPCIF 0029—2020	绿色设计产品评价技术规范　水性木器涂料

续表

序号	领域	标准规范或支撑的目标	标准级别	标准编号	标准名称
118	绿色发展	绿色设计	团体标准	T/CAB 0038—2018	绿色设计产品评价技术规范　实木复合地板
119	绿色发展	绿色设计	团体标准	T/CAB 0011—2016	绿色设计产品评价技术规范　木塑型材
120	绿色发展	森林认证	推荐性国家标准	GB/T 28952—2018	中国森林认证　产销监管链
121	绿色发展	森林认证	推荐性国家标准	GB/T 39358—2020	中国森林认证　非木质林产品经营
122	绿色发展	森林认证	推荐性国家标准	GB/T 28951—2021	中国森林认证　森林经营
123	绿色发展	森林认证	推荐性行业标准	LY/T 3118—2019	中国森林认证　标识
124	绿色发展	森林认证	推荐性行业标准	LY/T 3116—2019	中国森林认证　碳中和产品
125	绿色发展	森林认证	推荐性行业标准	LY/T 2282—2014	中国森林认证　产销监管链操作指南
126	绿色发展	森林认证	推荐性行业标准	LY/T 2281—2014	中国森林认证　产销监管认证审核导则
127	绿色发展	森林认证	推荐性行业标准	LY/T 2513—2015	中国森林认证　联合认证操作指南
128	绿色发展	森林认证	团体标准	T/CNFPIA 4002—2017	中国木材合法性认定
129	绿色发展	森林认证	团体标准	T/CSF 001—2020	规格材产品认证规则

备注：GB/T：推荐性国家标准；LY/T：推荐性林业行业标准；JB/T 推荐性机械行业标准：HJ：强制性环境保护标准；HJ/T：推荐性环境保护标准；DB：地方标准；T：团体标准

第二节　木材工业环境保护和绿色发展相关标准

一、产业污染物排放标准

产业污染物排放标准主要是对木材加工、人造板、造纸、木家具制造、林产化工等木材工业与林产工业生产过程中产生的噪声、粉尘、废水、废气、废固等污染物排放限量及其检测方法进行规范，例如《污水综合排放标准》(GB 8978—1996)、《锅炉大气污染物排放标准》(GB 13271—2014)、《环境空气质量标准》(GB 3095—2012)、《工业企业厂界环境噪声排放标准》(GB 12348—2008)、《大气污染物综合排放标准》(GB 16297—1996)、《危险废物焚烧污染控制标准》(GB 18484—2020)、《环境保护档案管理规范　污染源》(HJ/T 8.4—1994) 等重要综合污染控制标准。

《污水综合排放标准》(GB 8978—1996) 是原国家环保局紧密结合我国国情、环保特点及技术经济条件而组织制定的水污染物综合排放标准，是直接控制污染源、实现环境保护目标的重要控制手段。该标准提出年限制，将标准规定的指标划分为两个时间段：1997 年 12 月 31 日前建设的单位，执行第一时间段规定的标准值；1998 年 1 月 1 日起建设的单位，执行第二时间段规定的标准值，在标准适用范围上明确综合排放标准与行业排放标准不交叉执行的原则，造纸工业，船舶工业，海洋石油开发工业，纺织染整工业，肉类加工工业，合成氨工业，钢铁工业，航天推进剂使用、兵器工业，磷肥工业，烧碱、聚乙烯工业所排放的污水执行相应的国家行业标准，其他一切排放污水的单位一律执行本标准。

《锅炉大气污染物排放标准》(GB 13271—2014) 是为贯彻《中华人民共和国环境保护法》《中华人民共和国大气污染防治法》《国务院关于加强环境保护重点工作的意见》等法律、法规，保护环境，防治污染，促进锅炉生产、运行和污染治理技术的进步而制定，规定了锅炉大气污染物浓度排放限量值、监测和监控要求，标准规定内容是锅炉大气污染物排放控制的基本要求，并提出地方省级人民政府对本标准未做规定的大气污染物项目，可以制定地方污染物排放标准，对本标准已做规定的大气污染物项目，可以制定严于本标准的地方污染物排放标准，环境影响评价文件要求严于本标准或地方标准时，按照批复的环境影响评价文件进行。

同时，各行各业还有其行业领域内污染控制标准，例如《涂料、油墨及胶粘剂工业大气污染物排放标准》(GB 37824—2019)、《人造板工业粉尘防控技术规范》(LY/T 1659—2020) 及在研标准《人造板工业污染物排放标准》,《人造板工业粉尘防控技术规范》(LY/T 1659—2020) 规定了人造板工业粉尘防控的术语和定义、基本原则、技术要求和管理要求，适用生产木质或非木质人造板的新建、扩建、改建项目（简称“建设项目”）的工程设计和建设项目运行时的粉尘防控管理，也适用生产无机人造板和木塑复合材料等建设项目中仅涉及木质及植物纤维类粉尘的工段或设施。

二、有害物质控制

有害物质控制标准是为提高木材工业与林产工业生产环保水平、减少污染物排放、加强木材工业与林产工业产品有害物质控制管理而制定的技术标准。有害物质控制标准包括人造板、木家具、装饰纸等木材工业与林产工业产品中甲醛释放限量、挥发性有机化合物限量、重金属限量木材工业与林产工业等标准。例如《木器涂料中有害物质限量》(GB 18581—2020)、《胶粘剂挥发性有机化合物限量》(GB 33372—2020)、《建筑用墙面涂料中有害物质限量》(GB 18582—2020)、《室内装饰材料　水性木器涂料中有害物质限量》(GB 24410—2009)、《室内装饰装修材料　木家具中有害物质限量》(GB 18584—2001)、《木家具中挥发性有机化合物释放速率检测　逐时浓度法》(GB/T 38723—2020)、《定制家具　挥发性有机化合物现场检测方法》(GB/T 39386—2020)、《涂料中挥发性有机化合物（VOC）释放量的测定》(GB/T 37884—2019)、《胶粘剂挥发性有机化合物释放量的测定　微舱法》(GB/T 36799—2018)、《家具中有害物质　放射性的测定》(GB/T 38724—2020) 等重要标准。

人造板有害物质控制标准是对人造板中甲醛、挥发性有机化合物、重金属限量及其检测方法等进行规范，主要国家和行业标准有《室内装饰装修材料　人造板及其制品中甲醛释放限量》(GB 18580—2017)、《人造板及其制品气味评价方法》(LY/T 3236—2020)、《人造板及其制品 VOCs 释放下的室内承载量规范》(LY/T 3229—2020)、《人造板及其制品挥发性有机化合物释放量分级》(LY/T 3230—2020)、《地采暖用木质地板甲醛释放承载量规范》(LY/T 3233—2020)。《室内装饰装修材料　人造板及其制品中甲醛释放限量》(GB 18580—2017) 规定 $1m^3$ 气候箱法甲醛释放限量值为 $0.124mg/m^3$，限量标识为 E1，统一甲醛释放量检测试验方法为“$1m^3$ 气候箱法”。《人造板及其制品气味评价方法》(LY/T 3236—2020) 将气味等级划分为 5 等，描述为无气味、稍有气味、气味明显但气味不令人难受、明显让人感觉难受的气味、让人无法忍受的气味。《人造板及其制品 VOCs 释放下的室内承载量规范》(LY/T 3229—2020) 规定了室内空气污染评价方法和人造板及其制品室内承载量计算方法。《人造板及其制品挥发性有机化合物释放量分级》(LY/T 3230—2020) 将人造板及其制品挥发性有机化合物释放量等级分为Ⅰ级和Ⅱ级，规定了包含 TVOC、总醛酮化合物、苯、甲苯、二甲苯（邻二甲苯、间二甲苯、对二甲苯）、联苯和三联苯（邻三联苯、间三联苯、对三联苯）总和、4-苯基环己烯、萘在内的挥发性有机化合物释放量Ⅰ级和Ⅱ级浓度值。《地采暖用木质地板甲醛释放承载量规范》(LY/T 3233—2020) 规定了室内甲醛释放率和承载量计算方法。

木家具有害物质控制标准是对木家具制品甲醛、挥发性有机物释放限量和重金属限量及其检测方法进行规范。《家具中有害物质检测方法　总则》(GB/T 32437—2015) 规定了家具中有害物质的种类和来源。《室内装饰装修材料　木家具中有害物质限量》(GB 18584—2001) 规定了包含甲醛释放量、重金属含量（可溶性铅、镉、铬、汞）在内的有害物质限量值。

纸制品有害物质控制标准是对纸制品中的挥发性有机化合物等有害物限量及其检测方法进行规范。《室内装饰装修材料　壁纸中有害物质限量》(GB 18585—2001) 规定了壁纸中重金属（钡、镉、铬、铅、砷、汞、硒、锑）、氯乙烯单体和甲醛释放量限量值。

三、清洁生产

清洁生产标准是为实现木材工业与林产工业清洁生产目的而制定的技术标准。木材工业与林产工业清洁生产标准对木材工业与林产工业生产过程中的原材料节约与节能降耗、淘汰有毒原材料，减降废弃物的数量等进行规范，主要包括木材加工、人造板生产、木制品生产、竹藤棕草制品生产、木家具生产、造纸工业和林产化工产品生产等的清洁生产要求与管理标准。例如《人造板工业清洁生产技术要求》(GB/T 29903—2013)、《人造板工业清洁生产评价指标体系》(GB/T 29904—2013)、《人造板制造企业清洁生产审核指南》(LY/T 2719—2016)、《木材工业气力运输与除尘系统节能技术规范》(LY/T 1862—2009)、《刨花板生产节材和减排技术规范》(LY/T 1979—2011) 对人造板工业清洁生产起到了重要指导和规范作用。

四、再利用

再利用标准是通过延长木材工业与林产工业产品的使用周期，达到资源高效利用目的而制定的标准。再利用子体系标准对木材工业与林产工业产品重复利用商品的质量、耐用性和易用性等进行规范。

再利用标准包括木材工业与林产工业产品重复利用和二次加工再利用等标准。重复利用标准主要是要求产品和包装容器能够以初始的形式被反复使用，目的是延长产品和服务的时间强度。

二次加工再利用标准主要是对使用多年的家具、木地板或其他木制品，通过砂光、涂饰或简单的修补等方法，进行再利用，从而达到延长产品的使用期。例如《产业园区废气综合利用原则和要求》(GB/T 36574—2018)、《进口可用作原料的固体废物环境保护控制标准——木、木制品废料》(GB 16487.3—2017)、《废纸分类技术要求》(GB 20811—2006)、《废弃木质材料回收利用管理规范》(GB/T 22529—2008)、《废弃木质材料分类》(GB/T 29408—2012) 等标准的实施对废弃木材的再利用起到了重要的引导和规范作用。

五、废固资源化

废固资源化标准是为产品生产、产品最终处置过程中产生的固体废弃物，进行综合利用从而达到资源高效利用而制定的标准。废固资源化标准是对废弃的林业剩余物或木材工业与林产工业生产、使用等过程中产生的废旧固体原料等，进行回收加工利用的技术规范。

废固资源化标准包括林业三剩物、废弃木质材料、废纸等标准。废弃木质材料利用标准是对废弃木材、废弃人造板等木质材料回收利用的规范。废纸利用标准是对废纸的回收、资源化利用，以及进口废纸利用等的规范。例如《废弃木质材料回收利用管理规范》(GB/T 22529—2008)、《废弃木质材料分类》(GB/T 29408—2012)、《人造板生产用回收木材质量要求》(GB/T 33039—2016)、《废弃木材循环利用规范》(LY/T 1822—2009)、《人造板生产用回收木材检验方法》(LY/T 2558—2015)、《刨花板生产节材和减排技术规范》(LY/T 1979—2011)、《木材综合利用规范》(LY/T 1680—2006) 对废弃木材的回收利用起到了重要的指导和规范作用。

六、废水及工业余热资源化

废水及工业余热资源化标准是为将木材工业与林产工业生产过程中产生的废水和工业余热等进行综合利用从而达到资源高效利用而制定的标准，是对木材工业与林产工业生产过程中产生的废水和工业余热综合利用质量和管理要求进行规范。

废水及工业余热资源化标准包括废水资源化和工业余热资源化等标准。废水资源化标准是废水进行处理后用于木材工业与林产工业生产中，或木材工业与林产工业生产、使用等过程中产生的废水循环利用的规范。工业余热资源化标准是木材工业与林产工业生产等过程中产生的废气以及工业余热进行循环利用的规范。例如《工业废水处理与回用技术评价导则》（GB/T 32327—2015）、《工业余能资源评价方法》（GB/T 1028—2000）、《工业锅炉及火焰加热炉烟气余热资源量计算方法与利用导则》（GB/T 17719—2009）等重要标准。

七、绿色产品

绿色产品是指在生命周期过程中，符合环境保护的要求，对生态环境和人体健康无害或危害小、资源能源消耗少及品质高的产品。建立统一的绿色产品标准、认证、标识体系，是推动绿色低碳循环发展、培育绿色市场的必然要求。绿色产品评价标准指标要求主要包括资源、能源、环境和品质属性四类一级指标，在一级指标下可设置可量化、可检测和可验证的二级指标。绿色产品标准是开展绿色产品认证的基础、技术支撑及政策保障，对促进行业高质量发展和企业转型升级具有重要意义。例如《绿色产品评价　人造板和木质地板》（GB/T 35601—2017）、《绿色产品评价　家具》（GB/T 35607—2017）、《绿色产品评价　木塑制品》（GB/T 35612—2017）、《人造板定制衣柜技术规范》（LY/T 2876—2017）、《绿色产品评价——木质门》（T/CNFPIA 3001—2018）等绿色产品标准。《绿色产品评价　人造板和木质地板》（GB/T 35601—2017）规定的人造板和木质地板绿色产品评价要求包括基本要求和评价指标要求，绿色人造板和绿色木质地板应同时满足本标准基本要求和评价指标要求，基本要求：

（1）产品应满足相应产品质量和安全标准的要求；

（2）生产企业的污染物总量控制，应达到国家和地方污染物排放总量控制指标的要求；

（3）生产企业应按照 GB/T 24001、GB/T 19001、GB/T 28001 和 GB/T 28952 分别建立并运行环境管理体系、质量管理体系和职业健康安全管理体系、产品原料追溯体系；评价指标要求：人造板和木质地板绿色产品评价体系指标由一级指标和二级指标组成，其中一级指标包括资源属性指标、能源属性指标、环境属性指标和品质属性指标；二级指标包括木材等原材料要求、木材加工用化学产品、人造板、木质地板、甲醛释放量、挥发性有机化合物、可溶性重金属（铅、镉、铬、汞）总含量。

八、绿色工厂

绿色工厂相关标准主要规范了绿色工厂创建的基本要求和各个行业绿色工厂建设的要求等。《绿色工厂评价通则》（GB/T 36132—2018）标准是绿色工厂的基础标准，标准明确了绿色工厂术语定义，从基本要求、基础设施、管理体系、能源资源投入、产品、环境排放、绩效等方面，按照“用地集约化、原料无害化、生产洁净化、废物资源化、能源低碳化”的原则，建立了绿色工厂系统评价指标体系，提出了绿色工厂评价通用要求。标准锁定绿色制造工程及绿色制造体系，引导广大企业创建绿色工厂，推动工业绿色转型升级，实现绿色发展。目前《绿色人造板工厂评价细则》和《人造板行业绿色工厂评价要求》正在制定中。

九、绿色制造

绿色制造系列标准主要规范了制造企业绿色供应链管理，现行标准包含《绿色制造　制造企业绿色供应链管理　采购控制》(GB/T 39258—2020)、《绿色制造　制造企业绿色供应链管理　信息化管理平台规范》(GB/T 39256—2020)、《绿色制造　制造企业绿色供应链管理　物料清单要求》(GB/T 39259—2020)、《绿色制造　制造企业绿色供应链管理　评价规范》(GB/T 39257—2020)、《绿色制造　制造企业绿色供应链管理　导则》(GB/T 33635—2017)。绿色采购是绿色供应链管理的关键环节，企业针对采购的产品及供应商进行有效的管理，是降低企业环境风险，提高供应链环境绩效，保持供应链稳定性的重要手段。《绿色制造　制造企业绿色供应链管理　采购控制》(GB/T 39258—2020) 规定了制造企业绿色采购控制管理要求，包括采购控制的目的、范围、总体要求和具体要求等，用于引导和规范企业开展绿色供应链管理工作。绿色供应链信息化管理平台是企业开展绿色供应链管理的重要工作，平台综合运用新一代信息技术，按照企业绿色供应链管理的整体要求，对制造企业及其供应链上下游的各相关绿色信息进行有效的规划和管理，从而提高企业绿色供应链管理水平和效率；《绿色制造　制造企业绿色供应链管理　信息化管理平台规范》(GB/T 39256—2020) 规定了制造企业绿色供应链信息化管理平台的总体架构、功能及运行等要求，制造企业、相关软件开发商或绿色供应链相关方可依据本标准开发建立满足要求的信息管理系统或信息平台；《绿色制造　制造企业绿色供应链管理　物料清单要求》(GB/T 39259—2020) 可应用于企业产品绿色改进、绿色采购、绿色营销或绿色信息披露等。

十、绿色供应链及绿色设计

绿色供应链是在传统供应链基础上，将绿色制造、产品生命周期和生产者责任延伸理念融入企业业务流程，综合考虑企业经济效益与资源节约、环境保护、人体健康安全要求的供应链系统。实施绿色供应链管理是提升企业竞争力，实现企业绿色可持续发展的有效途径之一。绿色设计主要取决于产品的开发设计阶段，绿色设计标准旨在引导产品开发设计及相关人员在产品前期策划和开发设计阶段，预测和识别产品全生命周期各个阶段（从原材料获取、产品设计、生产、包装、运输、使用、回收利用、最终处置等）的资源、环境、健康与安全等因素，在满足产品使用的前提下，提升产品的绿色性，如《机械产品绿色设计　导则》(GB/T 31206—2014)、《绿色物流指标构成与核算方法》(GB/T 37099—2018)、《绿色包装评价方法与准则》(GB/T 37422—2019)、《家具绿色设计评价规范》(GB/T 26694—2011)、《绿色设计产品评价技术规范　实木复合地板》(T/CAB 0038—2018) 等。

十一、森林认证

森林认证作为促进可持续的森林经营的一种市场机制，已被越来越多的国家所接受。森林认证标准是森林认证的基础和支撑，对认证的效果起着至关重要的作用，它直接关系到森林认证能否真正促进森林可持续经营和绿色发展。开展产销监管链认证旨在追踪林产品的原料来源，减少使用争议来源的原料风险，向消费者提供明确的产品原料来源证明，产销监管链认证标准是我国开展产销监管链认证工作的基础。《中国森林认证　产销监管链》（GB/T 28952—2018）规定了实施林产品产销监管链的要求，适用实施中国森林认证委员会（CFCC）要求的第三方可持续产品认证的符合性评价。

实施森林经营认证是促进森林可持续经营和林产品国际贸易的一种重要市场手段，《中国森林认证　森林经营》（GB/T 28951—2021）规定了我国森林经营单位为了实施森林可持续经营认证应达到的要求，为森林认证机构开展森林经营认证审核和评估提供了依据。

第六章　木材工业安全生产标准

第一节　木材工业安全生产基础知识

一、安全生产的定义

安全生产是指采取一系列措施使生产过程在符合规定的物质条件和工作秩序下进行，有效消除或控制危险和有害因素，无人身伤亡和财产损失等生产事故发生，从而保障人员安全与健康、设备和设施免受损坏、环境免遭破坏，使生产经营活动得以顺利进行的一种状态。安全生产是安全与生产的统一，安全促进生产，生产必须安全。

安全生产是保护人民群众的生命财产安全、推动经济社会发展的基础和保障。搞好安全生产工作，切实保障人民群众的生命财产安全，是全面建设小康社会、统筹经济社会全面发展的重要内容。强化安全生产组织领导，把解决问题、推动企业主体责任落实作为整治的关键，进一步完善安全生产执法体系，提升基础保障能力，加强应急处置，扎实推进安全生产治理体系和治理能力现代化，为全面建成小康社会营造稳定的安全生产环境。

二、木材工业安全生产现状

人造板生产过程中产生的粉尘在输送及贮存过程中存在粉尘爆炸的隐患；生产所需要的原材料木材属易燃物，生产过程中存在火灾隐患；高速转动的设备、电气设备以及为生产所需而设的平台、地沟等均为不安全因素。另外，人为因素也至关重要，安全生产意识淡薄，安全生产观念不强，也是安全生产的重要隐患因素。木制品相对于人造板生产的门槛较低，其生产过程中所用机械较少，导致机械化水平低，所需人工操作较多，从业人员安全意识淡薄，木材工业安全生产警钟长鸣。

近年来，对部分地区人造板生产企业安全检查发现，不少企业仍存在相当多安全生产隐患，如果不能采取有效的安全生产预防和防护措施，轻则造成设备损坏，重则造成生命损失和财产重大损失。一些地方人造板和木制品企业发生的安全生产事故让人警醒，每一起生产企业安全事故的发生都是多种因素综合作用的结果，剖析这些安全隐患和事故发生的原因，可以发现一系列共性的因素：一是安全生产意识薄弱，重视不够；二是忽视安全设计和安全防控装备；三是安全管理不善。

各地发生的部分特大安全事故也给木材工业企业安全生产敲响了警钟，必须重视安全生产和狠抓落实。2020 年 4 月 10 日，国务院召开了全国安全生产电视电话会议。会议决定对开展全国安全生产专项整治三年行动做出部署。针对人造板和木制品企业安全生产问题，特别提出以下建议：一是高度重视安全生产，狠抓安全生产教育，提高全员对安全生产的重视程度，让职工对安全行为进行自觉的自我调整，最终形成安全生产的意识氛围，为企业的安全生产提供保障；二是坚持“三同时”原则，项目的安全设施，必须与主体工程同时设计、同时施工、同时投入生产和使用；三是狠抓安全生产落实，严格执行安全管理制度和安全操作规程，确保安全预防措施真正发挥作用。

三、安全生产标准及其分类

安全生产标准（简称“安全标准”）是对在生产工作场所或者领域，为改善劳动条件和设施，规范生产作业行为，保护劳动者免受各种伤害，保障劳动者人身安全健康，实现安全生产和作业进行的规范。

安全标准是安全生产法规体系的基础。安全标准的制定和修订由国务院有关部门按照保障安全生产的要求，依法及时进行。由于安全生产标准具有的重要性，生产经营单位必须执行，这在安全生产法中以法律条文形式加以强制规范。

安全标准根据法律效力可分为强制性标准和推荐性标准。强制性标准是为改善劳动条件，加强劳动保护，防止各类事故发生，减轻职业危害，保护职工的安全健康，建立统一协调、功能齐全的劳动保护法律体系和安全生产标准体系；推荐性标准从国家和企业的生产水平、经济条件、技术能力和人员素质等方面考虑，如果在全国、全行业进行强制性统一的话，执行会有困难，因此将此类标准作为推荐性安全生产标准执行。

安全标准按照标准的属性划分，可分为基础标准、方法标准、产品标准、管理标准；按照标准应用领域划分，可分为通用安全标准（如名词术语、安全标志等）和专业（工业领域）安全标准［如煤矿安全、非煤矿山安全、电气安全、危险化学品安全、石油化工安全、民爆物品安全、烟花爆竹安全、涂装作业安全、交通运输安全、机械安全、消防安全、建筑安全、个体防护装备（原劳动防护用品）、特种设备安全］等。

四、安全标准的作用

1. 安全标准是安全生产法律体系的重要组成部分

从广义讲，我国的安全生产法律体系，是由宪法、国家法律、国务院法规、地方性法规，以及标准、规章、规程和规范性文件等所构成的。在这个体系中，标准处于十分重要的位置，具有技术性法律规定的作用。

标准是法律的延伸。与安全生产相关的技术性规定，通常体现为国家标准和行业标准。根据世界贸易组织协议，我国的强制性标准与国外的技术法规具有同样的法律效力。现行法律法规也就此做出了明确规定。《中华人民共和国安全生产法》第二十条规定“生产经营单位应当具备本法和有关法律、行政法规和国家标准或者行业标准规定的安全生产条件”。《安全生产许可证条例》第六条，把厂房、作业场所和安全设施、设备、工艺符合安全生产法律、法规、标准和规定的要求，作为企业取得安全生产许可证应当具备的基本条件。标准所具有的法律地位及其法律效力，决定了安全标准一旦制定和发布，就必须得到尊重，必须认真贯彻实施。任何忽视安全标准、违背安全生产标准的现象，都是对安全生产法律的破坏和违反，都必须立即纠正，情节严重的要依法予以追究。

2. 安全标准是保障企业安全生产的重要技术规范

安全生产标准化是社会化大生产的要求，是社会生产力发展水平的反映。优秀企业要出名牌、出人才、出效益，就必须严格执行国家标准、行业标准，产品进入国际市场就要执行国际标准。有条件、有实力的优秀企业自己制定的企业标准，明确高于国家标准、行业标准。而不执行法定标准的企业，不仅市场竞争力无从谈起，而且违法生产经营，丧失诚信准则，甚至导致重特大事故发生。一些企业安全管理滑坡，伤亡事故多发，重要原因之一就是不遵守相应的安全生产标准。有的企业标准意识淡漠，执行标准不严；有的企业有标不循，不按标准办事；有的企业根本没有安全标准，不知道有标准。因此，迫切需要通过加强安全生产标准化工作，规范企业及其经营管理者、从业人员的安全生产行为，实现安全生产。

3. 安全标准是安全监管监察和依法行政的重要依据

安全标准是保护从业人员生命和健康的准则，凝聚了血的教训。安全监管监察部门在行政执法中，对违法违规行为的认定评判，除了要依据法律、法规，还需要依据国家标准和行业标准。如重大危险源的识别、重大隐患的排查、安全生产条件的认定、事故原因的分析判断等，都需要以标准为依据。党中央、国务院领导多次要求把安全生产工作抓细、抓实、抓好。细节反映真实，细节决定成效。相对于法律法规，标准更细致、更周密。安全监管监察部门依据标准实施行政执法，安全生产监管工作才能真正落实到位。

4. 安全标准是规范市场准入的必要条件

安全生产要保障人员安全与健康、财产安全，必须进行安全生产，则安全标准是组织生产的基础，是规范市场准入的必要条件。

第二节　木材工业安全生产相关标准

木材工业安全属于国家安全生产体系的重要组成部分，截至 2020 年 12 月 1 日，中国木材工业安全生产重要标准 247 项，包括国家标准、行业标准、地方标准、团体标准，其中国家标准 69 项，行业标准 69 项（其中国家安全生产监督管理总局发布的 45 项），地方标准 105 项，团体标准 4 项。木材工业安全生产标准包括安全综合管理标准 68 项，产品安全标准 11 项，防爆防火安全标准 34 项，设施设备安全标准 41 项，危险货物安全标准 3 项，职业健康安全标准 31 项，作业安全标准 59 项（表 6-1）。

表 6-1 木材工业安全生产标准

序号	领域	标准规范或支撑的目标	标准级别	标准编号	标准名称	发布部门
1	安全生产	安全综合管理	推荐性国家标准	GB/T 33000—2016	企业安全生产标准化基本规范	国家质量监督检验检疫总局
2	安全生产	安全综合管理	强制性国家标准	GB 12158—2006	防止静电事故通用导则	国家质量监督检验检疫总局
3	安全生产	安全综合管理	强制性国家标准	GB 18218—2018	危险化学品重大危险源辨识	国家市场监督管理总局
4	安全生产	安全综合管理	强制性行业标准	AQ 9003. 2—2008	企业安全生产网络化监测系统技术规范 第 2 部分：危险场所网络化监测系统集成技术规范	国家安全生产监督管理总局
5	安全生产	安全综合管理	强制性行业标准	AQ 9003. 1—2008	企业安全生产网络化监测系统技术规范 第 1 部分：危险场所网络化监测系统现场接入技术规范	国家安全生产监督管理总局
6	安全生产	安全综合管理	推荐性行业标准	AQ/T 3029—2010	危险化学品生产单位主要负责人安全生产培训大纲及考核标准	国家安全生产监督管理总局
7	安全生产	安全综合管理	推荐性行业标准	AQ/T 3030—2010	危险化学品生产单位安全生产管理人员安全生产培训大纲及考核标准	国家安全生产监督管理总局
8	安全生产	安全综合管理	推荐性行业标准	AQ/T 3031—2010	危险化学品经营单位主要负责人安全生产培训大纲及考核标准	国家安全生产监督管理总局
9	安全生产	安全综合管理	推荐性行业标准	AQ/T 3032—2010	危险化学品经营单位安全生产管理人员安全生产培训大纲及考核标准	国家安全生产监督管理总局
10	安全生产	安全综合管理	推荐性行业标准	AQ/T 8006—2018	安全生产检测检验机构能力的通用要求	应急管理部
11	安全生产	安全综合管理	推荐性行业标准	AQ/T 9002—2006	生产经营单位安全生产事故应急预案编制导则	国家安全生产监督管理总局
12	安全生产	安全综合管理	强制性行业标准	AQ 9003. 3—2008	企业安全生产网络化监测系统技术规范 第 3 部分：危险场所	国家安全生产监督管理总局
13	安全生产	安全综合管理	推荐性行业标准	AQ/T 9006—2010	企业安全生产标准化基本规范	国家安全生产监督管理总局
14	安全生产	安全综合管理	推荐性行业标准	AQ/T 9008—2012	安全生产应急管理人员培训及考核规范	国家安全生产监督管理总局

续表

序号	领域	标准规范或支撑的目标	标准级别	标准编号	标准名称	发布部门
15	安全生产	安全综合管理	强制性行业标准	AQ 9010—2019	安全生产责任保险事故预防技术服务规范	应急管理部
16	安全生产	安全综合管理	推荐性行业标准	JT/T 912—2014	危险货物道路运输企业安全生产管理制度编写要求	交通运输部
17	安全生产	安全综合管理	推荐性行业标准	JT/T 913—2014	危险货物道路运输企业安全生产责任制编写要求	交通运输部
18	安全生产	安全综合管理	推荐性行业标准	JT/T 914—2014	危险货物道路运输企业安全生产档案管理技术要求	交通运输部
19	安全生产	安全综合管理	推荐性行业标准	JT/T 947—2014	港口危险货物经营企业安全生产标准化规范	交通运输部
20	安全生产	安全综合管理	推荐性地方标准	DB11/T 1322.1—2017	安全生产等级评定技术规范　第1部分：总则	北京市质量技术监督局
21	安全生产	安全综合管理	推荐性地方标准	DB11/T 1322.12—2017	安全生产等级评定技术规范　第12部分：纸制品制造企业	北京市质量技术监督局
22	安全生产	安全综合管理	推荐性地方标准	DB11/T 1322.2—2017	安全生产等级评定技术规范　第2部分：安全生产通用要求	北京市质量技术监督局
23	安全生产	安全综合管理	推荐性地方标准	DB11/T 1322.20—2017	安全生产等级评定技术规范　第20部分：科研单位	北京市质量技术监督局
24	安全生产	安全综合管理	推荐性地方标准	DB11/T 1322.23—2017	安全生产等级评定技术规范　第23部分：建材企业	北京市质量技术监督局
25	安全生产	安全综合管理	推荐性地方标准	DB11/T 1322.33—2018	安全生产等级评定技术规范　第33部分：危险化学品生产企业	北京市质量技术监督局
26	安全生产	安全综合管理	推荐性地方标准	DB11/T 1322.34—2019	安全生产等级评定技术规范　第34部分：小规模单位	北京市市场监督管理局
27	安全生产	安全综合管理	推荐性地方标准	DB11/T 1322.5—2017	安全生产等级评定技术规范　第5部分：危险化学品经营企业	北京市质量技术监督局
28	安全生产	安全综合管理	推荐性地方标准	DB11/T 1478—2017	生产经营单位安全生产风险评估规范	北京市质量技术监督局

续表

序号	领域	标准规范或支撑的目标	标准级别	标准编号	标准名称	发布部门
29	安全生产	安全综合管理	推荐性地方标准	DB11/T 1580—2018	生产经营单位安全生产应急资源调查规范	北京市市场监督管理局
30	安全生产	安全综合管理	推荐性地方标准	DB12/T 582—2015	企业班组安全生产基本规范	天津市市场和质量监督
31	安全生产	安全综合管理	推荐性地方标准	DB12/T 625—2016	生产经营单位安全生产应急管理档案要求	天津市市场和质量监督
32	安全生产	安全综合管理	推荐性地方标准	DB12/T 724.1—2017	安全生产等级评定技术规范　第1部分：总则	天津市市场和质量监督
33	安全生产	安全综合管理	推荐性地方标准	DB12/T 724.12—2017	安全生产等级评定技术规范　第12部分：纸制品制造企业	天津市市场和质量监督
34	安全生产	安全综合管理	推荐性地方标准	DB12/T 724.13—2017	安全生产等级评定技术规范　第13部分：机械制造企业	天津市市场和质量监督
35	安全生产	安全综合管理	推荐性地方标准	DB12/T 724.2—2017	安全生产等级评定技术规范　第2部分：安全生产通用要求	天津市市场和质量监督
36	安全生产	安全综合管理	推荐性地方标准	DB13/T 2510.1—2017	安全生产等级评定技术规范　第1部分：总则	河北省质量技术监督局
37	安全生产	安全综合管理	推荐性地方标准	DB13/T 2510.12—2017	安全生产等级评定技术规范　第12部分：纸制品制造企业	河北省质量技术监督局
38	安全生产	安全综合管理	推荐性地方标准	DB13/T 2510.13—2017	安全生产等级评定技术规范　第13部分：机械制造企业	河北省质量技术监督局
39	安全生产	安全综合管理	推荐性地方标准	DB13/T 2510.2—2017	安全生产等级评定技术规范　第2部分：安全生产通用要求	河北省质量技术监督局
40	安全生产	安全综合管理	推荐性地方标准	DB13/T 2930—2018	危险化学品生产经营单位从业人员安全生产培训大纲及考核规范	河北省质量技术监督局
41	安全生产	安全综合管理	推荐性地方标准	DB13/T 2969—2019	企业安全生产标准化等级划分与评定	河北省市场监督管理局
42	安全生产	安全综合管理	推荐性地方标准	DB13/T 5020—2019	微型企业安全生产标准化规范	河北省市场监督管理局
43	安全生产	安全综合管理	推荐性地方标准	DB31/T 811—2014	小企业安全生产标准化基本要求	上海市质量技术监督局

续表

序号	领域	标准规范或支撑的目标	标准级别	标准编号	标准名称	发布部门
44	安全生产	安全综合管理	推荐性地方标准	DB3212/T 2059—2019	企业安全生产双重预防机制建设通则	泰州市市场监督管理局
45	安全生产	安全综合管理	推荐性地方标准	DB32/T 2723—2015	生产经营单位安全生产基础数据库　建设及管理规范	江苏省质量技术监督局
46	安全生产	安全综合管理	推荐性地方标准	DB32/T 2724—2015	安全生产信息系统数据交换与共享技术规范	江苏省质量技术监督局
47	安全生产	安全综合管理	推荐性地方标准	DB32/T 2725—2015	安全生产监管监察业务和应急指挥平台　数据规范	江苏省质量技术监督局
48	安全生产	安全综合管理	推荐性地方标准	DB32/T 2918—2016	省级安全生产应急平台体系建设规范	江苏省质量技术监督局
49	安全生产	安全综合管理	推荐性地方标准	DB32/T 3253—2017	生产经营单位安全生产管理机构工作规范	江苏省质量技术监督局
50	安全生产	安全综合管理	推荐性地方标准	DB32/T 3254—2017	省级安全生产应急救援基地建设基本条件	江苏省质量技术监督局
51	安全生产	安全综合管理	推荐性地方标准	DB32/T 3406—2018	危险化学品企业安全生产标准化管理规范	江苏省质量技术监督局
52	安全生产	安全综合管理	推荐性地方标准	DB32/T 3608—2019	安全生产技术服务机构管理基本规范	江苏省市场监督管理局
53	安全生产	安全综合管理	推荐性地方标准	DB32/T 3609—2019	安全生产责任保险服务基本规范	江苏省市场监督管理局
54	安全生产	安全综合管理	推荐性地方标准	DB37/T 1915—2020	安全生产培训质量控制规范	山东省市场监督管理局
55	安全生产	安全综合管理	推荐性地方标准	DB37/T 2882—2016	安全生产风险分级管控体系通则	山东省质量技术监督局
56	安全生产	安全综合管理	推荐性地方标准	DB37/T 3065—2017	基层安全生产监管执法管理规范	山东省质量技术监督局
57	安全生产	安全综合管理	推荐性地方标准	DB44/T 1986—2017	安全生产执法监察标准化基本规范	广东省质量技术监督局
58	安全生产	安全综合管理	推荐性地方标准	DB44/T 2118—2018	安全生产检查督查规范	广东省质量技术监督局
59	安全生产	安全综合管理	推荐性地方标准	DB50/T 867—2018	安全生产技术规范　第1部分：总则	重庆市质量技术监督局
60	安全生产	安全综合管理	推荐性地方标准	DB50/T 868—2018	安全生产技术规范　第2部分：通用要求	重庆市质量技术监督局

续表

序号	领域	标准规范或支撑的目标	标准级别	标准编号	标准名称	发布部门
61	安全生产	安全综合管理	推荐性地方标准	DB5101/T 15—2018	成都市企业三级安全生产标准化基本规范	成都市质量技术监督局
62	安全生产	安全综合管理	推荐性地方标准	DB5101/T 16—2018	成都市小型企业安全生产标准化基本规范	成都市质量技术监督局
63	安全生产	安全综合管理	推荐性地方标准	DB5101/T 17—2018	成都市微型企业安全生产标准化基本规范	成都市质量技术监督局
64	安全生产	安全综合管理	推荐性地方标准	DB5101/T 18—2018	成都市企业安全生产风险分级管控工作规范	成都市质量技术监督局
65	安全生产	安全综合管理	推荐性地方标准	DB5101/T 19—2018	成都市安全生产标准化技术服务规范	成都市质量技术监督局
66	安全生产	安全综合管理	推荐性地方标准	DB5101/T 69—2020	成都市物业管理企业安全生产标准化评定规范	成都市市场监督管理局
67	安全生产	安全综合管理	推荐性地方标准	DB53/T 594—2014	安全生产信息数据交换接口规范	云南省质量技术监督局
68	安全生产	安全综合管理	推荐性地方标准	DB61/T 1089—2017	生产经营单位安全生产应急能力评估规范	陕西省质量技术监督局
69	安全生产	产品安全	强制性国家标准	GB 7059—2007	便携式木折梯安全要求	国家质量监督检验检疫总局
70	安全生产	产品安全	强制性国家标准	GB 28008—2011	玻璃家具安全技术要求	国家质量监督检验检疫总局
71	安全生产	产品安全	强制性国家标准	GB 28478—2012	户外休闲家具安全性能要求　桌椅类产品	国家质量监督检验检疫总局
72	安全生产	产品安全	强制性国家标准	GB 22793.1—2008	家具　儿童高椅　第1部分：安全要求	国家质量监督检验检疫总局
73	安全生产	产品安全	强制性国家标准	GB 22792.2—2008	办公家具　屏风　第2部分：安全要求	国家质量监督检验检疫总局
74	安全生产	产品安全	推荐性行业标准	LY/T 3141—2019	古建筑木构件安全性鉴定技术规范	国家林业和草原局
75	安全生产	产品安全	推荐性行业标准	SN/T 2144—2008	儿童家具基本安全技术规范	国家质量监督检验检疫总局
76	安全生产	产品安全	推荐性地方标准	DB45/T 615—2009	竹、木、草编织工艺品质量安全要求	广西壮族自治区质量技术监督局
77	安全生产	产品安全	推荐性地方标准	DB44/T 2026—2017	金属玻璃家具安全技术规范	广东省质量技术监督局
78	安全生产	产品安全	强制性行业标准	XF 87—1994	防火刨花板通用技术条件	公安部

续表

序号	领域	标准规范或支撑的目标	标准级别	标准编号	标准名称	发布部门
79	安全生产	产品安全	强制性行业标准	XF 495—2004	阻燃铺地材料性能要求和试验方法	公安部
80	安全生产	防爆防火安全	推荐性国家标准	GB/T 17919—2008	粉尘爆炸危险场所用收尘器防爆导则	国家质量监督检验检疫总局
81	安全生产	防爆防火安全	推荐性国家标准	GB/T 29304—2012	爆炸危险场所防爆安全导则	国家质量监督检验检疫总局
82	安全生产	防爆防火安全	推荐性国家标准	GB/T 32936—2016	爆炸危险场所雷击风险评价方法	国家质量监督检验检疫总局
83	安全生产	防爆防火安全	推荐性国家标准	GB/T 32937—2016	爆炸和火灾危险场所防雷装置检测技术规范	国家质量监督检验检疫总局
84	安全生产	防爆防火安全	推荐性国家标准	GB/T 16425—2018	粉尘云爆炸下限浓度测定方法	国家市场监督管理总局
85	安全生产	防爆防火安全	推荐性国家标准	GB/T 16426—1996	粉尘云最大爆炸压力和最大压力上升速率测定方法	国家技术监督局
86	安全生产	防爆防火安全	推荐性国家标准	GB/T 16428—1996	粉尘云最小着火能量测定方法	国家技术监督局
87	安全生产	防爆防火安全	推荐性国家标准	GB/T 16429—1996	粉尘云最低着火温度测定方法	国家技术监督局
88	安全生产	防爆防火安全	推荐性国家标准	GB/T 25445—2010	抑制爆炸系统	国家质量监督检验检疫总局
89	安全生产	防爆防火安全	推荐性国家标准	GB/T 18154—2000	监控式抑爆装置技术要求	国家质量监督检验检疫总局
90	安全生产	防爆防火安全	推荐性国家标准	GB/T 16427—2018	粉尘层电阻率测定方法	国家市场监督管理总局
91	安全生产	防爆防火安全	推荐性国家标准	GB/T 15605—2008	粉尘爆炸泄压指南	国家质量监督检验检疫总局
92	安全生产	防爆防火安全	推荐性国家标准	GB/T 15604—2008	粉尘防爆术语	国家质量监督检验检疫总局
93	安全生产	防爆防火安全	强制性国家标准	GB 15577—2018	粉尘防爆安全规程	国家市场监督管理总局
94	安全生产	防爆防火安全	强制性国家标准	GB 25285.1—2010	爆炸性环境　爆炸预防和防护　第 1 部分：基本原则和方法	国家质量监督检验检疫总局
95	安全生产	防爆防火安全	强制性国家标准	GB 35181—2017	重大火灾隐患判定方法	国家质量监督检验检疫总局

续表

序号	领域	标准规范或支撑的目标	标准级别	标准编号	标准名称	发布部门
96	安全生产	防爆防火安全	强制性国家标准	GB 50016—2014	建筑设计防火规范（2018年版）	住房和城乡建设部
97	安全生产	防爆防火安全	强制性行业标准	AQ 4228—2012	木材加工系统粉尘防爆安全规范	国家安全生产监督管理总局
98	安全生产	防爆防火安全	强制性行业标准	AQ 3009—2007	危险场所电气防爆安全规范	国家安全生产监督管理总局
99	安全生产	防爆防火安全	强制性行业标准	AQ 4273—2016	粉尘爆炸危险场所用除尘系统安全技术规范	国家安全生产监督管理总局
100	安全生产	防爆防火安全	推荐性行业标准	JB/T 8973—2011	增安型无刷励磁同步电动机防爆技术要求	工业和信息化部
101	安全生产	防爆防火安全	推荐性地方标准	DB35/T 1520—2015	爆炸和火灾危险场所雷电灾害风险控制规范	福建省质量技术监督局
102	安全生产	防爆防火安全	推荐性地方标准	DB35/T 1285—2018	爆炸和火灾危险场所雷电应急处置规范	福建省市场监督管理局
103	安全生产	防爆防火安全	推荐性地方标准	DB11/T 1320—2016	危险场所电气防爆安全检测技术规范	北京市质量技术监督局
104	安全生产	防爆防火安全	推荐性地方标准	DB33/T 775—2009	危险场所电气防爆安全检测技术规范	浙江省质量技术监督局
105	安全生产	防爆防火安全	推荐性地方标准	DB31/ 753—2013	危险场所电气防爆安全检测作业规范	上海市质量技术监督局
106	安全生产	防爆防火安全	推荐性地方标准	DB14/T 2125—2020	危险场所电气防爆安全检查规范	山西省市场监督管理局
107	安全生产	防爆防火安全	推荐性地方标准	DB64/ 698—2011	危险场所电气防爆安全检测技术规范	宁夏回族自治区质量技术监督局
108	安全生产	防爆防火安全	推荐性地方标准	DB32/T 2914—2016	危险场所电气防爆安全检测作业规范	江苏省质量技术监督局
109	安全生产	防爆防火安全	推荐性地方标准	DB23/T 1805—2016	危险场所电气防爆安全检测技术规范	黑龙江省质量技术监督
110	安全生产	防爆防火安全	推荐性地方标准	DB13/T 2519—2017	危险场所电气防爆安全检测技术规范	河北省质量技术监督局
111	安全生产	防爆防火安全	推荐性地方标准	DB45/T 1885—2018	木结构房屋连片村寨消防安全规范	广西壮族自治区市场监
112	安全生产	防爆防火安全	推荐性地方标准	DB44/T 2014—2017	危险场所电气防爆安全检测技术规范	广东省质量技术监督局
113	安全生产	防爆防火安全	推荐性团体标准	T/CMSA 0012—2019	爆炸和火灾危险场所雷电监测预警技术要求	中国气象服务协会

续表

序号	领域	标准规范或支撑的目标	标准级别	标准编号	标准名称	发布部门
114	安全生产	设施设备安全	强制性国家标准	GB 12557—2010	木工机床　安全通则	国家质量监督检验检疫总局
115	安全生产	设施设备安全	强制性国家标准	GB 14192—2005	木材采伐运输安全通则	国家质量监督检验检疫总局
116	安全生产	设施设备安全	强制性国家标准	GB 15606—2008	木工（材）车间安全生产通则	国家质量监督检验检疫总局
117	安全生产	设施设备安全	推荐性国家标准	GB/T 18515—2001	旋切机结构安全	国家质量监督检验检疫总局
118	安全生产	设施设备安全	强制性国家标准	GB 18955—2003	木工刀具安全　铣刀、圆锯片	国家质量监督检验检疫总局
119	安全生产	设施设备安全	强制性国家标准	GB 18956—2003	木工机床安全　平压两用刨床	国家质量监督检验检疫总局
120	安全生产	设施设备安全	强制性国家标准	GB 19999—2005	木工机床安全　四面铣床和四面刨床	国家质量监督检验检疫总局
121	安全生产	设施设备安全	强制性国家标准	GB 20006—2005	木工机床安全　镂铣机	国家质量监督检验检疫总局
122	安全生产	设施设备安全	强制性国家标准	GB 20007—2005	木工机床安全　单轴铣床	国家质量监督检验检疫总局
123	安全生产	设施设备安全	强制性国家标准	GB 20179—2006	木工机床安全　手动进给圆锯机和带移动工作台锯板机	国家质量监督检验检疫总局
124	安全生产	设施设备安全	强制性国家标准	GB 22659—2008	木工机床安全　数控钻床和数控镂铣机	国家质量监督检验检疫总局
125	安全生产	设施设备安全	强制性国家标准	GB 25490—2010	木工机床安全　带移动工作台单头开榫机	国家质量监督检验检疫总局
126	安全生产	设施设备安全	强制性国家标准	GB 30459—2013	木工机床安全　平刨床	国家质量监督检验检疫总局
127	安全生产	设施设备安全	强制性国家标准	GB 30460—2013	木工机床安全　单面压刨床	国家质量监督检验检疫总局
128	安全生产	设施设备安全	强制性国家标准	GB 30461—2013	木工机床安全　带锯机	国家质量监督检验检疫总局
129	安全生产	设施设备安全	强制性国家标准	GB 31144—2014	木工机床安全　手动式摇臂锯	国家质量监督检验检疫总局
130	安全生产	设施设备安全	强制性国家标准	GB 31145—2014	木工机床安全　带上切式横截手动进给圆锯机	国家质量监督检验检疫总局

续表

序号	领域	标准规范或支撑的目标	标准级别	标准编号	标准名称	发布部门
131	安全生产	设施设备安全	强制性国家标准	GB 31146—2014	木工机床安全　链式双头开榫机	国家质量监督检验检疫总局
132	安全生产	设施设备安全	强制性国家标准	GB 3883.17—2005	手持式电动工具的安全　第 2 部分：木铣和修边机的专用要求	国家质量监督检验检疫总局
133	安全生产	设施设备安全	强制性国家标准	GB/T 18514—2018	人造板机械安全通则	国家质量监督检验检疫总局
134	安全生产	设施设备安全	强制性国家标准	GB 13960.10—2009	可移式电动工具的安全　第二部分：单轴立式木铣的专用要求	国家质量监督检验检疫总局
135	安全生产	设施设备安全	强制性国家标准	GB 10395.1—2009	农林机械　安全　第 1 部分：总则	国家质量监督检验检疫总局
136	安全生产	设施设备安全	强制性国家标准	GB/T 15706—2012	机械安全　设计通则　风险评估与风险减小	国家质量监督检验检疫总局
137	安全生产	设施设备安全	强制性国家标准	GB 16655—2008	机械安全　集成制造系统　基本要求	国家质量监督检验检疫总局
138	安全生产	设施设备安全	强制性国家标准	GB/T 16754—2021	机械安全　急停功能设计原则	国家质量监督检验检疫总局
139	安全生产	设施设备安全	推荐性国家标准	GB/T 16755—2015	机械安全　安全标准的起草与表述规则	国家质量监督检验检疫总局
140	安全生产	设施设备安全	推荐性国家标准	GB/T 16855.1—2018	机械安全　控制系统安全相关部件　第 1 部分：设计通则	国家市场监督管理总局
141	安全生产	设施设备安全	推荐性国家标准	GB/T 16855.2—2015	机械安全　控制系统安全相关部件　第 2 部分：确认	国家质量监督检验检疫总局
142	安全生产	设施设备安全	推荐性国家标准	GB/T 16856—2015	机械安全　风险评估　实施指南和方法举例	国家质量监督检验检疫总局
143	安全生产	设施设备安全	强制性国家标准	GB 26410—2011	防爆通风机	国家质量监督检验检疫总局
144	安全生产	设施设备安全	强制性行业标准	AQ 7005—2008	木工机械　安全使用要求	国家安全生产监督管理总局
145	安全生产	设施设备安全	推荐性行业标准	JB/T 2944.3—2012	立式万能木模铣床　第 3 部分：技术条件	工业和信息化部
146	安全生产	设施设备安全	推荐性行业标准	JB/T 5744.3—2012	木工锯条焊接机　第 3 部分：技术条件	工业和信息化部

续表

序号	领域	标准规范或支撑的目标	标准级别	标准编号	标准名称	发布部门
147	安全生产	设施设备安全	推荐性行业标准	JB/T 6555.3—2012	台式木工多用机床　第3部分：技术条件	工业和信息化部
148	安全生产	设施设备安全	推荐性行业标准	JB/T 7497.3—2012	木工刨刀刃磨机　第3部分：技术条件	工业和信息化部
149	安全生产	设施设备安全	推荐性行业标准	JB/T 8343.3—2012	卧式木工带锯机　第3部分：技术条件	工业和信息化部
150	安全生产	设施设备安全	推荐性行业标准	JB/T 9945.3—2012	木工自动万能磨锯机　第3部分：技术条件	工业和信息化部
151	安全生产	设施设备安全	推荐性行业标准	JB/T 8082—2010	护指键式和护罩式木工平刨床　安全	工业和信息化部
152	安全生产	设施设备安全	强制性行业标准	JGJ 164—2008	建筑施工木脚手架安全技术规范	住房和城乡建设部
153	安全生产	设施设备安全	强制性行业标准	JB 6112—1992	二、三、四面木工刨床和铣床　结构安全	机械电子工业部
154	安全生产	设施设备安全	强制性行业标准	JB 5726—1991	木工磨锯机　结构安全	福州木工机床所
155	安全生产	危险货物安全	推荐性国家标准	GB/T 19434.3—2004	危险货物木质中型散装容器检验安全规范　性能检验	国家质量监督检验检疫总局
156	安全生产	危险货物安全	强制性国家标准	GB 21177—2007	涂料危险货物危险特性检验安全规范	国家质量监督检验检疫总局
157	安全生产	危险货物安全	强制性国家标准	GB 19457—2009	危险货物涂料包装检验安全规范	国家标准化管理委员
158	安全生产	职业健康安全	推荐性国家标准	GB/T 45001—2020	职业健康安全管理体系　要求及使用指南	国家市场监督管理总局
159	安全生产	职业健康安全	国家职业卫生标准	GBZ 230—2010	职业性接触毒物危害程度分级	卫生部
160	安全生产	职业健康安全	推荐性国家标准	GB/T 12801—2008	生产过程安全卫生要求总则	国家质量监督检验检疫总局
161	安全生产	职业健康安全	国家职业卫生标准	GBZ 2.1—2019	工作场所有害因素职业接触限值　第1部分：化学有害因素	国家卫生健康委员会
162	安全生产	职业健康安全	国家职业卫生标准	GBZ 2.2—2007	工作场所有害因素职业接触限值　第2部分：物理因素	卫生部
163	安全生产	职业健康安全	国家职业卫生标准	GBZ 1—2010	工业企业设计卫生标准	卫生部

续表

序号	领域	标准规范或支撑的目标	标准级别	标准编号	标准名称	发布部门
164	安全生产	职业健康安全	强制性国家标准	GB 50889—2013	人造板工程职业安全卫生设计规范	住房和城乡建设部
165	安全生产	职业健康安全	强制性行业标准	AQ 5217—2015	木器涂装职业安全健康要求	国家安全生产监督管理总局
166	安全生产	职业健康安全	强制性行业标准	WS 704—2010	家具制造业防尘防毒技术规范	国家安全生产监督管理总局
167	安全生产	职业健康安全	强制性行业标准	WS 722—2015	涂料生产企业职业健康技术规范	国家安全生产监督管理总局
168	安全生产	职业健康安全	推荐性行业标准	WS/T 723—2010	作业场所职业危害基础信息数据	国家安全生产监督管理总局
169	安全生产	职业健康安全	推荐性行业标准	WS/T 724—2010	作业场所职业危害监管信息系统基础数据结构标准	国家安全生产监督管理总局
170	安全生产	职业健康安全	推荐性行业标准	WS/T 729—2014	作业场所职业卫生检查程序	国家安全生产监督管理总局
171	安全生产	职业健康安全	推荐性行业标准	WS/T 735—2015	木材加工企业职业病危害防治技术规范	国家安全生产监督管理总局
172	安全生产	职业健康安全	推荐性行业标准	WS/T 747—2015	木制家具制造业建设项目职业病危害预评价细则	国家安全生产监督管理总局
173	安全生产	职业健康安全	推荐性行业标准	WS/T 748—2015	木制家具制造业职业病危害现状评价细则	国家安全生产监督管理总局
174	安全生产	职业健康安全	推荐性行业标准	WS/T 749—2015	木制家具制造业建设项目职业病危害控制效果评价细则	国家安全生产监督管理总局
175	安全生产	职业健康安全	推荐性行业标准	WS/T 750—2015	工作场所空气中粉尘浓度快速检测方法-光散射法	国家安全生产监督管理总局
176	安全生产	职业健康安全	推荐性行业标准	WS/T 751—2015	用人单位职业病危害现状评价技术导则	国家安全生产监督管理总局
177	安全生产	职业健康安全	推荐性行业标准	WS/T 752—2015	通风除尘系统运行监测与评估技术规范	国家安全生产监督管理总局
178	安全生产	职业健康安全	推荐性行业标准	WS/T 754—2016	噪声职业病危害风险管理指南	国家安全生产监督管理总局
179	安全生产	职业健康安全	推荐性行业标准	WS/T 757—2016	局部排风设施控制风速检测与评估技术规范	国家安全生产监督管理总局

续表

序号	领域	标准规范或支撑的目标	标准级别	标准编号	标准名称	发布部门
180	安全生产	职业健康安全	推荐性行业标准	WS/T 758—2016	家具制造业手动喷漆房通风设施技术规程	国家安全生产监督管理总局
181	安全生产	职业健康安全	强制性行业标准	WS 760—2008	作业场所空气呼吸性煤尘接触浓度管理标准	国家安全生产监督管理总局
182	安全生产	职业健康安全	强制性行业标准	WS 761—2008	作业场所空气呼吸性岩尘接触浓度管理标准	国家安全生产监督管理总局
183	安全生产	职业健康安全	强制性行业标准	WS 762—2008	呼吸性粉尘个体采样器	国家安全生产监督管理总局
184	安全生产	职业健康安全	强制性行业标准	WS 764—2012	粉尘采样器技术条件	国家安全生产监督管理总局
185	安全生产	职业健康安全	推荐性行业标准	WS/T 765—2010	有毒作业场所危害程度分级	国家安全生产监督管理总局
186	安全生产	职业健康安全	推荐性行业标准	WS/T 767—2014	职业病危害监察导则	国家安全生产监督管理总局
187	安全生产	职业健康安全	推荐性行业标准	WS/T 768—2014	职业卫生监管人员现场检查指南	国家安全生产监督管理总局
188	安全生产	职业健康安全	推荐性行业标准	WS/T 771—2015	工作场所职业病危害因素检测工作规范	国家安全生产监督管理总局
189	安全生产	作业安全	推荐性国家标准	GB/T 29406.1—2012	木材防腐工厂安全规范　第1部分：工厂设计	国家质量监督检验检疫总局
190	安全生产	作业安全	推荐性国家标准	GB/T 29406.2—2012	木材防腐工厂安全规范　第2部分：操作	国家质量监督检验检疫总局
191	安全生产	作业安全	强制性国家标准	GB 50057—2010	建筑物防雷设计规范	住房和城乡建设部
192	安全生产	作业安全	强制性国家标准	GB 50656—2011	施工企业安全生产管理规范	住房和城乡建设部
193	安全生产	作业安全	推荐性行业标准	LY/T 1124—1993	木材采运企业安全性评价	中华人民共和国林业部
194	安全生产	作业安全	推荐性行业标准	AQ/T 7010—2013	家具生产企业安全生产标准化规范	国家安全生产监督管理总局
195	安全生产	作业安全	强制性行业标准	AQ 3040—2010	涂料生产企业安全生产标准化实施指南	国家安全生产监督管理总局
196	安全生产	作业安全	强制性行业标准	AQ 5204—2008	涂料生产企业安全技术规程	国家安全生产监督管理总局
197	安全生产	作业安全	强制性行业标准	AQ 5216—2013	涂料与辅料材料使用安全通则	国家安全生产监督管理总局

续表

序号	领域	标准规范或支撑的目标	标准级别	标准编号	标准名称	发布部门
198	安全生产	作业安全	强制性行业标准	AQ 3041—2011	气雾剂安全生产规程	国家安全生产监督管理总局
199	安全生产	作业安全	推荐性行业标准	AQ/T 7009—2013	机械制造企业安全生产标准化规范	国家安全生产监督管理总局
200	安全生产	作业安全	推荐性行业标准	AQ/T 7010—2013	家具生产企业安全生产标准化规范	国家安全生产监督管理总局
201	安全生产	作业安全	推荐性行业标准	JGJ/T 77—2010	施工企业安全生产评价标准	住房和城乡建设部
202	安全生产	作业安全	强制性行业标准	QB 4764—2014	家具生产安全规范　自动封边机作业要求	工业和信息化部
203	安全生产	作业安全	推荐性地方标准	DB45/T 1619—2017	木衣架生产企业安全生产规范	广西壮族自治区质量技术监督局
204	安全生产	作业安全	推荐性地方标准	DB11/T 1194—2015	高处悬吊作业企业安全生产管理规范	北京市质量技术监督局
205	安全生产	作业安全	推荐性地方标准	DB21/T 2521—2015	化学合成制药安全生产技术规程	辽宁省质量技术监督局
206	安全生产	作业安全	推荐性地方标准	DB22/T 2469—2016	林业安全生产标准化基本规范	吉林省质量技术监督局
207	安全生产	作业安全	推荐性地方标准	DB22/T 2883—2018	化工行业安全生产风险分级管控和隐患排查治理双重预防机制建设通用规范	吉林省市场监督管理厅
208	安全生产	作业安全	推荐性地方标准	DB22/T 2884—2018	工贸行业安全生产风险分级管控和隐患排查治理双重预防机制建设通用规范	吉林省市场监督管理厅
209	安全生产	作业安全	推荐性地方标准	DB3212/T 2055—2018	市（区）安全生产行政执法规范	泰州市市场监督管理局
210	安全生产	作业安全	推荐性地方标准	DB32/T 2546—2013	工贸行业小微企业安全生产标准化基本规范	江苏省质量技术监督局
211	安全生产	作业安全	推荐性地方标准	DB33/T 708—2008	造纸企业安全生产基本要求	浙江省质量技术监督局
212	安全生产	作业安全	推荐性地方标准	DB37/T 2401—2013	危险化学品岗位安全生产操作规程编写导则	山东省质量技术监督局
213	安全生产	作业安全	推荐性地方标准	DB37/T 2974—2017	工贸企业安全生产风险分级管控体系细则	山东省质量技术监督局

续表

序号	领域	标准规范或支撑的目标	标准级别	标准编号	标准名称	发布部门
214	安全生产	作业安全	推荐性地方标准	DB37/T 3015—2017	建筑施工企业安全生产风险分级管控体系细则	山东省质量技术监督局
215	安全生产	作业安全	推荐性地方标准	DB37/T 3134—2018	建筑施工企业安全生产风险分级管控体系实施指南	山东省质量技术监督局
216	安全生产	作业安全	推荐性地方标准	DB37/T 3149—2018	造纸及纸制品行业企业安全生产风险分级管控体系实施指南	山东省质量技术监督局
217	安全生产	作业安全	推荐性地方标准	DB37/T 3182—2018	合成树脂行业企业安全生产风险分级管控体系实施指南	山东省质量技术监督局
218	安全生产	作业安全	推荐性地方标准	DB37/T 3647—2019	化工助剂企业安全生产风险管控和隐患排查治理体系建设实施指南	山东省市场监督管理局
219	安全生产	作业安全	推荐性地方标准	DB37/T 3782—2019	供电企业安全生产风险分级管控体系实施指南	山东省市场监督管理局
220	安全生产	作业安全	推荐性地方标准	DB41/T 1852—2019	企业安全生产风险隐患双重预防体系建设规范	河南省市场监督管理局
221	安全生产	作业安全	推荐性地方标准	DB41/T 1940—2020	城市安全生产风险评估规范	河南省市场监督管理局
222	安全生产	作业安全	推荐性地方标准	DB42/T 1055—2015	湖北省安全生产培训机构条件评估规范	湖北省质量技术监督局
223	安全生产	作业安全	推荐性地方标准	DB42/T 553—2009	建筑施工现场安全生产管理规程	湖北省质量技术监督局
224	安全生产	作业安全	推荐性地方标准	DB42/T 809—2012	湖北省工业企业安全生产培训大纲和考核要求	湖北省质量技术监督局
225	安全生产	作业安全	推荐性地方标准	DB42/T 811—2012	湖北省通商贸企业安全生产培训大纲和考核要求	湖北省质量技术监督局
226	安全生产	作业安全	推荐性地方标准	DB42/T 813—2012	湖北省乡（镇、街道）安全生产监察人员培训大纲和考核要求	湖北省质量技术监督局
227	安全生产	作业安全	推荐性地方标准	DB4401/T 35—2019	建筑施工企业安全生产标准化管理规范	广州市市场监督管理局
228	安全生产	作业安全	推荐性地方标准	DB64/T 881—2013	基层安全生产风险评估导则	宁夏回族自治区质量技术监督局
229	安全生产	作业安全	推荐性地方标准	DGJ 08-903—2010	现场施工安全生产管理规范	上海市城乡建设和交通

续表

序号	领域	标准规范或支撑的目标	标准级别	标准编号	标准名称	发布部门
230	安全生产	作业安全	推荐性地方标准	DB5101/T 68—2020	成都市木质家具制造企业三级安全生产标准化现场管理评定规范	成都市市场监督管理局
231	安全生产	作业安全	推荐性地方标准	DB11/T 1322.11—2017	安全生产等级评定技术规范　第11部分：家具制造企业	北京市质量技术监督局
232	安全生产	作业安全	推荐性地方标准	DB11/T 1322.10—2017	安全生产等级评定技术规范　第10部分：木材加工企业	北京市质量技术监督局
233	安全生产	作业安全	推荐性地方标准	DB50/T 867.12—2020	安全生产技术规范　第12部分：家具制造企业	重庆市市场监督管理局
234	安全生产	作业安全	推荐性地方标准	DB33/T 2058—2017	木制品制造企业安全生产基本要求	浙江省质量技术监督局
235	安全生产	作业安全	推荐性地方标准	DB33/T 462—2011	涂料安全标签编写指南	浙江省质量技术监督局
236	安全生产	作业安全	推荐性地方标准	DB37/T 3219—2018	涂料行业企业安全生产风险分级管控体系实施指南	山东省质量技术监督局
237	安全生产	作业安全	推荐性地方标准	DB37/T 3220—2018	涂料行业企业生产安全事故隐患排查治理体系实施指南	山东省质量技术监督局
238	安全生产	作业安全	推荐性地方标准	DB37/T 3711—2019	木材加工（刨花板）企业安全生产风险管控和隐患排查治理体系建设实施指南	山东省市场监督管理局
239	安全生产	作业安全	推荐性地方标准	DB36/T 614—2019	危险场所电气安全检测技术规范	江西省市场监督管理局
240	安全生产	作业安全	推荐性地方标准	DB22/T 25—2014	贮木场作业安全技术规程	吉林省质量技术监督局
241	安全生产	作业安全	推荐性地方标准	DB22/T 28—2013	木器加工安全技术规程	吉林省质量技术监督局
242	安全生产	作业安全	推荐性地方标准	DB23/T 2572—2020	木材加工行业除尘系统设计安全规范	黑龙江省市场监督管理
243	安全生产	作业安全	推荐性地方标准	DB23/T 2573—2020	木工设备收尘罩安全技术规范	黑龙江省市场监督管理
244	安全生产	作业安全	推荐性地方标准	DB13/T 2808—2018	危险场所防静电设施安全检测技术规范	河北省质量技术监督局

续表

序号	领域	标准规范或支撑的目标	标准级别	标准编号	标准名称	发布部门
245	安全生产	作业安全	推荐性团体标准	T/CECS 490—2017	工程建设安全生产标准化实施评价标准	中国工程建设标准化协会
246	安全生产	作业安全	推荐性团体标准	T/CSPSTC 16—2018	工业园区安全生产管理基本要求	中国科技产业化促进会
247	安全生产	作业安全	推荐性团体标准	T/CSPSTC 17—2018	企业安全生产双重预防机制建设规范	中国科技产业化促进会

备注：GB：强制性国家标准；GB/T：强制性国家标准；AQ：安全生产行业标准；GBZ：国家职业卫生标准；LY：林业行业标准；QB：轻工行业标准；JB：机械行业标准；JT：交通行业标准；SN：出入境检验检疫行业标准；WS：卫生行业标准（表中所列标准为原AQ职业健康领域安全生产行业标准转换成WS标准）；XF：消防行业标准；DB：地方标准；T：团体标准。

1. 安全综合管理

安全综合管理标准主要规范木材工业安全技术与管理行为，包含了木材工业勘探、设计、建厂、生产、环保等全过程中的安全总体要求与管理要求。安全综合管理标准包括《危险化学品重大危险源辨识》（GB 18218—2018）、《生产经营单位安全生产事故应急预案编制导则》（AQ/T 9002—2006）等国家强制性标准、国家推荐性标准、安全生产行业标准、地方标准共计68项。以《企业安全生产标准化基本规范》（GB/T 33000—2016）为例，本标准规定了企业安全生产标准化管理体系建立、保持与评定的原则和一般要求，以及目标职责、制度化管理、教育培训、现场管理、安全风险管控及隐患排查治理、应急管理、事故管理和持续改进8个体系的核心技术要求。本标准适用工矿商贸企业开展安全生产标准化建设工作，有关行业制定、修订安全生产标准化标准、评定标准，以及对标准化工作的咨询、服务、评审、科研、管理和规划等。其他企业和生产经营单位等可参照执行。

2. 产品安全

产品安全标准主要规范木材工业产品的安全要求。标准包括《便携式木折梯安全要求》（GB 7059—2007）、《户外休闲家具安全性能要求　桌椅类产品》（GB 28478—2012）、《竹、木、草编织工艺品质量安全要求》（DB45/T 615—2009）、《防火刨花板通用技术条件》（XF 87—1994）等国家强制性标准、消防行业标准、地方标准共计11项。以《便携式木折梯安全要求》（GB 7059—2007）为例，标准规定了便携式木梯安全设计、制造的安全要求、试验要求及安全使用等方面的要求，适用各种生产活动中使用的便携式木单梯及便携式木折梯。

3. 防爆防火安全

防爆防火安全标准主要规范木材工业生产过程中防爆炸、防火灾的安全要求。标准包括《粉尘爆炸危险场所用收尘器防爆导则》（GB/T 17919—2008）、《木材加工系统粉尘防爆安全规范》（AQ 4228—2012）、《木结构房屋连片村寨消防安全规范》（DB45/T 1885—2018）等国家强制性标准、国家推荐性标准、安全生产行业标准、地方标准共计34项。如：以《木材加工系统粉尘防爆安全规范》（AQ 4228—2012）为例，本标准规定了工业生产中木材及木制品、人造板、木粉的加工处理系统中产生的木质及其他纤维质材料的粉尘的防爆安全要求。本标准适用木材加工厂、人造板厂、家具厂、木粉厂以及其他行业中的木工车间。本标准不适用以木粉为原料加工制作火药及烟花爆竹类产品的场所。

4. 设施设备安全

设施设备安全标准主要规范木材工业生产过程使用的设施设备的安全要求。设施设备安全标准包括《木工机床安全通则》（GB 12557—2010）、《人造板机械安全通则》（GB/T 18514—2018）、《木工机械　安全使用要求》（AQ 7005—2008）等国家强制性标准、国家推荐性标准、安全生产行业标准、地方标准41项。以《木工机床安全通则》（GB 12557—2010）为例，本标准规定了木工机床的安全技术要求，适用除木工手提机外的所有木工机床。

5. 危险货物安全

危险货物安全标准主要规范木材工业生产过程中涉及的危险货物运输、保管、贮藏等的安全要求。危险货物安全标准包括《危险货物木质中型散装容器检验安全规范　性能检验》（GB/T 19434.3—2004）、《涂料危险货物危险特性检验安全规范》（GB 21177—2007）、《危险货物涂料包装检验安全规范》（GB 19457—2009）等国家强制性标准和国家推荐性标准共计3项。以《危险货物涂料包装检验安全规范》（GB 19457—2009）为例，本标准规定了危险货物涂料包装的性能检验和使用鉴定，适用危险货物涂料包装的检验和鉴定。

6. 职业健康安全

职业健康安全标准主要包括作业环境安全标准、个体防护标准、职业病鉴定标准等。在作业环境安全方面，职业健康安全标准主要涉及粉尘（总粉尘和呼吸性粉尘）、噪声、振动、放射性辐射、高低温等。在职业危害和卫生方面有关的国家标准有工业企业卫生设计标准、体力劳动强度分级、作业场所呼吸性粉尘卫生标准和职业性接触病毒危害程度分级等。职业健康安全标准包括《职业健康安全管理体系　要求及使用指南》（GB/T 45001—2020）、《工作场所有害因素职业接触限值　第1部分：化学有害因素》（GBZ 2.1—2019）、《木材加工企业职业病危害防治技术规范》（WS/T 735—2015）等国家强制性标准、国家推荐性标准、国家职业卫生标准、安全生产行业标准共计31项。以《人造板工程职业安全卫生设计规范》（GB 50889—2013）为例，本规范适用以木质原料为主的新建、扩建或改建的人造板工程职业安全卫生设计。本规范共分8章，主要技术内容包括总则、术语、厂址选择与总平面布置、卫生要求、职业安全、职业卫生、安全色及安全标志、辅助用室等。

7. 作业安全

作业安全标准主要规范木材工业生产、施工作业过程中的安全要求。作业安全标准包括《木材防腐工厂安全规范　第1部分：工厂设计》（GB/T 29406.1—2012）、《木材采运企业安全性评价》（LY/T 1124—1997）、《木制品制造企业安全生产基本要求》（DB33/T 2058—2017）等国家强制性标准、国家推荐性标准、林业行业标准、安全生产行业标准、地方标准共计59项。以《木材防腐工厂安全规范　第1部分：工厂设计》（GB/T 29406.1—2012）、《木材防腐工厂安全规范　第2部分：操作》（GB/T 29406.2—2012）为例。第1部分规定了木材防腐工厂的基本要求、选址、工厂规划和设备的要求。第1部分适用木材防腐工厂及设备的设计和管理。木材防腐工厂的审批也可参照使用。第2部分规定了木材防腐工厂防腐剂的运输和贮存、应急预案、防腐剂泄露的处理、人员安全、操作以及废弃物处置等要求。第2部分适用工厂的生产操作人员及相关的管理人员。

第三节　木材工业安全生产的法律法规

有关安全生产的法律14部，法规49部，规章45则，规范性文件87个（表6-2）。

表6-2　木材工业安全生产法律、法规、规章、规范性文件清单

序号	级别	名　称	发布时间
1	法律	中华人民共和国消防法	2021-04-29
2	法律	中华人民共和国宪法	2018-03-11
3	法律	中华人民共和国行政处罚法（2021年修正本）	2021-01-22
4	法律	中华人民共和国职业病防治法	2018-12-29
5	法律	中华人民共和国安全生产法	2021-06-10
6	法律	中华人民共和国防震减灾法	2008-12-27
7	法律	中华人民共和国突发事件应对法	2007-08-30
8	法律	中华人民共和国民法典	2020-05-28
9	法律	中华人民共和国行政复议法	2017-09-01
10	法律	中华人民共和国工会法	2004-10-28
11	法律	中华人民共和国劳动法	2004-10-28
12	法律	中华人民共和国行政许可法	2004-03-04
13	法律	中华人民共和国行政监察法	1997-07-09
14	法律	中华人民共和国行政处罚法	1996-03-17
15	法规	中共中央办公厅国务院办公厅印发《关于推进城市安全发展的意见》	2018-01-07
16	法规	危险化学品安全管理条例（2013年修正本）	2017-09-08
17	法规	国务院办公厅关于印发安全生产“十三五”规划的通知	2017-02-03
18	法规	国务院办公厅关于印发国家职业病防治规划（2016—2020年）的通知	2017-01-04

续表

序号	级别	名　称	发布时间
19	法规	中共中央国务院关于推进安全生产领域改革发展的意见	2016-12-18
20	法规	国务院办公厅关于印发危险化学品安全综合治理方案的通知	2016-12-06
21	法规	国务院办公厅关于印发省级政府安全生产工作考核办法的通知	2016-08-18
22	法规	国务院办公厅关于加强安全生产监管执法的通知	2015-04-13
23	法规	安全生产许可证条例（2014 年修正本）	2014-07-29
24	法规	国务院办公厅关于切实做好春季防火工作的紧急通知	2014-02-07
25	法规	国务院令第 591 号：《危险化学品安全管理条例》12 月 1 日起施行	2013-12-19
26	法规	国务院办公厅关于切实做好春季防火工作的紧急通知	2013-11-12
27	法规	国务院办公厅关于实施《国务院机构改革和职能转变方案》任务分工的通知	2013-03-28
28	法规	国务院办公厅关于继续深入扎实开展“安全生产年”活动的通知	2012-02-21
29	法规	国务院关于坚持科学发展安全发展促进安全生产形势持续稳定好转的意见	2011-12-02
30	法规	国务院办公厅关于印发安全生产“十二五”规划的通知	2011-10-17
31	法规	国务院令第 599 号：电力安全事故应急处置和调查处理条例	2011-07-15
32	法规	国务院办公厅关于加强气象灾害监测预警及信息发布工作的意见	2011-07-14
33	法规	国务院办公厅关于继续深化“安全生产年”活动的通知	2011-03-05
34	法规	中华人民共和国国务院令（第 583 号）城镇燃气管理条例	2010-11-25
35	法规	国务院关于进一步加强企业安全生产工作的通知（国发〔2010〕23 号）	2010-07-23
36	法规	国务院办公厅关于继续深入开展“安全生产年”活动的通知	2010-02—20
37	法规	国务院办公厅关于做好强降雪防范应对工作的通知	2009-11-13
38	法规	国务院办公厅关于加强基层应急队伍建设的意见	2009-10-22
39	法规	国务院办公厅关于加强基层应急队伍建设的意见（国办发〔2009〕59 号）	2009-10-22
40	法规	国务院办公厅关于印发国家职业病防治规划（2009—2015 年）的通知	2009-08-21
41	法规	国办调整危险化学品安全生产监管部际联席会议组成	2009-05-26
42	法规	国务院办公厅关于进一步推进安全生产“三项行动”的通知	2009-04-03
43	法规	国务院关于修改《特种设备安全监察条例》的决定	2009-02-23
44	法规	国务院办公厅关于进一步加强学校及周边建筑安全管理的通知	2008-10-30
45	法规	国务院令第 535 号：中华人民共和国劳动合同法实施条例	2008-09-19
46	法规	国务院办公厅关于印发国家安全生产监督管理总局主要职责内设机构和人员编制规定的通知	2008-08-06
47	法规	国务院办公厅关于进一步加强安全生产工作的通知	2008-05-01
48	法规	国办发关于施行政府信息公开条例若干问题的意见	2008-04-30
49	法规	国务院关于同意建立重特大生产安全事故责任追究沟通协调工作部际联席会议制度的批复	2007-10-08
50	法规	国务院令第 499 号：中华人民共和国行政复议法实施条例	2007-06-08
51	法规	国务院办公厅关于在重点行业和领域开展安全生产隐患排查治理专项行动的通知	2007-05-16

续表

序号	级别	名　　称	发布时间
52	法规	生产安全事故报告和调查处理条例	2007-04—20
53	法规	建设工程安全生产管理条例	2006-07-26
54	法规	中华人民共和国国务院令（第 445 号）易制毒化学品管理条例	2005-10-26
55	法规	中华人民共和国工业产品生产许可证管理条例	2005-07-25
56	法规	国务院关于投资体制改革的决定	2005-03-30
57	法规	国务院办公厅关于深化安全生产专项整治工作的通知	2005-03-30
58	法规	劳动保障监察条例	2004-12-01
59	法规	使用有毒物品作业场所劳动保护条例	2004-10-28
60	法规	国务院关于进一步加强安全生产工作的决定	2004-10-28
61	法规	尘肺病防治条例	2004-10-28
62	法规	国务院令第 397 号：安全生产许可证条例	2004-01—20
63	法规	国务院关于特大安全事故行政责任追究的规定	2001-04-21
64	规章	中华人民共和国应急管理部令（第 3 号）应急管理部关于废止《安全生产行业标准管理规定》等四部规章的决定	2019-09-29
65	规章	中华人民共和国应急管理部令（第 2 号）应急管理部关于修改《生产安全事故应急预案管理办法》的决定	2019-07-18
66	规章	中华人民共和国应急管理部令（第 1 号）安全评价检测检验机构管理办法	2019-04-02
67	规章	国家安全生产监督管理总局令（第 90 号）建设项目职业病防护设施“三同时”监督管理办法	2017-03-24
68	规章	国家安全生产监督管理总局令（第 89 号）国家安全监管总局关于修改和废止部分规章及规范性文件的决定	2017-03-23
69	规章	国家安全生产监督管理总局令（第 88 号）生产安全事故应急预案管理办法	2016-06-08
70	规章	国家安全生产监督管理总局令（第 80 号）国家安全监管总局关于废止和修改劳动防护用品和安全培训等领域十部规章的决定	2015-06-17
71	规章	国家安全生产监督管理总局令（第 79 号）国家安全监管总局关于废止和修改危险化学品等领域七部规章的决定	2015-06-16
72	规章	国家安全生产监督管理总局令（第 77 号）修改《〈生产安全事故报告和调查处理条例〉罚款处罚暂行规定》等四部规章的决定	2015-04—20
73	规章	国家安全生产监督管理总局令（第 63 号）国家安全监管总局关于修改《生产经营单位安全培训规定》等 11 件规章的决定	2013-09-10
74	规章	国家安全生产监督管理总局令（第 60 号）化学品物理危险性鉴定与分类管理办法	2013-07-18
75	规章	国家安全生产监督管理总局令（第 59 号）工贸企业有限空间作业安全管理与监督暂行规定	2013-06-05
76	规章	国家安全生产监督管理总局令（第 57 号）危险化学品安全使用许可证实施办法	2012-11-18

续表

序号	级别	名　　称	发布时间
77	规章	国家安全生产监督管理总局令（第 56 号）安全生产监管监察部门信息公开办法	2012-09-28
78	规章	国家安全生产监督管理总局令（第 55 号）危险化学品经营许可证管理办法	2012-07-27
79	规章	国家安全生产监督管理总局令（第 53 号）危险化学品登记管理办法	2012-07-11
80	规章	国家安全生产监督管理总局令（第 50 号）职业卫生技术服务机构监督管理暂行办法	2012-04-29
81	规章	国家安全生产监督管理总局令（第 49 号）用人单位职业健康监护监督管理办法	2012-04-27
82	规章	国家安全生产监督管理总局令（第 48 号）职业病危害项目申报办法	2012-04-27
83	规章	国家安全生产监督管理总局令（第 47 号）工作场所职业卫生监督管理规定	2012-04-27
84	规章	国家安全生产监督管理总局令（第 45 号）危险化学品建设项目安全监督管理办法	2012-02-10
85	规章	国家安全生产监督管理总局令（第 44 号）安全生产培训管理办法	2012-01—20
86	规章	国家安全生产监督管理总局令（第 43 号）危险化学品输送管道安全管理规定	2012-01—20
87	规章	国家安全生产监督管理总局令（第 42 号）国家安全监管总局关于修改《〈生产安全事故报告和调查处理条例〉罚款处罚暂行规定》部分条款的决定	2011-09-06
88	规章	国家安全生产监督管理总局令（第 41 号）危险化学品生产企业安全生产许可证实施办法	2011-08-28
89	规章	国家安全生产监督管理总局令（第 40 号）危险化学品重大危险源监督管理暂行规定	2011-08-27
90	规章	国家安全生产监督管理总局令（第 36 号）建设项目安全设施“三同时”监督管理办法	2010-12-16
91	规章	国家安全生产监督管理总局令（第 32 号）国家安全生产监督管理总局关于废止《危险化学品包装物、容器定点生产管理办法》等 6 件部门规章的决定	2010-08-07
92	规章	国家安全生产监督管理总局令（第 31 号）安全生产行政处罚自由裁量适用规则	2010-07-27
93	规章	国家安全生产监督管理总局令（第 30 号）特种作业人员安全技术培训考核管理规定	2010-05-25
94	规章	国家安全生产监督管理总局令（第 27 号）作业场所职业危害申报管理办法	2009-09-11
95	规章	国家安全生产监督管理总局令（第 24 号）安全生产监管监察职责和行政执法责任追究的暂行规定	2009-07-27
96	规章	国家安全生产监督管理总局令（第 23 号）作业场所职业健康监督管理暂行规定	2009-07-08
97	规章	国家安全生产监督管理总局令（第 22 号）安全评价机构管理规定	2009-07-03

续表

序号	级别	名　　称	发布时间
98	规章	国家安全生产监督管理总局令（第 21 号）生产安全事故信息报告和处置办法	2009-06-17
99	规章	国家安全生产监督管理总局令（第 17 号）生产安全事故应急预案管理办法	2009-04-14
100	规章	国家安全生产监督管理总局令（第 16 号）安全生产事故隐患排查治理暂行规定	2008-01-10
101	规章	国家安全生产监督管理总局令（第 15 号）安全生产违法行为行政处罚办法	2007-12-02
102	规章	国家安全生产监督管理总局令（第 14 号）安全生产行政复议规定	2007-10-17
103	规章	国家安全生产监督管理总局令（第 13 号）生产安全事故罚款处罚规定（试行）	2007-08-01
104	规章	国家安全生产监督管理总局令（第 12 号）安全生产检测检验机构管理规定	2007-02-02
105	规章	国家安全生产监督管理总局令（第 11 号）注册安全工程师管理规定	2007-01-18
106	规章	国家安全生产监督管理总局令（第 8 号）危险化学品建设项目安全许可实施办法	2006-09-06
107	规章	国家安全生产监督管理总局令（第 5 号）非药品类易制毒化学品生产、经营许可办法	2006-04-17
108	规章	国家安全生产监督管理总局令（第 3 号）生产经营单位安全培训规定	2006-01-18
109	规范性文件	应急管理部关于印发《应急管理部中央预算内投资项目管理暂行办法》的通知	2020-11-27
110	规范性文件	应急管理部关于印发危险化学品企业安全分类整治目录（2020 年）的通知	2020-11-03
111	规范性文件	应急管理部办公厅关于印发《淘汰落后危险化学品安全生产工艺技术设备目录（第一批）》的通知	2020-11-02
112	规范性文件	应急管理部办公厅关于印发《有限空间作业安全指导手册》和 4 个专题系列折页的通知	2020-10-30
113	规范性文件	国务院安委会办公室关于印发《国家安全发展示范城市建设指导手册》的通知	2020-09-30
114	规范性文件	应急管理部关于印发《生产经营单位从业人员安全生产举报处理规定》的通知	2020-09-24
115	规范性文件	中华人民共和国应急管理部公告（2020 年第 5 号）：关于消防救援领域行业标准以“XF”代号重新编号发布的公告	2020-08-26
116	规范性文件	应急管理部办公厅关于扎实推进高危行业领域安全技能提升行动的通知	2020-08-21
117	规范性文件	应急管理部办公厅关于印发《应急管理部重点实验室管理办法（试行）》的通知	2020-06-30
118	规范性文件	应急管理部办公厅关于进一步引导社会应急力量参与防汛抗旱工作的通知	2020-06-24
119	规范性文件	应急管理部工业和信息化部公安部交通运输部公告（2020 年第 3 号）：特别管控危险化学品目录（第一版）	2020-06-12
120	规范性文件	应急管理部关于废止四件规范性文件的通知	2020-06-03
121	规范性文件	国务院安委会办公室应急管理部关于印发《推进安全宣传“五进”工作方案》的通知	2020-05-09

续表

序号	级别	名　称	发布时间
122	规范性文件	全国安全生产专项整治三年行动 11 个实施方案主要内容	2020-04-28
123	规范性文件	国家减灾委员会办公室应急管理部关于加强基层应急能力建设做好 2020 年全国防灾减灾日有关工作的通知	2020-04-10
124	规范性文件	应急管理部规划财务司关于转发《中央国家机关政府集中采购目录实施方案（2020 年版）》的通知	2020-04-13
125	规范性文件	国务院安委会办公室关于印发《国家安全发展示范城市评分标准（2019 版）》的通知	2020-04-08
126	规范性文件	应急管理部国家卫生健康委关于调整职业健康领域安全生产行业标准归口事宜的通知	2020-03-23
127	规范性文件	应急管理部关于印发《自然灾害情况统计调查制度》和《特别重大自然灾害损失统计调查制度》的通知	2020-03-12
128	规范性文件	应急管理部办公厅　财政部办公厅　中国银保监会办公厅关于支持安全生产责任保险参保企业应对新冠肺炎疫情的通知	2020-02-28
129	规范性文件	应急管理部民政部财政部关于加强全国灾害信息员队伍建设的指导意见	2020-02-28
130	规范性文件	应急管理部关于启用新版安全生产许可证的通知	2020-02-12
131	规范性文件	应急管理部办公厅关于印发在自由贸易试验区开展“证照分离”改革全覆盖试点实施方案的通知	2020-01-21
132	规范性文件	应急管理部办公厅关于印发《危险化学品企业生产安全事故应急准备指南》的通知	2019-12-31
133	规范性文件	应急管理部关于在自由贸易试验区试行公众聚集场所投入使用、营业消防安全告知承诺制的通知	2019-12-11
134	规范性文件	国务院安委会办公室关于加强冬春火灾防控工作的通知	2019-12-10
135	规范性文件	国务院安委会办公室关于印发《国家安全发展示范城市评价细则（2019 版）》的通知	2019-12-05
136	规范性文件	国务院安全生产委员会关于印发《国家安全发展示范城市评价与管理办法》的通知	2019-12-05
137	规范性文件	住房和城乡建设部应急管理部关于加强建筑施工安全事故责任企业人员处罚的意见	2019-12-04
138	规范性文件	应急管理部办公厅关于印发《安全生产行政执法规范用语指引》的通知	2019-11-06
139	规范性文件	国务院安委会办公室关于开展瓶装液化石油气安全专项治理工作的通知	2019-09-04
140	规范性文件	应急管理部办公厅关于更新安全生产知识和管理能力考核合格证、特种作业操作证式样的通知	2019-09-02
141	规范性文件	应急管理部关于印发《化工园区安全风险排查治理导则（试行）》和《危险化学品企业安全风险隐患排查治理导则》的通知	2019-08-16
142	规范性文件	中华人民共和国应急管理部公告（2019 年第 15 号）19 项安全生产行业标准目录	2019-08-13

续表

序号	级别	名　　称	发布时间
143	规范性文件	市场监管总局办公厅住房和城乡建设部办公厅应急管理部办公厅关于进一步加强安全帽等特种劳动防护用品监督管理工作的通知	2019-07-26
144	规范性文件	应急管理部关于印发《应急管理标准化工作管理办法》的通知	2019-07-18
145	规范性文件	中华人民共和国应急管理部公告（2019 年第 14 号）：应急管理部政府信息主动公开基本目录	2019-07-16
146	规范性文件	人力资源社会保障部办公厅应急管理部办公厅关于颁布消防设施操作员国家职业技能标准的通知	2019-07-05
147	规范性文件	应急管理部办公厅关于开展重点行业企业专职安全生产应急救援队伍建设普查抽查工作的通知	2019-06-27
148	规范性文件	应急管理部办公厅关于印发《注册安全工程师职业资格考试安全工程及相关专业参考目录》的通知	2019-06-21
149	规范性文件	应急管理部办公厅关于印发安全生产和救灾领域基层政务公开标准目录指引的通知	2019-06-10
150	规范性文件	应急管理部公安部最高人民法院最高人民检察院关于印发《安全生产行政执法与刑事司法衔接工作办法》的通知	2019-05-07
151	规范性文件	应急管理部办公厅关于印发《中级注册安全工程师职业资格考试大纲》《初级注册安全工程师职业资格考试大纲》的通知	2019-05-05
152	规范性文件	应急管理部关于认真贯彻落实《安全评价检测检验机构管理办法》的通知	2019-04-30
153	规范性文件	国务院安委会办公室国家减灾委办公室应急管理部关于加强应急基础信息管理的通知	2019-04-30
154	规范性文件	应急管理部公告（2019 年第 11 号）：第二批取消的 15 项由部门规章设定的证明事项、4 项由规范性文件设定的证明事项	2019-04-25
155	规范性文件	国务院安全生产委员会关于危险化学品重点县聘任化工专家工作的指导意见	2019-04-12
156	规范性文件	国务院安委会办公室应急管理部关于开展危险化学品等重点行业领域安全生产专项执法检查的通知	2019-03-28
157	规范性文件	应急管理部人力资源社会保障部关于印发《注册安全工程师职业资格制度规定》和《注册安全工程师职业资格考试实施办法》的通知	2019-02-12
158	规范性文件	应急管理部办公厅关于 2018 年度工贸行业有限空间作业条件确认工作情况的通报	2019-02-11
159	规范性文件	应急管理部办公厅关于 2018 年工贸行业粉尘防爆专项整治工作情况的通报	2019-02-11
160	规范性文件	国务院安委会办公室关于开展危险化学品重点县专家指导服务工作的通知	2019-01-09
161	规范性文件	国务院安委会办公室应急管理部关于做好岁末年初安全防范工作的通知	2018-12-25
162	规范性文件	应急管理部关于贯彻落实国务院“证照分离”改革精神做好危险化学品和烟花爆竹安全许可审批工作的通知	2018-12-18
163	规范性文件	中华人民共和国应急管理部公告（2018 年第 12 号）	2018-12-07

续表

序号	级别	名　称	发布时间
164	规范性文件	国务院安委会办公室关于加强天然气使用安全管理的通知	2018-12-07
165	规范性文件	国务院安委会办公室关于进一步加强当前安全生产工作的紧急通知	2018-11-12
166	规范性文件	应急管理部办公厅关于举办 2018 年安全生产监管人员执法资格培训考试有关事项的通知	2018-11-08
167	规范性文件	应急管理部办公厅关于 2018 年安全生产监管人员执法证到期换证培训有关事项的通知	2018-11-08
168	规范性文件	工业和信息化部应急管理部关于印发《国家安全产业示范园区创建指南(试行)》的通知	2018-10-30
169	规范性文件	中华人民共和国应急管理部公告（2018 年第 10 号）	2018-10-10
170	规范性文件	中共中央组织部应急管理部关于学习宣传贯彻落实《地方党政领导干部安全生产责任制规定》的通知	2018-09-29
171	规范性文件	应急管理部关于全面实施危险化学品企业安全风险研判与承诺公告制度的通知	2018-09-13
172	规范性文件	财政部税务总局应急管理部关于印发《安全生产专用设备企业所得税优惠目录（2018 年版）》的通知	2018-09-04
173	规范性文件	应急管理部办公厅关于明查暗访安徽省工贸企业有限空间作业条件确认工作情况的通报	2018-09-03
174	规范性文件	应急管理部办公厅关于印发《应急管理部机构改革期间档案管理与处置工作方案》的通知	2018-08-14
175	规范性文件	国务院安委会办公室关于进一步加快推进危险化学品安全综合治理工作的通知	2018-07—20
176	规范性文件	国家减灾委办公室国务院安委会办公室应急管理部关于认真贯彻落实习近平总书记重要指示精神切实	2018-07—20
177	规范性文件	应急管理部办公厅关于加快推进安全监管监察系统所属安全评价机构转企改制或脱钩的通知	2018-07-19
178	规范性文件	国务院安委会办公室应急管理部关于进一步加强当前安全防范工作的紧急通知	2018-07-07
179	规范性文件	应急管理部办公厅关于明查暗访贵州省工贸企业有限空间作业条件确认工作情况的通报	2018-07-06
180	规范性文件	国务院安委会办公室关于开展打击假冒特种作业操作证专项治理行动的通知	2018-07-03
181	规范性文件	工业和信息化部应急管理部财政部科技部关于加快安全产业发展的指导意见	2018-07-02
182	规范性文件	国务院安委会办公室关于宣布失效一批安全生产文件的通知	2018-06-13
183	规范性文件	应急管理部关于宣布失效一批安全生产文件的通知	2018-06-13
184	规范性文件	国务院安委会办公室关于近期因施救不当导致伤亡扩大事故情况的通报	2018-06-08

续表

序号	级别	名　　称	发布时间
185	规范性文件	中共应急管理部党组关于认真学习贯彻落实《关于进一步激励广大干部新时代新担当新作为的意见》的通知	2018-06-06
186	规范性文件	国务院安委会办公室关于进一步加强隐患排查治理体系建设示范试点工作的通知	2018-06-05
187	规范性文件	中华人民共和国应急管理部公告（2018 年第 3 号）	2018-06-04
188	规范性文件	应急管理部关于明查暗访福建省粉尘防爆专项整治工作情况的通报	2018-05-16
189	规范性文件	应急管理部关于明查暗访上海市工贸企业有限空间作业条件确认工作情况的通报	2018-05-15
190	规范性文件	应急管理部关于印发危险化学品生产储存企业安全风险评估诊断分级指南（试行）的通知	2018-05-15
191	规范性文件	国家安全监管总局办公厅关于印发《安全生产行政许可标准化工作检查考核表（试行）》的通知	2018-03-19
192	规范性文件	国务院安全生产委员会关于印发安全生产约谈实施办法（试行）的通知	2018-03-06
193	规范性文件	国家安全监管总局关于宣布失效一批安全生产文件的通知	2018-02-27
194	规范性文件	国务院安委会办公室关于认真贯彻落实中央领导同志重要批示精神切实加强当前安全生产工作的通知	2018-02-13
195	规范性文件	关于将 4-苯胺基-N-苯乙基哌啶、N-苯乙基-4-哌啶酮、N-甲基-1-苯基-1-氯-2-丙胺、溴素、1-苯基-1-丙酮 5 种物质列入易制毒化学品管理的公告	2018-02-08

第七章　木材工业能源能耗标准

第一节　木材工业能源能耗标准的定义和种类

一、木材工业能源能耗标准的定义

能源能耗标准是对工业生产过程中能源管理、能源检测、生产能耗、节能技术与监测、能源产品等进行规范的标准。能源能耗标准是保障我国经济、社会、环境可持续发展的技术基础，是政府实施节能政策或措施与实施碳减排的技术依据，是企业节约成本的有效途径。

木材工业能源能耗标准是对木材工业生产过程中能源管理、能源检测、生产能耗、节能技术与监测、林业生物质能源等进行规范的标准，对推动木材工业节能减排、引领木材工业绿色发展、实现碳达峰、碳中和具有重要作用。加快木材工业能源能耗标准化工作是转变木材工业发展方式、推动木材工业转型升级的重要抓手。发挥标准引领作用，服务保障节能工作，以推动木材工业低碳、循环、绿色发展。

二、木材工业能源能耗标准的种类

根据标准规范或支撑的目标划分，木材工业能源能耗标准可分为基础与通用、综合耗能、节能技术、节能监测、林业生物质能源等类别。

基础与通用标准是综合能耗计算方法、节能量计算方法、节能产品评价方法等的综合性、通用性能源管理标准。

综合耗能标准是木材工业生产企业生产某一产品，在一定时期内主要生产系统、辅助生产系统和附属生产系统的能耗总和。

节能技术标准是木材工业生产企业生产某一产品，在能源节约方面的应用技术要求。

节能监测标准是木材工业生产企业生产某一产品，在能源监测方法、评价等的要求。

林业生物质能源标准是林业生物质燃料产品、检测方法，以及生产设备等的标准。

第二节　木材工业能源能耗相关标准

经过对各方面的能源能耗标准的整理分析发现，截至 2020 年年底，中国木材能源能耗重要标准共计 81 项，包括国家标准、林业行业标准、农业行业标准、能源行业标准等，其中基础与通用标准 15 项，综合能耗标准 25 项，节能监测标准 4 项，节能技术标准 5 项，林业生物质能源 32 项。木材工业能源能耗标准见表 7-1。木材工业能源能耗重要标准如下：

表 7-1　木材工业能源能耗标准清单

序号	领域	标准规范或支撑的目标	标准级别	标准编号	标准名称
1	能源能耗	基础与通用	推荐性国家标准	GB/T 2589—2020	综合能耗计算通则
2	能源能耗	基础与通用	推荐性国家标准	GB/T 3484—2009	企业能量平衡通则
3	能源能耗	基础与通用	推荐性国家标准	GB/T 13234—2018	用能单位节能量计算方法
4	能源能耗	基础与通用	推荐性国家标准	GB/T 15316—2009	节能监测技术通则
5	能源能耗	基础与通用	推荐性国家标准	GB/T 15320—2001	节能产品评价导则
6	能源能耗	基础与通用	推荐性国家标准	GB/T 28750—2012	节能量测量和验证技术通则
7	能源能耗	基础与通用	推荐性国家标准	GB/T 24915—2010	合同能源管理技术通则
8	能源能耗	基础与通用	推荐性国家标准	GB/T 38848—2020	智能工厂　过程工业能源管控系统技术要求
9	能源能耗	基础与通用	推荐性国家标准	GB/T 17166—2019	能源审计技术通则
10	能源能耗	基础与通用	推荐性国家标准	GB/T 36713—2018	能源管理体系　能源基准和能源绩效参数
11	能源能耗	基础与通用	推荐性行业标准	NY/T 2880—2015	生物质成型燃料工程运行管理规范
12	能源能耗	基础与通用	推荐性国家标准	GB/T 29456—2012	能源管理体系　实施指南
13	能源能耗	基础与通用	推荐性林业行业标准	LY/T 2394—2014	林业企业能源计量器具管理规范
14	能源能耗	基础与通用	推荐性林业行业标准	LY/T 3125—2019	林业企业能源审计规范
15	能源能耗	基础与通用	推荐性林业行业标准	LY/T 3242—2020	林业企业能源管理通则
16	能源能耗	综合能耗	推荐性林业行业标准	LY/T 2072—2012	木材干燥生产综合能耗
17	能源能耗	综合能耗	推荐性林业行业标准	LY/T 1062—2017	锯材生产综合能耗
18	能源能耗	综合能耗	推荐性林业行业标准	LY/T 1529—2020	普通胶合板生产综合能耗
19	能源能耗	综合能耗	推荐性林业行业标准	LY/T 1451—2017	纤维板生产综合能耗
20	能源能耗	综合能耗	推荐性林业行业标准	LY/T 1530—2020	刨花板生产综合能耗
21	能源能耗	综合能耗	推荐性林业行业标准	LY/T 2071—2012	细木工板生产综合能耗
22	能源能耗	综合能耗	推荐性林业行业标准	LY/T 2391—2014	电工层压木板生产综合能耗
23	能源能耗	综合能耗	推荐性林业行业标准	LY/T 2549—2015	集成材生产综合能耗
24	能源能耗	综合能耗	推荐性国家标准	GB/T 23899—2009	实木复合地板生产综合能源
25	能源能耗	综合能耗	推荐性林业行业标准	LY/T 1703—2020	实木地板生产综合能耗

续表

序号	领域	标准规范或支撑的目标	标准级别	标准编号	标准名称
26	能源能耗	综合能耗	推荐性林业行业标准	LY/T 2919—2017	木塑地板生产综合能耗
27	能源能耗	综合能耗	推荐性林业行业标准	LY/T 2073—2012	浸渍纸层压木质地板生产综合能耗
28	能源能耗	综合能耗	推荐性林业行业标准	LY/T 2392—2014	饰面用浸渍胶膜纸生产综合能耗
29	能源能耗	综合能耗	推荐性林业行业标准	LY/T 2550—2015	木制卫生筷子生产综合能耗
30	能源能耗	综合能耗	推荐性林业行业标准	LY/T 2396—2014	竹木复合板生产综合能耗
31	能源能耗	综合能耗	推荐性林业行业标准	LY/T 3164—2019	竹木复合层积地板生产综合耗能
32	能源能耗	综合能耗	推荐性林业行业标准	LY/T 2074—2012	竹材胶合板生产综合能耗
33	能源能耗	综合能耗	推荐性林业行业标准	LY/T 2551—2015	竹地板生产综合能耗
34	能源能耗	综合能耗	推荐性林业行业标准	LY/T 2395—2014	竹材刨花板生产综合能耗
35	能源能耗	综合能耗	推荐性林业行业标准	LY/T 1114—2020	松香生产综合能耗
36	能源能耗	综合能耗	推荐性林业行业标准	LY/T 1150—2020	栲胶生产综合能耗
37	能源能耗	综合能耗	推荐性林业行业标准	LY/T 2070—2012	没食子酸生产综合能耗
38	能源能耗	综合能耗	推荐性林业行业标准	LY/T 2393—2014	紫胶生产综合能耗
39	能源能耗	综合能耗	推荐性林业行业标准	LY/T 2777—2016	单宁酸生产综合能耗
40	能源能耗	综合能耗	推荐性林业行业标准	LY/T 3161—2019	工业糠醛生产综合能耗
41	能源能耗	节能技术	推荐性国家标准	GB/T 29000—2012	单板干燥节能技术规范
42	能源能耗	节能技术	推荐性林业行业标准	LY/T 3159—2019	细木工板生产节能技术规范
43	能源能耗	节能技术	推荐性林业行业标准	LY/T 3162—2019	胶合板生产节能技术规范
44	能源能耗	节能技术	推荐性林业行业标准	LY/T 3241—2020	纤维板生产线节能技术规范
45	能源能耗	节能技术	推荐性林业行业标准	LY/T 3163—2019	浸渍纸层压木质地板生产线节能技术规范
46	能源能耗	节能监测	推荐性林业行业标准	LY/T 2491—2015	蒸汽热源木材干燥设备节能监测方法
47	能源能耗	节能监测	推荐性林业行业标准	LY/T 1286—2012	刨花干燥机节能监测方法
48	能源能耗	节能监测	推荐性林业行业标准	LY/T 3160—2019	单板干燥机节能监测方法
49	能源能耗	节能监测	推荐性林业行业标准	LY/T 1287—2012	人造板热压机节能监测方法
50	能源能耗	林业生物质能源	推荐性国家标准	GB/T 35835—2018	玉米秸秆颗粒
51	能源能耗	林业生物质能源	推荐性国家标准	GB/T 21923—2008	固体生物质燃料检验通则

续表

序号	领域	标准规范或支撑的目标	标准级别	标准编号	标准名称
52	能源能耗	林业生物质能源	推荐性国家标准	GB/T 28730—2012	固体生物质燃料样品制备方法
53	能源能耗	林业生物质能源	推荐性国家标准	GB/T 28731—2012	固体生物质燃料工业分析方法
54	能源能耗	林业生物质能源	推荐性国家标准	GB/T 28732—2012	固体生物质燃料全硫测定方法
55	能源能耗	林业生物质能源	推荐性国家标准	GB/T 28733—2012	固体生物质燃料全水分测定方法
56	能源能耗	林业生物质能源	推荐性国家标准	GB/T 28734—2012	固体生物质燃料中碳氢测定方法
57	能源能耗	林业生物质能源	推荐性国家标准	GB/T 30725—2014	固体生物质燃料灰成分测定方法
58	能源能耗	林业生物质能源	推荐性国家标准	GB/T 30726—2014	固体生物质燃料灰熔融性的测定方法
59	能源能耗	林业生物质能源	推荐性国家标准	GB/T 30727—2014	固体生物质燃料发热量测定方法
60	能源能耗	林业生物质能源	推荐性国家标准	GB/T 30728—2014	固体生物质燃料中氮的测定方法
61	能源能耗	林业生物质能源	推荐性国家标准	GB/T 30729—2014	固体生物质燃料中氯的测定方法
62	能源能耗	林业生物质能源	推荐性行业标准	LY/T 3243—2020	生物质成型燃料抗碎性测试方法及工业分析方法
63	能源能耗	林业生物质能源	推荐性行业标准	JB/T 11396—2013	生物质电厂烟气脱硝技术装备
64	能源能耗	林业生物质能源	推荐性行业标准	JB/T 11835—2014	生物质共烧设备技术规范
65	能源能耗	林业生物质能源	推荐性行业标准	JB/T 11886—2014	生物质燃烧发电锅炉烟气袋式除尘器
66	能源能耗	林业生物质能源	推荐性行业标准	NB/T 34024—2015	生物质成型燃料质量分级
67	能源能耗	林业生物质能源	推荐性行业标准	NB/T 34025—2015	生物质固体燃料结渣性试验方法
68	能源能耗	林业生物质能源	推荐性行业标准	NB/T 34026—2015	生物质颗粒燃料燃烧器
69	能源能耗	林业生物质能源	推荐性行业标准	NB/T 42030—2014	生物质循环流化床锅炉技术条件
70	能源能耗	林业生物质能源	推荐性行业标准	NB/T 42031—2014	生物质能锅炉炉前螺旋给料装置技术条件

续表

序号	领域	标准规范或支撑的目标	标准级别	标准编号	标准名称
71	能源能耗	林业生物质能源	推荐性行业标准	NY/T 12—1985	生物质燃料发热量测试方法
72	能源能耗	林业生物质能源	推荐性行业标准	NY/T 1878—2010	生物质固体成型燃料技术条件
73	能源能耗	林业生物质能源	推荐性行业标准	NY/T 1879—2010	生物质固体成型燃料采样方法
74	能源能耗	林业生物质能源	推荐性行业标准	NY/T 1880—2010	生物质固体成型燃料样品制备方法
75	能源能耗	林业生物质能源	推荐性行业标准	NY/T 1881.1～1881.8—2010	生物质固体成型燃料试验方法
76	能源能耗	林业生物质能源	推荐性行业标准	NY/T 1882—2010	生物质固体成型燃料成型设备技术条件
77	能源能耗	林业生物质能源	推荐性行业标准	NY/T 1883—2010	生物质固体成型燃料成型设备试验方法
78	能源能耗	林业生物质能源	推荐性行业标准	NY/T 1915—2010	生物质固体成型燃料术语
79	能源能耗	林业生物质能源	推荐性行业标准	NY/T 2369—2013	户用生物质炊事炉具通用技术条件
80	能源能耗	林业生物质能源	推荐性行业标准	NY/T 2370—2013	户用生物质炊事炉具性能试验方法
81	能源能耗	林业生物质能源	推荐性行业标准	NY/T 2705—2015	生物质燃料成型机　质量评价技术规范

备注：GB/T：推荐性国家标准；LY/T：推荐性林业行业标准；NY/T：推荐性农业行业标准；NB/T：推荐性能源行业标准；JB/T：推荐性机械行业标准。

1. 木材工业能源能耗的基础与通用标准

木材工业能源能耗的基础与通用标准共计 15 项，其中国家标准 11 项，行业标准 4 项。行业标准按照所属领域划分，其中林业行业标准 3 项，农业行业标准 1 项。

木材工业重要的能源能耗基础与通用标准：《综合能耗计算通则》（GB/T 2589—2020）、《企业能量平衡通则》（GB/T 3484—2009）、《用能单位节能量计算方法》（GB/T 13234—2018）、《节能监测技术通则》（GB/T 15316—2009）、《节能产品评价导则》（GB/T 15320—2001）、《节能量测量和验证技术通则》（GB/T 28750—2012）、《合同能源管理技术通则》（GB/T 24915—2010）、《林业企业能源管理通则》（LY/T 3242—2020）、《生物质成型燃料工程运行管理规范》（NY/T 2880—2015）等。《综合能耗计算通则》（GB/T 2589—2020）规定了综合能耗计算原则、边界划分、计算范围、计算方法以及折算为标准煤的要求，适用用能单位（含次级用能单位或其组成部分）的能耗消耗指标的计算。

2. 综合耗能标准

木材工业重要的综合能耗标准共计 25 项，其中国家标准 1 项，林业行业标准 24 项。

木材工业重要的综合能耗标准：胶合板、纤维板和刨花板等的生产综合能耗标准，如《普通胶合板生产综合能耗》（LY/T 1529—2020）、《纤维板生产综合能耗》（LY/T 1451—2017）、《刨花板生产综合能耗》（LY/T 1530—2020）、《电工层压木板生产综合能耗》（LY/T 2391—2014）、《细木工板生产综合能耗》（LY/T 2071—2012），以及地板类产品生产综合能耗《实木地板生产综合能耗》（LY/T 1703—2020）、《林业企业能耗测试与计算方法》（GB/T 23899—2020）、《浸渍纸层压木质地板生产综合能耗》（LY/T 2073—2012）、《栲胶生产综合能耗》（LY/T 1150—2020）、《松香生产综合能耗》（LY/T 1114—2020）等标准。

其中，《普通胶合板生产综合能耗》（LY/T 1529—2020）给出了普通胶合板生产综合能耗的术语和定义，规定了普通胶合板单位产量可比综合能耗的分级指标、能耗的计算方法及规则、能耗量的测试及计量要求；适用以阔叶树材、针叶树材原木为原料制造普通胶合板企业生产能耗的计算及指标考核。《细木工板生产综合能耗》（LY/T 2071—2012）给出了细木工板生产综合能耗的术语和定义，规定了细木工板单位产量基本能耗的分级指标、能耗的计算、能耗的计量要求与测试方法；适用具有实体板芯的细木工板企业生产综合能耗的计算及指标考核。《纤维板生产综合能耗》（LY/T 1451—2017）规定了纤维板生产单位产量基本能耗等级指标、计算及测试方法，适用以木本植物为原料的各类型纤维板生产综合能耗计算和能耗等级考核，以其他原料生产的纤维板综合能耗也应参照执行。《刨花板生产综合能耗》（LY/T 1530—2020）规定了刨花板生产综合能耗的术语和定义，以及刨花板单位产量基本能耗的分级指标、生产能耗的计算方法、计量要求及数据处理方法；适用施加胶料的木质刨花或木质纤维材料（如刨片、锯屑等）压制刨花板的生产企业，非木质刨花板的生产企业可参照执行。《电工层压木板生产综合能耗》（LY/T 2391—2014）给出了电工层压木板生产综合能耗的术语和定义，规定了电工层压木板单位产量基本能耗的分级指标、能耗的计算、能耗的计量要求与测试方法，适用电工层压木板企业生产综合能耗的计算及指标考核。《实木地板生产综合能耗》（LY/T 1703—2020）规定了企业实木地板生产单位产量综合能耗等级指标和计算方法，适用实木地板生产企业生产综合能耗的指标考核及其计算，地暖地板生产可比综合能耗可参照执行。《实木复合地板生产综合能耗》（GB/T 23899—2009）规定了实木复合地板生产单位产量综合能耗等级指标和计算方法；适用三层实木复合地板生产综合能耗（不包括锯材部分）和多层实木复合地板生产综合能耗（不包括基材部分）指标考核及其计算。《浸渍纸层压木质地板生产综合能耗》（LY/T 2073—2012）给出了浸渍纸层压木质地板生产综合能耗的术语和定义，规定了浸渍纸层压木质地板单位产量基本能耗的分级指标、能耗的计算及计量要求与测试方法；适用浸渍纸层压木质地板企业生产综合能耗的计算及指标考核。

竹材产品的综合能耗标准，如《竹材胶合板生产综合能耗》（LY/T 2074—2012）给出了竹材胶合板生产综合能耗的术语和定义，规定了单位产量基本能耗分级指标、综合能耗的计算方法及原则、能耗量的测试与计量以及数据处理方法；适用竹材胶合板企业生产综合能耗的计算及指标考核。《竹材刨花板生产综合能耗》（LY/T 2395—2014）给出了竹材胶合板生产综合能耗的术语和定义，规定了单位产量基本能耗分级指标、综合能耗的计算方法及原则、能耗量的测试与计量以及数据处理方法；适用竹材胶合板企业生产综合能耗的计算及指标考核。

3. 节能技术标准

木材工业重要的节能技术标准共计 5 项，其中国家标准 1 项，林业行业标准 4 项。

木材工业重要的节能技术标准：《单板干燥节能技术规范》（GB/T 29000—2012）、《浸渍纸层压木质地板生产线节能技术规范》（LY/T 3163—2019）、《细木工板生产节能技术规范》（LY/T 3159—2019）、《胶合板生产节能技术规范》（LY/T 3162—2019）、《纤维板生产线节能技术规范》（LY/T 3241—2020）等标准。其中，《单板干燥节能技术规范》（GB/T 29000—2012）规定了单板干燥节能技术的术语和定义、一般规定和可选用的单板干燥节能技术等；适用利用机械设备进行木质单板干燥企业的节能控制管理。

4. 节能监测标准

木材工业重要的节能监测标准共计 4 项，均为林业行业标准。

木材工业重要的节能监测标准：《刨花干燥机节能监测方法》（LY/T 1286—2012）、《人造板热压机节能监测方法》（LY/T 1287—2012）、《单板干燥机节能监测方法》（LY/T 3160—2019）等标准。其中，《刨花干燥机节能监测方法》（LY/T 1286—2012）规定了刨花干燥机的节能监测项目、监测方法、合格指标和结果评价，适用以导热油、蒸汽为导热介质的回转式刨花干燥机；《人造板热压机节能监测方法》（LY/T 1287—2012）规定了人造板热压机的节能监测项目、监测方法、合格指标和结果评价，适用以蒸汽、导热油为导热介质，生产胶合板、刨花板及纤维板的间歇式热压机。

5. 林业生物质能源标准

木材工业重要的林业生物质能源标准共计 32 项，其中国家标准 12 项，行业标准 20 项。行业标准按照所属领域划分，机械行业标准 3 项，林业行业标准 1 项，能源行业标准 5 项，农业行业标准 11 项。

林业生物质能源标准：《固体生物质燃料样品制备方法》（GB/T 28730—2012）、《固体生物质燃料工业分析方法》（GB/T 28731—2012）、《固体生物质燃料全硫测定方法》（GB/T 28732—2012）、《固体生物质燃料全水分测定方法》（GB/T 28733—2012）、《固体生物质燃料中碳氢测定方法》（GB/T 28734—2012）、《固体生物质燃料灰成分测定方法》（GB/T 30725—2014）、《固体生物质燃料灰熔融性的测定方法》（GB/T 30726—2014）、《固体生物质燃料发热量测定方法》（GB/T 30727—2014）、《固体生物质燃料中氮的测定方法》（GB/T 30728—2014）、《固体生物质燃料中氯的测定方法》

（GB/T 30729—2014）、《玉米秸秆颗粒》（GB/T 35835—2018）、《生物质成型燃料抗碎性测试方法及工业分析方法》（LY/T 3243—2020）等。其中，《固体生物质燃料检验通则》（GB/T 21923—2008）规定了固体生物质燃料检验有关的术语和定义、分类和特性信息、试验样品、测定、符号、测定结果表述、结果换算、溶液及其浓度、方法精密度、试验记录和试验报告等，适用固体生物质燃料检验方法标准和技术规范、文件、书刊、教材和手册，适用不同来源，以及贸易中各种形态和各种特性的固体生物质燃料。

第八章　木材工业工程建设标准

第一节　工程建设标准的定义与分类

工程建设标准是对基本建设中各类工程的勘察、规划、设计、施工、安装、验收等需要协调统一的事项所制定的标准。

标准根据约束力分为强制性工程建设标准和推荐性工程建设标准。

强制性工程建设标准是工程建设领域具有强制约束力，是保障人民生命财产安全、人身健康、工程安全、生态环境安全、公众权益和公共利益，以及促进能源资源节约利用、满足社会经济管理等方面的控制性底线要求的标准。强制性工程建设标准项目名称统称为技术规范。强制性工程建设标准可以有强制性行业和地方工程建设标准。

推荐性工程建设标准是指其他非强制性工程建设国家标准和行业标准、地方标准等。

工程建设标准根据标准内容分为设计标准、施工及验收标准和建设定额标准。设计标准是指从事工程设计所依据的技术文件；施工标准是指施工操作程序及其技术要求的标准，验收标准是指检验、接收竣工工程项目的规程、办法和标准，如《建筑工程施工质量验收统一标准》（GB 50300—2013）；建设定额是指国家规定的消耗在单位建筑产品上活劳动和物化劳动的数量标准，以及用货币表现的某些必要费用的额度。

第二节　木材工业工程建设相关标准

林业工程建设标准属于工程建设标准的一个大类。林业工程建设标准是指为在林业工程建设领域内获得最佳秩序，对各类建设工程的勘察、规划、设计、施工、监理、验收、运行、管理、维护、加固、拆除等活动和结果需要协调统一的事项所制定的共同的、重复使用的技术依据和准则。

木材工业工程建设标准是林业工程建设标准的重要组成部分，是指对森林采运工程、木材工业生产建设工程等的设计、施工、安装、维护等需要协调统一的事项所制定的标准。中国木材工程建设标准主要包括基础与通用、森林工程、林业工程设计等标准。

截至 2020 年年底，中国木材工程建设标准重要标准共计 34 项，按照标准对象分类，其中基础与通用标准 6 项，森林工程标准 8 项，林业工程设计标准 20 项。按照标准性质分类，其中强制性国家标准 5 项、强制性林业行业标准 2 项、强制性林业工程建设行业标准 3 项、推荐性国家标准 6 项、推荐性林业行业标准 14 项、推荐性农业行业标准 1 项、推荐性电子行业标准 2 项、推荐性地方标准 1 项。木材工业工程建设标准情况见表 8-1。

表 8-1　木材工业工程建设标准

序号	领域	标准规范或支撑的目标	标准级别	标准编号	标准名称
1	工程建设	基础与通用	推荐性国家标准	GB/T 50886—2013	林产工业工程术语标准
2	工程建设	基础与通用	推荐性林业行业标准	LY/T 5001—2014	林业工程名词术语及计量标准
3	工程建设	基础与通用	推荐性林业行业标准	LY/T 5002—2014	林业工程制图标准
4	工程建设	基础与通用	推荐性林业行业标准	LY/T 5003—2014	林业工程分类标准
5	工程建设	基础与通用	推荐性电子行业标准	SJ/T 11670—2017	工业生产综合监控系统工程设计规范
6	工程建设	基础与通用	推荐性电子行业标准	SJ/T 11671—2017	工业生产综合监控系统工程施工及质量验收规范
7	工程建设	森林工程	推荐性林业行业标准	LY/T 5005—2014	林区公路设计规范
8	工程建设	森林工程	推荐性林业行业标准	LY/T 5006—2014	森林航空消防工程建设标准
9	工程建设	森林工程	推荐性林业行业标准	LY/T 5007—2014	林火阻隔系统建设标准
10	工程建设	森林工程	推荐性林业行业标准	LY/T 5009—2014	森林消防专业队伍建设标准
11	工程建设	森林工程	推荐性林业行业标准	LY/T 2154.1—2013	基于森林生态系统作用的工程设计审核导则　第 1 部分：总纲
12	工程建设	森林工程	推荐性林业行业标准	LY/T 2154.2—2013	基于森林生态系统作用的工程设计审核导则　第 2 部分：森林采伐
13	工程建设	森林工程	推荐性林业行业标准	LY/T 2154.3—2013	基于森林生态系统作用的工程设计审核导则　第 3 部分：林区道路
14	工程建设	森林工程	推荐性林业行业标准	LY/T 2154.4—2014	基于森林生态系统作用的工程设计审核导则　第 4 部分：抚育采伐
15	工程建设	林业工程设计	强制性国家标准	GB 50879—2013	人造板生产热能中心工程设计规范
16	工程建设	林业工程设计	强制性国家标准	GB 50890—2013	饰面人造板工程设计规范
17	工程建设	林业工程设计	推荐性国家标准	GB/T 51349—2019	林产加工工业职业安全卫生设计规范

续表

序号	领域	标准规范或支撑的目标	标准级别	标准编号	标准名称
18	工程建设	林业工程设计	推荐性国家标准	GB/T 50887—2013	人造板工程环境保护设计规范
19	工程建设	林业工程设计	推荐性国家标准	GB/T 50888—2013	人造板工程节能设计规范
20	工程建设	林业工程设计	强制性国家标准	GB 50889—2013	人造板工程职业安全卫生设计规范
21	工程建设	林业工程设计	推荐性国家标准	GB/T 26912—2011	竹木复合地板生产线验收通则
22	工程建设	林业工程设计	强制性国家标准	GB 50822—2012	中密度纤维板工程设计规范
23	工程建设	林业工程设计	强制性国家标准	GB 50827—2012	刨花板工程设计规范
24	工程建设	林业工程设计	推荐性国家标准	GB/T 34364—2017	单板层积材包装箱设计规范
25	工程建设	林业工程设计	推荐性林业行业标准	LY/T 5118—1998	木材干燥工程设计规范
26	工程建设	林业工程设计	推荐性林业行业标准	LYJ 122—1992	木材工业用合成树脂工程设计规范
27	工程建设	林业工程设计	强制性林业行业标准	LY 5207—1993	木材加工设备安装工程施工及验收规范
28	工程建设	林业工程设计	强制性林业行业标准	LY 5208—1993	人造板设备安装工程施工及验收规范
29	工程建设	林业工程设计	推荐性林业行业标准	LYJ 109—1987	松香工程设计规范
30	工程建设	林业工程设计	推荐性林业行业标准	LYJ 120—1989	胶合板工程设计规范
31	工程建设	林业工程设计	推荐性林业行业标准	LY/T 5004—2014	竹材胶合板工程设计规范
32	工程建设	林业工程设计	推荐性林业行业标准	LY/T 5008—2014	细木工工程设计规范
33	工程建设	林业工程设计	四川省推荐性地方标准	DB51/T 1183—2011	秸秆沼气集中供气工程设计规范
34	工程建设	林业工程设计	推荐性农业行业标准	NY/T 2881—2015	生物质成型燃料工程设计规范

备注：

GB：强制性国家标准；LY：强制性林业行业标准；LYJ：强制性林业工程建设行业标准；

GB/T：推荐性国家标准；LY/T：推荐性林业行业标准；NY/T：推荐性农业行业标准；SJ/T：推荐性电子行业标准；DB＊＊/T：推荐性地方标准。

1. 基础与通用标准

木材工业工程建设的基础与通用标准共有6项，国家标准有1项，林业行业标准有5项。其中，林业行业标准3项，电子行业标准2项。

木材工业工程建设基础与通用标准主要有《林产工业工程术语标准》（GB/T

50886—2013）、《林业工程名词术语及计量标准》（LY/T 5001—2014）、《林业工程分类标准》（LY/T 5003—2014）等。其中，《林产工业工程术语标准》（GB/T 50886—2013）适用林产工业工程设计领域使用的术语，主要技术内容包括总则、木材加工工程术语、人造板工程术语、林产化学工程术语等。

2. 森林工程标准

木材工业工程建设重要的森林工程标准共有8项，都为林业行业标准。

森林工程重要标准有《林区公路设计规范》（LY/T 5005—2014）、《森林航空消防工程建设标准》（LY/T 5006—2014）、《林火阻隔系统建设标准》（LY/T 5007—2014）、《基于森林生态系统作用的工程设计审核导则　第1部分：总纲》（LY/T 2154.1—2013）、《基于森林生态系统作用的工程设计审核导则　第2部分：森林采伐》（LY/T 2154.2—2013）等。

3. 林业工程设计标准

木材工业工程建设重要的林业工程设计标准共有20项，国家标准有10项，林业行业标准有5项，地方标准1项。林业工程建设行业标准3项，农业行业标准1项。

木材工业工程建设重要的林业工程设计标准包括《中密度纤维板工程设计规范》（GB 50822—2012）、《刨花板工程设计规范》（GB 50827—2012）、《饰面人造板工程设计规范》（GB 50890—2013）、《竹木复合地板生产线验收通则》（GB/T 26912—2011）、《单板层积材包装箱设计规范》（GB/T 34364—2017）、《木材工业用合成树脂工程设计规范》（LYJ 122—1992）、《竹材胶合板工程设计规范》（LY/T 5004—2014）、《细木工工程设计规范》（LY/T 5008—2014）等。

第九章　木结构工程建设标准

一、木结构工程建设标准及其分类

木结构工程建设标准是林业工程建设标准的重要组成部分，是指对现代木结构工程、古建筑木结构保护工程等的设计、施工、安装、维护等需要协调统一的事项所制定的标准。分为现代木结构建筑工程标准和古建筑木结构保护工程标准两类。

现代木结构建筑工程标准分为木结构基础与通用、木结构设计、木结构施工和验收、木结构连接、木结构用材与产品等方面的标准。古建筑木结构保护工程标准分为古建筑木结构保护基础与综合、古建筑木结构保护设计、古建筑木结构施工、古建筑木结构保护等方面的标准。

木结构工程建设标准是木结构工程建设领域规范木结构用材料及其产品、开展木结构建设工程的勘察、规划、设计、施工、监理、验收、运行、管理、维护、加固、拆除等活动的技术依据和准则。

二、木结构工程建设标准发展现状

中国木结构工程建设标准重要标准共计 87 项，现代木结构建筑工程标准 74 项，古建筑木结构保护工程标准 13 项。

现代木结构建筑工程标准按照标准规范或支撑的目标分类，木结构基础与通用标准 33 项，木结构设计标准 5 项，木结构施工和验收标准 13 项，木结构连接件标准 5 项，木结构用材及产品标准 18 项。古建筑木结构保护工程标准按照标准规范或支撑的目标分类，其中古建筑木结构保护基础与综合标准 1 项，古建筑木结构保护设计标准 2 项，古建筑木结构施工标准 3 项，古建筑木结构保护标准 7 项。

标准按照性质分类，其中强制性国家标准 1 项、推荐性国家标准 32 项、强制性建筑工程行业标准 3 项、推荐性建筑工程行业标准 8 项、推荐性林业行业标准 35 项、推荐性测绘行业标准 1 项、推荐性文物保护行业标准 1 项、推荐性地方标准 6 项。木结构工程建设标准情况详见表 9-1。

表 9-1　木结构工程建设标准清单

序号	领域	标准规范或支撑的目标	标准级别	标准编号	标准名称
1	工程建设	木结构基础与通用	推荐性国家标准	GB/T 28993—2012	结构用锯材力学性能测试方法

续表

序号	领域	标准规范或支撑的目标	标准级别	标准编号	标准名称
2	工程建设	木结构基础与通用	推荐性国家标准	GB/T 28986—2012	结构用木质复合材产品力学性能评定
3	工程建设	木结构基础与通用	推荐性国家标准	GB/T 29895—2013	横向振动法测试木质材料动态弯曲弹性模量方法
4	工程建设	木结构基础与通用	推荐性国家标准	GB/T 31291—2014	木材和木基产品的荷载持续时间效应和蠕变性能评定
5	工程建设	木结构基础与通用	推荐性国家标准	GB/T 31264—2014	结构用人造板力学性能试验方法
6	工程建设	木结构基础与通用	推荐性国家标准	GB/T 34719—2017	结构用人造板均布荷载性能测试方法
7	工程建设	木结构基础与通用	推荐性国家标准	GB/T 36785—2018	结构用木质覆面板保温墙体试验方法
8	工程建设	木结构基础与通用	推荐性国家标准	GB/T 38359—2019	结构用木质材料强度性能数据分析方法
9	工程建设	木结构基础与通用	推荐性国家标准	GB/T 34725—2017	结构用人造板集中荷载和冲击荷载性能测试方法
10	工程建设	木结构基础与通用	推荐性国家标准	GB/T 37745—2019	木结构剪力墙静载和低周反复水平加载试验方法
11	工程建设	木结构基础与通用	推荐性林业行业标准	LY/T 2382—2014	应力波无损测试锯材动态弹性模量方法
12	工程建设	木结构基础与通用	推荐性林业行业标准	LY/T 2380—2014	楼面和屋面用结构人造板在集中荷载和冲击荷载作用下承载性能测试方法
13	工程建设	木结构基础与通用	推荐性林业行业标准	LT/Y 2721—2016	结构用定向刨花板力学性能指标特征值的确定方法
14	工程建设	木结构基础与通用	推荐性林业行业标准	LY/T 2918—2017	木框架墙体软重物撞击试验方法
15	工程建设	木结构基础与通用	推荐性林业行业标准	LY/T 3146—2019	结构材纵接性能的测试方法
16	工程建设	木结构基础与通用	推荐性林业行业标准	LY/T 3145—2019	木结构—楼板、墙板和屋顶用承重板的性能规范和要求
17	工程建设	木结构基础与通用	推荐性林业行业标准	LY/T 3147—2019	室外木材用涂料（清漆和色漆）分类及耐候性能要求

续表

序号	领域	标准规范或支撑的目标	标准级别	标准编号	标准名称
18	工程建设	木结构基础与通用	推荐性国家标准	GB/T 37315—2019	木结构胶粘剂胶合性能基本要求
19	工程建设	木结构基础与通用	推荐性林业行业标准	LY/T 2722—2016	指接材用结构胶黏剂胶合性能测试方法
20	工程建设	木结构基础与通用	推荐性林业行业标准	LY/T 2720—2016	胶合面木破率的测定方法
21	工程建设	木结构基础与通用	推荐性林业行业标准	LY/T 3041—2018	木结构金属紧固件连接循环荷载性能测试方法
22	工程建设	木结构基础与通用	推荐性林业行业标准	LY/T 2377—2014	木质结构材料用销类连接件连接性能试验方法
23	工程建设	木结构基础与通用	推荐性林业行业标准	LY/T 3040—2018	齿板连接性能测试方法
24	工程建设	木结构基础与通用	推荐性林业行业标准	LY/T 3140—2019	木结构　销类紧固件屈服弯矩试验方法
25	工程建设	木结构基础与通用	推荐性国家标准	GB/T 29897—2013	轻型木结构用规格材目测分级规则
26	工程建设	木结构基础与通用	推荐性国家标准	GB/T 35215—2017	结构用人造板特征值的确定方法
27	工程建设	木结构基础与通用	推荐性国家标准	GB/T 28987—2012	结构用规格材特征值的测试方法
28	工程建设	木结构基础与通用	推荐性林业行业标准	LY/T 2383—2014	结构用木材强度等级
29	工程建设	木结构基础与通用	推荐性林业行业标准	LY/T 2917—2017	结构用集成材力学性能特征值的确定方法
30	工程建设	木结构基础与通用	推荐性林业行业标准	LY/T 3038—2018	结构用木质材料术语
31	工程建设	木结构基础与通用	推荐性林业行业标准	LY/T 3143—2019	结构和室外用木质材料产品标识
32	工程建设	木结构基础与通用	推荐性林业行业标准	LY/T 3218—2020	木结构楼板振动性能测试方法
33	工程建设	木结构基础与通用	推荐性国家标准	GB/T 40048—2021	木质结构材螺栓连接力学性能测试方法
34	工程建设	木结构设计	推荐性国家标准	GB/T 50005—2017	木结构设计标准
35	工程建设	木结构设计	推荐性国家标准	GB/T 51226—2017	多高层木结构建筑技术标准
36	工程建设	木结构设计	推荐性国家标准	GB/T 50708—2012	胶合木结构技术规范
37	工程建设	木结构设计	推荐性国家标准	GB/T 51233—2016	装配式木结构建筑技术标准
38	工程建设	木结构设计	推荐性林业行业标准	LY/T 3142—2019	井干式木结构技术标准
39	工程建设	木结构施工和验收	强制性国家标准	GB 50206—2012	木结构工程施工质量验收规范

续表

序号	领域	标准规范或支撑的目标	标准级别	标准编号	标准名称
40	工程建设	木结构施工和验收	推荐性国家标准	GB/T 50772—2012	木结构工程施工规范
41	工程建设	木结构施工和验收	推荐性国家标准	GB/T 50329—2012	木结构试验方法标准
42	工程建设	木结构施工和验收	推荐性建筑工程行业标准	JGJ/T 488—2020	木结构现场检测技术标准
43	工程建设	木结构施工和验收	推荐性建筑工程行业标准	JGJ/T 352—201	建筑塑料复合模板工程技术规程
44	工程建设	木结构施工和验收	推荐性建筑工程行业标准	JGJ/T 350—2015	保温防火复合板应用技术规程
45	工程建设	木结构施工和验收	推荐性建筑工程行业标准	JGJ/T 377—2016	木丝水泥板应用技术规程
46	工程建设	木结构施工和验收	推荐性建筑工程行业标准	JGJ/T 414—2018	建筑施工模板和脚手架试验标准
47	工程建设	木结构施工和验收	强制性建筑工程行业标准	JGJ 336—2016	人造板材幕墙工程技术规范
48	工程建设	木结构施工和验收	推荐性建筑工程行业标准	JGJ/T 157—2014	建筑轻质条板隔墙技术规程
49	工程建设	木结构施工和验收	强制性建筑工程行业标准	JGJ 162—2008	建筑施工模板安全技术规范
50	工程建设	木结构施工和验收	推荐性建筑工程行业标准	JGJ/T 478—2019	建筑用木塑复合板应用技术标准
51	工程建设	木结构施工和验收	推荐性建筑工程行业标准	JGJ/T 389—2016	组装式桁架模板支撑应用技术规程
52	工程建设	木结构连接件	推荐性林业行业标准	LY/T 2059—2012	木结构用钢钉
53	工程建设	木结构连接件	推荐性林业行业标准	LY/T 3219—2020	木结构用自攻螺钉
54	工程建设	木结构连接件	推荐性林业行业标准	LY/T 2388—2014	轻型木结构连接件通用技术条件
55	工程建设	木结构连接件	推荐性林业行业标准	LY/T 3144—2019	结构用木材金属紧固件连接试验　试材密度要求
56	工程建设	木结构连接件	推荐性国家标准	GB/T 34744—2017	规格材及齿板连接性能设计值确定方法
57	工程建设	木结构用材及产品	推荐性国家标准	GB/T 22349—2008	木结构覆板用胶合板
58	工程建设	木结构用材及产品	推荐性国家标准	GB/T 26899—2011	结构用集成材
59	工程建设	木结构用材及产品	推荐性国家标准	GB/T 36408—2018	木结构用单板层积材
60	工程建设	木结构用材及产品	推荐性国家标准	GB/T 38070—2019	结构用集成材木质复合层板
61	工程建设	木结构用材及产品	推荐性国家标准	GB/T 28985—2012	建筑结构用木工字梁

续表

序号	领域	标准规范或支撑的目标	标准级别	标准编号	标准名称
62	工程建设	木结构用材及产品	推荐性国家标准	GB/T 31265—2014	混凝土模板用木工字梁
63	工程建设	木结构用材及产品	推荐性国家标准	GB/T 35216—2017	结构胶合板
64	工程建设	木结构用材及产品	推荐性国家标准	GB/T 36407—2018	机械应力分级锯材
65	工程建设	木结构用材及产品	推荐性国家标准	GB/T 36872—2018	结构用集成材生产技术规程
66	工程建设	木结构用材及产品	推荐性林业行业标准	LY/T 1580—2000	定向刨花板
67	工程建设	木结构用材及产品	推荐性林业行业标准	LY/T 2228—2013	轻型木结构　结构用指接规格材
68	工程建设	木结构用材及产品	推荐性林业行业标准	LY/T 2389—2014	轻型木结构建筑覆面板用定向刨花板
69	工程建设	木结构用材及产品	推荐性林业行业标准	LY/T 2916—2017	单板条层积材
70	工程建设	木结构用材及产品	推荐性林业行业标准	LY/T 3039—2018	正交胶合木
71	工程建设	木结构用材及产品	推荐性林业行业标准	LY/T 3139—2019	建筑墙面用实木挂板
72	工程建设	木结构用材及产品	推荐性林业行业标准	LY/T 2381—2014	结构用木质材料基本要求
73	工程建设	木结构用材及产品	推荐性林业行业标准	LY/T 3182—2020	森林生态旅游地木（竹）材产品使用技术要求
74	工程建设	木结构用材及产品	推荐性林业行业标准	LY/T 3217—2020	建筑用木基面材结构保温复合板
75	工程建设	古建筑木结构保护基础与综合	推荐性测绘行业标准	CH/T 6005—2018	古建筑测绘规范
76	工程建设	古建筑木结构保护设计	西藏自治区推荐性地方标准	DB54/T 0065—2012	古建筑分布式高压喷雾灭火系统设计、施工及验收技术规程
77	工程建设	古建筑木结构保护设计	西藏自治区推荐性地方标准	DB54/T 0100—2016	文物建筑保护工程设计防火规范
78	工程建设	古建筑木结构施工	强制性建筑工程行业标准	JGJ 159—2008	古建筑修建工程施工与质量验收规范
79	工程建设	古建筑木结构施工	河南省推荐性地方标准	DB41/T 1494—2017	古建筑防雷装置施工安装标准图集
80	工程建设	古建筑木结构施工	推荐性文物保护行业标准	WW/T 0034—2012	古建筑保护工程施工监理规范
81	工程建设	古建筑木结构保护	推荐性国家标准	GB/T 50165—2020	古建筑木结构维护与加固技术标准
82	工程建设	古建筑木结构保护	推荐性国家标准	GB/T 28990—2012	古建筑木构件内部腐朽与弹性模量应力波无损检测规程
83	工程建设	古建筑木结构保护	推荐性林业行业标准	LY/T 2146—2013	古建筑木构件的非破坏性检测方法及腐朽分级

续表

序号	领域	标准规范或支撑的目标	标准级别	标准编号	标准名称
84	工程建设	古建筑木结构保护	安徽省推荐性地方标准	DB34/T 3326—2019	古建筑白蚁防治技术规程
85	工程建设	古建筑木结构保护	推荐性林业行业标准	LY/T 3141—2019	古建筑木结构木构件安全性鉴定技术规范
86	工程建设	古建筑木结构保护	北京市推荐性地方标准	DB11/T 1190.1—2015	古建筑结构安全性鉴定技术规范　第 1 部分：木结构
87	工程建设	古建筑木结构保护	北京市推荐性地方标准	DB11/T 1190.2—2018	古建筑结构安全性鉴定技术规范　第 2 部分：石质构件

备注：

GB：强制性国家标准；GB/T：推荐性国家标准；JGJ：强制性建筑工程行业标准；JGJ/T：推荐性建筑工程行业标准；LY/T：推荐性林业行业标准；CH/T：推荐性测绘行业标准；CJJ：强制性城建行业标准；WW/T：推荐性文物保护行业标准；DB＊＊/T：推荐性地方标准。

三、木结构工程建设重要标准

1. 木结构基础和通用标准

木结构工程建设的基础和通用标准共计 33 项，其中国家标准 14 项，行业标准 18 项，行业标准都为林业行业标准。

木结构工程建设重要的基础和通用标准有《结构用锯材力学性能测试方法》（GB/T 28993—2012）、《结构用木质复合材产品力学性能评定》（GB/T 28986—2012）、《结构用人造板力学性能试验方法》（GB/T 31264—2014）、《结构用木质材料强度性能数据分析方法》（GB/T 38359—2019）、《木结构剪力墙静载和低周反复水平加载试验方法》（GB/T 37745—2019）、《木结构—楼板、墙板和屋顶用承重板的性能规范和要求》（LY/T 3145—2019）、《结构用人造板特征值的确定方法》（GB/T 35215—2017）、《结构用规格材特征值的测试方法》（GB/T 28987—2012）、《结构用木材强度等级》（LY/T 2383—2014）、《木结构楼板振动性能测试方法》（LY/T 3218—2020）等。

2. 木结构设计标准

木结构工程建设重要的木结构设计标准共计 5 项，其中国家标准 4 项，林业行业标准 1 项。

木结构工程建设重要的木结构设计标准有《木结构设计标准》（GB/T 50005—2017）、《多高层木结构建筑技术标准》（GB/T 51226—2017）、《胶合木结构技术规范》（GB/T 50708—2012）、《装配式木结构建筑技术标准》（GB/T 51233—2016）、《井干式木结构技术标准》（LY/T 3142—2019）等。

3. 木结构施工和验收标准

木结构工程建设重要的木结构施工和验收标准共计 13 项，其中国家标准 3 项，建筑工程行业标准 10 项。

木结构工程建设重要的木结构施工和验收标准有《木结构工程施工质量验收规范》（GB 50206—2012）、《木结构工程施工规范》（GB/T 50772—2012）、《木结构试验方法标准》（GB/T 50329—2012）、《木结构现场检测技术标准》（JGJ/T 488—2020）、《人造板材幕墙工程技术规范》（JGJ 336—2016）、《建筑轻质条板隔墙技术规程》（JGJ/T 157—2014）等。

4. 木结构连接件标准

木结构工程建设重要的木结构连接件标准共计 5 项，其中国家标准 1 项，林业行业标准 4 项。

木结构工程建设重要的木结构连接件标准有《木结构用钢钉》（LY/T 2059—2012）、《轻型木结构连接件通用技术条件》（LY/T 2388—2014）、《木结构用自攻螺钉》（LY/T 3219—2020）等。

5. 木结构用材及产品标准

木结构工程建设重要的木结构用材及产品标准共计 18 项，其中国家标准 9 项，林业行业标准 9 项。

木结构工程建设重要的木结构用材及产品标准有《结构用集成材》（GB/T 26899—2011）、《木结构用单板层积材》（GB/T 36408—2018）、《建筑结构用木工字梁》（GB/T 28985—2012）、《混凝土模板用木工字梁》（GB/T 31265—2014）、《结构胶合板》（GB/T 35216—2017）、《定向刨花板》（LY/T 1580—2000）、《单板条层积材》（LY/T 2916—2017）、《正交胶合木》（LY/T 3039—2018）、《建筑墙面用实木挂板》（LY/T 3139—2019）、《木结构用自攻螺钉》（LY/T 3219—2020）等。

6. 木结构工程建设重要的古建筑木结构保护基础与综合标准

木结构工程建设重要的古建筑木结构保护基础与综合标准仅有《古建筑测绘规范》（CH/T 6005—2018）1 项，为测绘行业标准。

7. 古建筑木结构保护设计标准

木结构工程建设重要的古建筑木结构保护设计标准共计 2 项，均为地方标准。

木结构工程建设重要的古建筑木结构保护设计标准有《古建筑分布式高压喷雾灭火系统设计、施工及验收技术规程》（DB54/T 0065—2012）、《文物建筑保护工程设计防火规范》（DB54/T 0100—2016）。

8. 古建筑木结构施工标准

木结构工程建设重要的古建筑木结构施工标准共计 3 项，其中行业标准 2 项，地方标准 1 项。行业标准按照所属领域划分，其中建筑工程行业标准 1 项，文物保护行业 1 项。

木结构工程建设重要的古建筑木结构施工标准有《古建筑修建工程施工与质量验收规范》（JGJ 159—2008）、《古建筑保护工程施工监理规范》（WW/T 0034—2012）等。

9. 古建筑木结构保护标准

木结构工程建设重要的古建筑木结构保护标准共计 7 项，其中国家标准 2 项，行业标准 2 项，地方标准 3 项。行业标准按照所属领域划分，行业标准均为林业行业标准。

古建筑木结构保护标准包括《古建筑木结构维护与加固技术标准》（GB/T 50165—2020）等。

第十章　木材工业碳达峰碳中和标准

气候变化是人类面临的全球性问题，随着各国二氧化碳排放，温室气体猛增，对生命系统形成威胁。应对气候变化，实现碳达峰碳中和受到国际社会高度关注。

2020 年 9 月，中共中央总书记、国家主席习近平在第 75 届联合国大会上提出“中国将提高国家自主贡献力度，采取更加有力的政策和措施，二氧化碳排放力争于 2030 年前达到峰值，努力争取 2060 年前实现碳中和”。应对气候变化，中国政府确定的“3060”双碳战略目标，是以习近平同志为核心的党中央统筹国内国际两个大局，经过深思熟虑作出的重大战略决策，事关中华民族永续发展和构建人类命运共同体。

2021 年 9 月 22 日中共中央国务院印发了《中共中央　国务院关于完整准确全面贯彻新发展理念　做好碳达峰碳中和工作的意见》，这是碳达峰碳中和国家战略的顶层设计文件；2021 年 10 月 24 日国务院印发了《2030 年前碳达峰行动方案》，行动方案要求，立足新发展阶段，把碳达峰、碳中和纳入经济社会发展全局，有力有序有效做好碳达峰工作，明确各地区、各领域、各行业目标任务，加快实现生产生活方式绿色变革，推动经济社会发展建立在资源高效利用和绿色低碳发展的基础之上，确保如期实现 2030 年前碳达峰目标。

全面贯彻落实《中共中央　国务院关于完整准确全面贯彻新发展理念　做好碳达峰碳中和工作的意见》、国务院的《2030 年前碳达峰行动方案》等碳达峰碳中和文件，做好碳达峰碳中和工作，实现“3060”双碳战略目标，加快经济社会发展全面绿色转型，对我国实现高质量发展、全面建设社会主义现代化强国具有重大意义。

木材工业作为国民经济的重要组成部分，实现碳达峰碳中和战略目标，需要标准引领和支撑，规范企业碳排放管理，推动木材工业实现碳达峰碳中和。“十四五”时期是落实碳达峰碳中和目标的关键时期，为发挥标准对行业实现双碳战略的支撑和引领作用，推动木材工业转型升级，应紧紧围绕木材工业绿色低碳发展需求，借鉴国际国外经验，加快木材工业碳排放管理标准制修订，建立健全木材工业碳排放管理标准体系。

第一节　碳达峰碳中和的基本概念

一、碳排放

碳排放又称温室气体排放，是人类生产经营活动过程中向外界排放温室气体（二氧化碳、甲烷、氧化亚氮、氢氟碳化物、全氟碳化物和六氟化硫等）的过程。碳排放是目前被认为导致全球变暖的主要原因之一。

目前，我国碳排放中占比最大的（54%）来源于电力和供热部门在生产环节中化石燃料的燃烧。

二、碳达峰

碳达峰是指某一个时点，某一国家或地区二氧化碳的排放达到峰值不再增长，之后逐步回落。根据世界资源研究所的研究，碳达峰是一个过程，即碳排放首先进入平台期并可以在一定范围内波动，之后进入平稳下降阶段。

碳达峰是实现碳中和的前提条件，尽早实现碳达峰可促进碳中和的早日实现。结合我国的承诺2030年争取达到碳达峰的时间节点：1）从现在至2030年，我国的碳排放仍将处于一个爬坡期；2）2030—2060年这30年间，碳排放要渡过平台期并最终完成减排任务，实现碳中和。

三、碳中和

碳中和是指企业、团体、国家、全球等在一定时间内直接或间接产生的温室气体排放总量，然后通过植树造林、节能减排、可再生能源应用、产业调整等形式，以抵消自身产生的二氧化碳排放量，实现二氧化碳“零排放”。

四、碳汇、森林碳汇、林业碳汇

1. 碳汇（Carbon Sink）

根据《联合国气候变化框架公约》定义，碳汇（Carbon Sink），一般是指从空气中清除二氧化碳的过程、活动、机制。主要是指森林、土壤、荒漠、湿地、海洋等吸收并储存二氧化碳的多少，或者说是森林、土壤、荒漠、湿地、海洋等吸收并储存二氧化碳的能力。

2. 森林碳汇

森林碳汇是指森林生态系统吸收大气中二氧化碳，并将其固定在植被和土壤中，从而减少大气中二氧化碳浓度的过程、活动或机制。

3. 林业碳汇

林业碳汇通常是指通过森林保护、湿地管理、荒漠化治理、造林和更新造林、森林经营管理、木质林产品管理等林业经营管理活动，稳定和增加碳汇量的过程、活动或机制。

研究数据表明，我国的碳汇能力逐步提升，通过大力培育和保护人工林，2010—2016年我国陆地生态系统年均吸收约11.1亿吨碳，吸收了同时期人为碳排放的45%，可见林业碳汇在碳中和愿景中扮演重要角色，碳汇项目将助力我国实现碳中和目标。

五、碳捕集利用与封存（CCUS）

碳捕集利用与封存简称CCUS，是把生产过程中排放的二氧化碳进行捕获提纯，继而投入到新的生产过程中进行循环再利用或封存的一种技术。其中，碳捕集是指将大型发电厂、钢铁厂、水泥厂等排放源产生的二氧化碳收集起来，并用各种方法储存，以避免其排放到大气中。

CCUS技术具备实现大规模温室气体减排和化石能源低碳利用的协同作用，是未来全球应对气候变化的重要技术选择之一。

六、碳排放权（CER）

碳排放权，即核证减排量（Certification Emission Reduction，CER），在2005年签订的《京都议定书》生效以来，碳排放权成为国际商品。

碳排放权交易的标的称为“核证减排量（CER）”。排放权从哪里来？配额一级市场和二级市场并存。

1）一级市场一般由各省发改委进行配额初始发放的市场，分为无偿分配和有偿分配。

其中：有偿分配附带有竞价机制，遵循配额有偿、同权同价的原则，以封闭式竞价的方式进行。

2）二级市场是控排企业或投资机构进行交易的市场。

七、碳交易

碳交易，是把二氧化碳排放权作为一种商品，买方通过向卖方支付一定金额从而获得一定数量的二氧化碳排放权，从而形成了二氧化碳排放权的交易。

碳交易市场是由政府通过对能耗企业的控制排放而人为制造的市场。通常情况下，政府确定一个碳排放总额，并根据一定规则将碳排放配额分配至企业。如果未来企业排放高于配额，需要到市场上购买配额。与此同时，部分企业通过采用节能减排技术，最终碳排放低于其获得的配额，则可以通过碳交易市场出售多余配额。双方一般通过碳排放交易所进行交易。

第一种情况，如果企业减排成本低于碳交易市场价时，企业会选择减排，减排产生的份额可以卖出从而获得盈利。

第二种情况，当企业减排成本高于碳市场价时，会选择在碳市场上向拥有配额的政府、企业或其他市场主体进行购买，以完成政府下达的减排量目标。若未足量购买配额以覆盖其实际排放量则面临高价罚款。通过这一套设计，碳交易市场将碳排放内化为企业经营成本的一部分，而交易形成的碳排放价格则引导企业选择成本最优的减碳手段，包括节能减排改造、碳配额购买或碳捕捉等，市场化的方式使得在产业结构从高耗能向低耗能转型的同时，全社会减排成本保持最优化。

八、碳排放配额、核证自愿减排量（CCER）

1. 碳排放配额

碳排放配额是碳交易的一种基础产品，是政府为完成控排目标采用的一种政策手段，即在一定的空间和时间内，将该控排目标转化为碳排放指标分配给下级政府和企业的额度。

2. 配额交易

若企业实际碳排放量小于政府分配的配额，则企业可以通过交易多余碳配额，来实现碳配额在不同企业的合理分配，最终以相对较低的成本实现控排目标。

3. 核证自愿减排量（CCER）

核证自愿减排量（CCER）是碳交易的一种基础产品。根据 2020 年 12 月发布的《碳排放权交易管理办法（试行）》规定，CCER 是指对我国境内可再生能源、林业碳汇、甲烷利用等项目的温室气体减排效果进行量化核证，并在国家温室气体自愿减排交易注册登记系统中登记的温室气体减排量。

4. CCER 交易

CCER 是在配额市场之外引入的自愿减排市场交易。CCER 交易指控排企业向实施"碳抵消"活动的企业购买可用于抵消自身碳排的核证量。

"碳抵消"是指用于减少温室气体排放源或增加温室气体吸收汇，用来实现补偿或抵消其他排放源产生温室气体排放的活动，即控排企业的碳排放可用非控排企业使用清洁能源减少温室气体排放或增加碳汇来抵消。抵消信用由通过特定减排项目的实施得到减排量后进行签发，项目包括可再生能源项目、森林碳汇项目等。

碳市场按照 1∶1 的比例给予 CCER 替代碳排放配额，即 1 个 CCER 等同于 1 个配额，可以抵消 1 吨二氧化碳当量的排放，《碳排放权交易管理办法（试行）》规定，重点排放单位每年可以使用国家核证自愿减排量抵消碳排放配额的清缴，抵消比例不得超过应清缴碳排放配额的 5%。

第二节　碳达峰碳中和国际标准和中国标准概况

一、碳达峰碳中和的标准范围

1. 碳达峰碳中和的主要内容

碳达峰碳中和的实质是能源革命和产业结构调整，涉及经济发展的很多领域，主要内容主要为：节能、减排降碳、可再生能源开发与利用、绿色发展、产业结构调整、绿色运输、绿色建筑、碳排放与碳资产管理等。

2. 碳达峰碳中和的标准范围

标准服务产业和经济发展。碳达峰碳中和标准涉及节能、环境污染控制和保护（减排）降碳、可再生能源开发与利用、绿色发展、产业结构调整、绿色运输、绿色建筑、碳排放与碳资产管理等的标准，涉及面很广。

3. 木材工业碳达峰碳中和标准范围

木材工业碳达峰碳中和标准涉及木材工业节能（能耗能源）、木材工业环境污染控制和保护（减排）降碳、可再生能源利用、木材工业绿色发展、绿色物流、木材工业碳排放与碳资产管理等的标准。

本书的木材工业环保与绿色发展、能源能耗标准等章节中对节能减排、绿色发展、林业生物质能源、木材工业能耗等标准进行了论述，因此，这里不再赘述。

本章主要分析介绍碳达峰碳中和有关碳排放管理等方面的国际标准和国内标准，为实施木材工业碳达峰碳中和提供标准参考。

二、碳达峰碳中和标准分类

主要对碳达峰碳中和标准中的碳排放与碳资产管理标准进行分类。

1. 按照标准主要技术内容分类

按照标准主要技术内容（范围）将碳达峰碳中和标准中的碳排放与碳资产管理分为以下 11 类：

（1）温室气体核算和报告标准

（2）温室气体排放信息报告标准

（3）温室气体排放核算基础标准

（4）碳排放限额标准

（5）碳排放核查标准

（6）碳排放管理标准

（7）碳足迹标准

（8）碳中和标准

（9）低碳发展标准

（10）林业碳汇标准

（11）二氧化碳捕集、运输和地质封存标准

各种标准的范围见表 10-1 的论述。

表 10-1　碳达峰碳中和国际标准和中国标准统计表

标准种类	序号	类别	范围	标准与标准计划数
ISO 国际标准	1	温室气体核算和报告、碳中和与碳足迹	规范温室气体核算和报告、核查、碳中和、碳足迹	18 项（其中，现行标准 14 项；计划 4 项）
	2	二氧化碳捕集、运输和地质封存	规范二氧化碳捕集、运输、封存、量化与验证等	10 项（现行标准 10 项）
中国标准	1	温室气体核算和报告	温室气体核算和报告通则以及重点排放行业的企业温室气体核算和报告	43 项（其中，现行国家标准 13 项、行业标准 2 项、地方标准 7 项；国家标准计划 21 项）
	2	温室气体排放信息报告	规范行业和企业温室气体排放信息报告的要求	7 项（其中，现行地方标准 5 项；国家标准计划 2 项）
	3	温室气体排放核算基础	规范温室气体排放核算的方法、术语等	5 项（其中，现行行业标准 2 项、地方标准 1 项；国家标准计划 2 项）

续表

标准种类	序号	类别	范围	标准与标准计划数
中国标准	4	碳排放限额	规范产业碳排放的额度	7 项（其中，现行地方标准 3 项；国家标准计划 4 项）
	5	碳排放核查	规范第三方对企业、社会组织的碳排放检查监督的标准	10 项（其中，现行行业标准 2 项、地方标准 3 项；国家标准计划 5 项）
	6	碳排放管理	规范行业、企业、碳排放管理要求	11 项（其中，现行行业标准 1 项、地方标准 10 项）
	7	碳足迹	规范行业、企业、活动的全生命周期碳变化	10 项（其中，现行行业标准 4 项、地方标准 5 项；国家标准计划 1 项）
	8	碳中和	碳中和要求、评价等	3 项（其中，现行行业标准 1 项、地方标准 2 项）
	9	低碳发展	低碳产品评价、低碳城市、低碳社区评价	4 项（其中，现行地方标准 1 项；国家标准计划 3 项）
	10	林业碳汇	林业碳汇计量、碳汇监测、碳储量计算、优势树种生物量测定、竹林和竹材碳计量规程等	43 项（其中，国家标准 1 项、行业标准 21 项、地方标准 19 项；国家标准计划 1 项、行业标准计划 1 项）

2. 按照标准用途分类

碳达峰碳中和标准主要为管理标准、方法标准和术语标准等。

3. 按照标准主体分类

主要分为国际标准和中国标准。其中中国标准分为：国家标准、行业标准、地方标准和团体标准。

三、碳达峰碳中和标准统计

本章主要收集整理的相关国际标准 28 项、中国标准 143 项，具体分类统计结果见表 10-1（这里需要说明的是，其他国际组织、其他国家的相关标准未列入）。

其中，国际标准主要是温室气体排放核算和报告以及二氧化碳捕集、运输和地质封存等类标准；而中国标准主要为：温室气体核算和报告标准、温室气体排放信息报告标准、温室气体排放核算基础标准、碳排放限额标准、碳排放核查标准、碳排放管理标准、碳足迹标准、碳中和标准、低碳发展标准、林业碳汇标准等，包括国家标准、行业标准、地方标准和团体标准等。

第三节　木材工业碳达峰碳中和相关标准

一、温室气体核算和报告标准

温室气体是大气中吸收和重新放出红外辐射的自然和人为的气态成分，包括二氧化碳

(CO_2)、甲烷(CH_4)、氧化亚氮(N_2O)、氢氟碳化物(HFCs)、全氟化碳(PFCs)、六氟化硫(SF_6)和三氟化氮(NF_3)等。温室气体是全球气候变暖的主要因素。

温室气体(碳)核算即是一种测量工业活动向地球生物圈直接和间接排放二氧化碳及其当量气体的措施。从核算对象来说,开展碳核算至少需要包含以下两点条件:一是划定造成温室效应的气体,二是确定工业活动主体。

温室气体核算和报告标准是对企业或组织、项目、产品和服务、企业价值链四大类或层次排放的温室气体进行核算和报告的规范,主要用于开展碳排放权交易、建立企业或项目等的温室气体排放报告制度、完善温室气体排放统计核算体系等。

现有温室气体核算和报告方面的标准与计划 59 项,其中国际标准与国际标准计划 16 项,国家标准与国家标准计划 34 项、交通行业标准 2 项、地方标准 7 项(表 10-2)。

1. 温室气体核算和报告国际标准

根据应用主体的不同,现有温室气体核算和报告标准可分为企业或组织、项目、产品和服务、整个企业价值链四大类或层次的标准。

(1)基于企业或组织层次的温室气体核算和报告标准

对于企业或组织层次的温室气体排放核算和报告标准应用最广泛的主要是世界资源研究所(World Resources Institute,简称 WRI)与世界可持续发展工商理事会(World Business Council for Sustainable Development,简称 WBCSD)联合发布的温室气体议定书(GHG Protocol)系列标准,包括企业碳核算与报告标准、项目碳核算标准、城市和社区标准等多个碳核查和报告指南标准,涵盖了《京都议定书》规定的六种温室气体。GHG Protocol 既是温室气体管理标准体系(ISO 14064)的参考基础,也是国家发改委制定《行业指南》的文件基础。

《温室气体核算体系　企业核算与报告标准 GHG protocol corporate accounting and reporting standard》与 ISO 14064-1:2018《温室气体 第 1 部分 组织层面上对温室气体排放和清除的量化和报告的规范及指南 Greenhouse gases-Part 1:Specification with guidance at the organization level for quantification and reporting of greenhouse gas emissions and removals》标准是企业层面碳排放核算和报告标准。其中,GHG Protocol 企业层面标准对企业层面碳排放核算提供了较详细的指导和说明,应用广泛;而 ISO 14064-1:2018 对组织层面的碳排放核算提供了一般指导和要求,与 GHG Protocol 企业层面标准一致。

(2)基于项目层次的温室气体核算和报告标准

WRI/WBCSD 联合发布的《温室气体核算体系 项目核算与报告标准 The GHG Protocol for Project Accounting》与 ISO 14064-2:2019《温室气体 第 2 部分 项目层面上对温室气体排放和清除的量化和报告的规范及指南 Greenhouse gases-Part 2:Specification with guidance at the project level for quantification, monitoring and reporting of greenhouse gas emission reductions or removal enhancements》和世界自然基金会发布的黄金标准等,均为项目层次的碳排放核算标准。

（3）基于产品和服务的温室气体核算和报告标准

WRI/WBCSD共同发布了《温室气体核算体系：产品寿命周期核算与报告标准 Product Life Cycle Accounting and Reporting Standard》、日本发布了TS Q0010《日本温室气体排放评价指南》。其中GHG Protocol产品层面标准提供的碳排放核算相关要求和指导最为详细。

（4）基于整个企业价值链的温室气体核算和报告标准

对于整个企业价值链的碳排放核算标准有WRI/WBCSD发布的《温室气体核算体系·企业价值链（范围三）核算与报告标准 Corporate Value Chain（Scope 3）Accounting and Reporting Standard》。

2. 温室气体核算和报告中国标准

2015年中国首次发布了国家标准GB/T 32150—2015《工业企业温室气体排放核算和报告通则》，对企业温室气体排放“算什么，怎么算”提出了统一要求。国家标准GB/T 32150—2015《工业企业温室气体排放核算和报告通则》，规定了工业企业温室气体排放核算与报告的基本原则、核算边界、工作流程、核算步骤与方法、质量保证、报告内容等6项重要内容。核算边界包括了企业的主要生产系统、辅助生产系统和附属生产系统，其中辅助生产系统包括动力、供电、供水、化验等，附属生产系统包括生产指挥系统（厂部）和厂区内为生产服务的部门和单位，如职工食堂、车间浴室等。核算范围包括企业生产的燃料燃烧排放，过程排放以及购入和输出的电力、热力产生的排放。核算方法分为“计算”与“实测”两类，并给出了选择核算方法的参考因素，方便企业使用。

依据GB/T 32150—2015国家标准，目前已经制定发布了GB/T 32151.1—2015《温室气体排放核算与报告要求 第1部分：发电企业》、GB/T 32151.2—2015《温室气体排放核算与报告要求 第2部分：电网企业》以及钢铁、化工、电解铝、镁冶炼、平板玻璃、水泥、陶瓷、民航、纺织、煤炭等12个行业的企业温室气体排放核算与报告要求系列国家标准，还有13个行业的企业温室气体核算和报告国家标准计划正在制定中。这些标准构建了国家、地方、企业三级温室气体排放核算工作体系，实现了重点企业直接报送温室气体排放数据制度的工作任务，为开展碳排放权交易、建立企业温室气体排放报告制度、完善温室气体排放统计核算体系等提供支撑。

此外，交通运输部发布了JT/T 1248—2019《营运货车能效和二氧化碳排放强度等级及评定方法》、JT/T 1249—2019《营运客车能效和二氧化碳排放强度等级及评定方法》2项行业标准，规范了营运货车和客车的能效和二氧化碳排放强度等级及评定方法。

北京市2020年发布了DB11/T 1781—2020《二氧化碳排放核算和报告要求　电力生产业》、DB11/T 1782—2020《二氧化碳排放核算和报告要求　水泥制造业》、DB11/T 1783—2020《二氧化碳排放核算和报告要求 石油化工生产业》等支撑电力生产业、水泥制造业、石油化工生产业、热力生产和供应业、服务业、道路运输业、其他行业等

7 大产业的二氧化碳排放核算和报告要求地方标准 7 项，服务北京市重点排放企业碳排放盘查工作。

表 10-2　温室气体核算和报告标准

序号	标准级别	标准编号/标准计划号	标准中文/英文名称
1	国际标准	ISO 14064-1：2018	温室气体　第 1 部分　组织层面上对温室气体排放和清除的量化和报告的规范及指南 Greenhouse gases—Part 1：Specification with guidance at the organization level for quantification and reporting of greenhouse gas emissions and removals
2	国际标准	ISO 14064-2：2019	温室气体　第 2 部分　项目层次上对温室气体减排和清除增加的量化、监测和报告的规范及指南 Greenhouse gases—Part 2：Specification with guidance at the project level for quantification，monitoring and reporting of greenhouse gas emission reductions or removal enhancements
3	国际标准	ISO 14064-3：2019	温室气体　第三部分　温室气体声明审定与核查的规范及指南 Greenhouse gases—Part 3：Specification with guidance for the validation and verification of greenhouse gas assertions
4	国际标准	ISO 14065：2013	温室气体　对从事温室气体合格性鉴定或其他形式认可的确认与验证机构的要求 Greenhouse gases—Requirements for greenhouse gas validation and verification bodies for use in accreditation or other forms of recognition
5	国际标准	ISO 14066	温室气体　温室气体验证团队和验证团队的能力要求 Greenhouse Gases-Competence Requirements For Greenhouse Gas Validation Teams And Verification Teams
6	国际标准	ISO/TR 14069：2013	温室气体　用于组织的温室气体的排放量化和报告 依据 ISO 14064-1 标准的指南 Greenhouse gases—Quantification and reporting of greenhouse gas emissions for organizations—Guidance for the application of ISO 14064-1
7	国际标准	ISO 14080：2018	温室气体管理与相关活动　气候行动方法学原理和框架 Greenhouse gas management and related activities—Framework and principles for methodologies on climate actions
8	国际标准	ISO 14090：2019	适应全球气候变化　原理、要求和指南 Adaptation to climate change—Principles，requirements and guidelines
9	国际标准	ISO 14091：2021	适应全球气候变化　自脆弱性、影响和风险评估指南 Adaptation to climate change—Guidelines on vulnerability，impacts and risk assessment
10	国际标准	ISO/TS 14092：2020	适应全球气候变化　当地政府和社区适应计划的要求和指南 Adaptation to climate change—Requirements and guidance on adaptation planning for local governments and communities

续表

序号	标准级别	标准编号/标准计划号	标准中文/英文名称
11	国际标准	ISO 14097：2021	温室气体管理与相关活动　评估和报告的原理、要求的框架 Greenhouse gas management and related activities—Framework including principles and requirements for assessing and reporting investments and financing activities related to climate change
12	国际标准	ISO 19694-1：2021	固定源排放　高耗能工业温室气体测定　第1部分：一般要求 Stationary source emissions—Determination of greenhouse gas emissions in energy-intensive industries—Part 1：General aspects
13	国际标准	ISO/AWI 14066	温室气体　温室气体验证团队和验证团队的能力要求 Greenhouse gases—Competence requirements for greenhouse gas validation teams and verification teams
14	国际标准	ISO/AWI TR 14082	辐射强迫管理　基于气候变化足迹和减缓效果量化报告指南 Radiative Forcing Management—Guidance for the quantification and reporting of radiative forcing-based climate footprints and mitigation efforts
15	国际标准	ISO/CD 14093	温室气体　用于组织的温室气体的排放量化和报告　依据 ISO 14064-1 标准的指南 Mechanism for financing local adaptation to climate change：Performance-based climate resilience grants
16	国际标准	ISO/CD 14083	温室气体　基于运输链的温室气体的排放量化和报告 Greenhouse gases—Quantification and reporting of greenhouse gas emissions arising from operations of transport chains
17	国家标准	GB/T 32150—2015	工业企业温室气体排放核算和报告通则
18	国家标准	GB/T 32151.1—2015	温室气体排放核算与报告要求　第1部分：发电企业
19	国家标准	GB/T 32151.2—2015	温室气体排放核算与报告要求　第2部分：电网企业
20	国家标准	GB/T 32151.3—2015	温室气体排放核算与报告要求　第3部分：镁冶炼企业
21	国家标准	GB/T 32151.4—2015	温室气体排放核算与报告要求　第4部分：铝冶炼企业
22	国家标准	GB/T 32151.5—2015	温室气体排放核算与报告要求　第5部分：钢铁生产企业
23	国家标准	GB/T 32151.6—2015	温室气体排放核算与报告要求　第6部分：民用航空企业
24	国家标准	GB/T 32151.7—2015	温室气体排放核算与报告要求　第7部分：平板玻璃生产企业
25	国家标准	GB/T 32151.8—2015	温室气体排放核算与报告要求　第8部分：水泥生产企业
26	国家标准	GB/T 32151.9—2015	温室气体排放核算与报告要求　第9部分：陶瓷生产企业
27	国家标准	GB/T 32151.10—2015	温室气体排放核算与报告要求　第10部分：化工生产企业
28	国家标准	GB/T 32151.11—2018	温室气体排放核算与报告要求　第11部分：煤炭生产企业
29	国家标准	GB/T 32151.12—2018	温室气体排放核算与报告要求　第12部分：纺织服装企业
30	国家标准计划（修订）	20201771-T-303	温室气体排放核算与报告要求　第1部分：发电企业

续表

序号	标准级别	标准编号/标准计划号	标准中文/英文名称
31	国家标准计划	20201770-T-303	温室气体排放核算与报告要求　第 10 部分：化工生产企业
32	国家标准计划	20201772-T-303	温室气体排放核算与报告要求　第 8 部分：水泥生产企业
33	国家标准计划	20201769-T-303	温室气体排放核算与报告要求　第 9 部分：陶瓷生产企业
34	国家标准计划	20201773-T-303	温室气体排放核算与报告要求　第 7 部分：平板玻璃生产企业
35	国家标准计划	20173633-T-303	温室气体排放核算与报告要求：石油天然气生产企业
36	国家标准计划	20173632-T-303	温室气体排放核算与报告要求：石油化工企业
37	国家标准计划	20173625-T-303	温室气体排放核算方法与报告指南 畜禽规模养殖企业
38	国家标准计划	20173627-T-303	温室气体排放核算与报告要求：电子设备制造企业
39	国家标准计划	20173623-T-303	温室气体排放核算与报告要求：种植业企业
40	国家标准计划	20173629-T-303	温室气体排放核算与报告要求：公共建筑运营单位（企业）
41	国家标准计划	20173621-T-303	温室气体排放核算与报告要求：独立焦化企业
42	国家标准计划	20173620-T-303	温室气体排放核算与报告要求：陆上交通运输企业
43	国家标准计划	20173630-T-303	温室气体排放核算与报告要求：机械设备制造企业
44	国家标准计划	20173631-T-303	温室气体排放核算与报告要求：矿山企业
45	国家标准计划	20173626-T-303	温室气体排放核算与报告要求：其他有色金属冶炼和压延加工业企业
46	国家标准计划	20173628-T-303	温室气体排放核算与报告要求　第 17 部分：氟化工企业
47	国家标准计划	20173622-T-303	温室气体排放核算与报告要求：造纸和纸制品生产企业
48	国家标准计划	20173634-T-303	温室气体排放核算与报告要求：食品、烟草及酒、饮料和精制茶企业
49	国家标准计划	20192397-T-303	温室气体排放核算与报告要求　水运企业
50	国家标准计划	20131608-T-469	温室气体排放核算与报告要求　针织印染企业
51	行业标准	JT/T 1248—2019	营运货车能效和二氧化碳排放强度等级及评定方法
52	行业标准	JT/T 1249—2019	营运客车能效和二氧化碳排放强度等级及评定方法
53	地方标准	DB11/T 1781—2020	二氧化碳排放核算和报告要求　电力生产业
54	地方标准	DB11/T 1782—2020	二氧化碳排放核算和报告要求　水泥制造业
55	地方标准	DB11/T 1783—2020	二氧化碳排放核算和报告要求　石油化工生产业
56	地方标准	DB11/T 1784—2020	二氧化碳排放核算和报告要求　热力生产和供应业
57	地方标准	DB11/T 1785—2020	二氧化碳排放核算和报告要求　服务业
58	地方标准	DB11/T 1786—2020	二氧化碳排放核算和报告要求　道路运输业
59	地方标准	DB11/T 1787—2020	二氧化碳排放核算和报告要求　其他行业

二、温室气体排放信息报告标准

温室气体排放信息报告标准是规范行业和企业温室气体排放信息报告要求的技术文件。

目前，现行地方标准 5 项，在研国家标准计划项目 2 项（表 10-3）。

表 10-3 温室气体排放信息报告标准

序号	标准级别	标准编号/计划号	标准中文名称
1	国家标准计划	20173635-T-303	企业碳排放管理信息披露要求与指南
2	国家标准计划	20173624-T-303	工业企业温室气体排放数据质量 管理技术规范
3	地方标准	DB41/T 1710—2018	二氧化碳排放信息报告通则
4	地方标准	DB44/T 1976—2017	火力发电企业二氧化碳排放信息报告指南
5	地方标准	DB44/T 1977—2017	石化企业二氧化碳排放信息报告指南
6	地方标准	DB44/T 1943—2016	有色金属企业二氧化碳排放信息 报告指南
7	地方标准	DB44/T 1382—2014	企业（单位）二氧化碳排放信息报告通则

河南省地方标准 DB41/T 1710—2018《二氧化碳排放信息报告通则》规定了二氧化碳排放信息报告的术语和定义、基本原则、排放报告范围、排放计算和排放报告，适用于企（事）单位二氧化碳排放信息报告的编制。标准的主要内容包括范围、规范性引用文件、术语和定义、基本原则、排放报告范围、排放计算、排放报告，以及附录等八个部分。

广东省地方标准 DB44/T 1976—2017《火力发电企业二氧化碳排放信息报告指南》规定了火力发电企业进行二氧化碳排放报告相关工作时的流程、方法，适用于火力发电企业进行二氧化碳排放信息计算和报告，相关机构可参照本标准执行。标准的主要内容包括范围、规范性引用文件、术语和定义、原则、二氧化碳排放报告范围、二氧化碳排放计算、数据监测与质量管理、二氧化碳排放监测计划、二氧化碳排放报告，以及附录等十个部分。

广东省地方标准 DB44/T 1977—2017《石化企业二氧化碳排放信息报告指南》规定了石油加工和乙烯生产企业二氧化碳排放信息报告的流程、方法和报告规范，适用于石油加工和乙烯生产企业全过程或部分生产环节产生的二氧化碳排放，并进行二氧化碳排放信息的报告。标准的主要内容包括范围、规范性引用文件、术语和定义、原则、二氧化碳排放报告范围、二氧化碳排放计算、数据监测与质量管理、二氧化碳排放监测计划、二氧化碳排放报告，以及附录等十个部分。

广东省地方标准 DB44/T 1943—2016《有色金属企业二氧化碳排放信息报告指南》规定了广东省行政区域内有色金属企业进行二氧化碳排放信息报告的流程、方法和报告规范，适用于本省辖区内有色金属冶炼、铸造和压延加工等企业对其生产过程中的二氧化碳排放进行计算，并报告二氧化碳排放信息。标准的主要内容包括范围、规范性引用文件、术语和定义、原则、二氧化碳排放报告范围、二氧化碳排放计算、数据监测与质量管理、二氧化碳排放监测计划、二氧化碳排放报告，以及附录等十个部分。

广东省地方标准 DB44/T 1382—2014《企业（单位）二氧化碳排放信息报告通则》规定了广东省行政区域内的企业（单位）进行二氧化碳排放信息报告的通用流程、方法和报告规范，适用于本省辖区内企业（单位）进行二氧化碳排放信息报告，并指导相关具体行业二氧化碳排放信息报告规范文件的制定。也适用于企业（单位）在开展核算和报告工作时，优先选用具体行业方法，如无具体行业方法或行业方法中无相关规定。标准的主要内容包括范围、规范性引用文件、术语和定义、原则、二氧化碳排放报告范围、二氧化碳排放计算、数据监测与质量管理、二氧化碳排放监测计划、二氧化碳排放报告以及附录等十个部分。

三、温室气体排放核算基础标准

温室气体排放核算基础标准是规范温室气体排放核算的方法、术语等的技术文件。

目前，有现行电力、有色金属行业标准 2 项，地方标准 1 项，国家标准计划 2 项（表 10-4）。

表 10-4　温室气体排放核算基础标准

序号	标准级别	标准编号/计划号	标准中文名称
1	国家标准计划（制定）	20131621-T-469	余能利用项目温室气体减排量化方法学
2	国家标准计划（制定）	20131611-T-469	工艺过程温室气体排放量化方法学
3	行业标准	DL/T 1328—2014	燃煤电厂二氧化碳排放统计指标体系
4	行业标准	YS/T 800—2012	电解铝生产二氧化碳排放量测算方法
5	地方标准	DB44/T 1942—2016	小功率电动机产品碳排放基础数据采集技术规范

四、碳排放限额标准

碳排放限额标准是规范产业碳排放的额度的技术文件。

目前，现行地方标准 3 项，在研国家标准计划项目 4 项（表 10-5）。

上海市地方标准 DB31/T 1139—2019《燃煤发电企业碳排放指标》规定了公用燃煤发电企业碳排放指标的统计范围和计算方法、单位产品碳排放指标等内容，适用于上海市辖区内公用燃煤发电企业碳排放指标的计算和评价。标准的主要内容包括范围、规范性引用文件、术语和定义、统计范围和计算方法、单位产品碳排放指标，以及附录等六个部分。

上海市地方标准 DB31/T 1140—2019《工业气体碳排放指标》规定了工业企业的气体产品碳排放指标的统计范围和计算方法、单位产品碳排放指标，适用于采用深冷法和变压吸附法生产并销售空分产品（氧、氮）的碳排放指标计算和评价，不适用于生产供自用的生产空分产品企业的考核及采用膜分离法生产空分产品的设备以及单纯的液化设备。同时，也适用于以天然气为主要原料、采用蒸汽转化法生产并销售合成气产品的碳排放指标计算和评价，不适用于其他方法生产的合成气。标准的主要内容包括范围、规范性引用文件、术语和定义、计算方法、单位产品碳排放指标等五个部分。

上海市地方标准 DB31/T 1144—2019《乙烯产品碳排放指标》规定了乙烯产品碳排放指标的统计范围和计算方法、单位产品碳排放指标，适用于以石油烃类为原料，经蒸汽热裂解、急冷、压缩、分离工艺，生产乙烯、丙烯、混合碳四、裂解汽油和氢气等产品的乙烯产品碳排放指标计算和评价。标准的主要内容包括范围、规范性引用文件、术语和定义、统计范围和计算方法、单位产品碳排放指标等五个部分。

表 10-5　碳排放限额标准

序号	标准级别	标准编号/计划号	标准中文名称
1	地方标准	DB31/T 1139—2019	燃煤发电企业碳排放指标
2	地方标准	DB31/T 1140—2019	工业气体碳排放指标
3	地方标准	DB31/T 1144—2019	乙烯产品碳排放指标
4	国家标准计划	20111258-Q-610	电解铝生产全氟化碳排放限额
5	国家标准计划	20161883-T-303	建材行业重点产品温室气体排放限额
6	国家标准计划	20193352-T-303	城市轨道交通单位产品温室气体排放限额
7	国家标准计划	20193351-T-303	石油和化学工业重点产品温室气体排放限额

五、碳排放核查标准

碳排放核查标准是规范第三方对企业、社会组织的碳排放检查监督的技术文件。

现行行业标准 2 项，现行地方标准 3 项，在研国家标准计划项目 5 项（表 10-6）。

石油行业标准 SY/T 7297—2016《石油天然气开采企业二氧化碳排放计算方法》规定了石油天然气开采企业二氧化碳排放量的计算方法，适用于石油天然气开采企业二氧化碳直接排放、能源间接排放，以及二氧化碳回收利用量的计算。标准的主要内容包括范围、规范性引用文件、术语和定义、基本原则、计算边界的确定、二氧化碳直接排放量的计算、能源间接二氧化碳排放量的计算、二氧化碳及甲烷的回收与利用、二氧化碳排放总量计算、编制计算报告，以及附录等十一个部分。

石油行业标准 SY/T 7299—2016《石油天然气开采业低碳审核指南》给出了石油天然气开采业开展低碳审核的原则、一般规定、审核程序及工作内容，以及低碳审核报告的编写方法，适用于石油天然气开采企业的低碳审核工作。标准的主要内容包括范围、规范性引用文件、术语和定义、审核原则、一般规定、审核程序、筹划准备阶段、审核阶段、低碳方案推荐阶段、低碳审核报告的编写等十个部分。

河南省地方标准 DB41/T 1429—2017《工业企业碳排放核查规范》规定了工业企业碳排放核查规范的术语和定义、原则、要求、工作流程、核查方法、核查质量、报告，适用于工业企业碳排放的外部核查和内部核算，其他领域碳排放单位也可参照执行。标准的主要内容包括范围、规范性引用文件、术语和定义、核查原则、核查要求、温室气体排放核查工作流程、核查方法、核查质量、温室气体排放核查报告，以及附录等十个部分。

重庆市地方标准 DB50/T 700—2016《企业碳排放核查工作规范》规定了重庆市企业碳排放核查的原则、程序和要求，适用于对重庆市行政区域内企业碳排放和温室企业排放的核查，事业单位及其他组织可参照执行。标准的主要内容包括范围、术语和定义、核查原则、核查程序、核查要求，以及附录等六个部分。

广东省地方标准 DB44/T 1945—2016《企业碳排放核查规范》规定了碳排放核查的原则、核查过程、风险分析与控制以及核查人员能力的要求，适用于核查机构对企业层面碳排放进行核查，也可适用于企业进行内部碳排放核查。其他组织亦可参照使用。标准的主要内容包括范围、规范性引用文件、术语和定义、核查原则、核查过程、核查资料保存、风险分析与控制、投诉和申诉、机构及人员的能力要求，以及附录等十个部分。

表 10-6　碳排放核查标准

序号	标准级别	标准编号/计划号	标准中文名称	备注
1	行业标准	SY/T 7297—2016	石油天然气开采企业二氧化碳排放计算方法	
2	行业标准	SY/T 7299—2016	石油天然气开采业低碳审核指南	
3	地方标准	DB41/T 1429—2017	工业企业碳排放核查规范	
4	地方标准	DB50/T 700—2016	企业碳排放核查工作规范	
5	地方标准	DB44/T 1945—2016	企业碳排放核查规范	
6	国家标准计划	20131610-T-469	工业企业碳排放核查通用指南	制定
7	国家标准计划	20131617-T-469	水泥企业碳排放核查指南	制定
8	国家标准计划	20131615-T-469	汽车企业碳排放核查指南	制定
9	国家标准计划	20131606-T-469	电力企业碳排放核查指南	制定
10	国家标准计划	20161882-T-303	平板玻璃企业碳排放计量监测技术规程	制定

六、碳排放管理标准

碳排放管理标准是规范行业、企业、碳排放管理要求的技术文件。

现行行业标准 1 项、地方标准 10 项（表 10-7）。

其中，商业行业标准 SB/T 11042—2013《饭店业碳排放管理规范》规定了在饭店对碳排放进行量化与报告的原则和要求，其中包括如何设计、编制、管理、报告和核查本饭店的碳排放清单的具体要求和指南。标准的主要内容包括范围、规范性引用文件、术语和定义、原则、总要求，以及附录等六个部分。

北京市地方标准 DB11/T 1559—2018《碳排放管理体系实施指南》规定了实施碳排放管理体系的各项要求及指导性方法，适用于碳排放单位碳排放管理体系的建立和运行。标准的主要内容包括范围、规范性引用文件、术语和定义、总则、管理职责、策划、支持、实施和运行、检查、管理评审，以及附录等十一个部分。

北京市地方标准 DB11/T 1558—2018《碳排放管理体系建设实施效果评价指南》规定了碳排放管理体系建设实施效果评价的基本要求、评价指标体系、评价方法、评价程序，适用于对碳排放单位碳排放管理体系建设实施效果的评价。标准的主要内容包括范围、规范性引用文件、术语和定义、基本要求、评价指标体系、评价方法、评价程序，以及附录等八个部分。

北京市地方标准 DB11/T 1419—2017《通用用能设备碳排放评价技术规范》规定了通用用能设备碳排放的核算方法和评价规则，适用于满足 GB 17167 界定的主要用能设备条件的通用用能设备。标准的主要内容包括范围、规范性引用文件、术语和定义、原则、边界、数据确定、碳排放计算、碳排放评价报告、结果评价，以及附录等十个部分。

北京市地方标准 DB11/T 1539—2018《商场、超市碳排放管理规范》规定了商城、超市碳排放的总要求、管理机构要求、管理制定要求、碳排放清单编制、碳排放数据质量的管理和评估以及碳排放报告的编制等内容，适用于商场、超市的碳排放管理。标准的主要内容包括范围、规范性引用文件、术语和定义、总要求、管理机构要求、管理制度要求、碳排放清单编制、碳排放数据质量管理和评估、碳排放报告编制，以及附录等十个部分。

北京市地方标准 DB11/T 1471—2017《高等学校碳排放管理规范》规定了高等学校碳排放管理的总要求、管理机构要求、管理制度要求、碳排放核算和报告、绩效检查与评审等内容，适用于高等学校的碳排放管理。标准的主要内容包括范围、规范性引用文件、术语和定义、总要求、管理机构要求、管理制度要求、碳排放核算和报告、绩效检查与评审，以及附录等九个部分。

河北省地方标准 DB13/ 487—2002《固定污染源一氧化碳排放标准》规定了固定污染源一氧化碳排放的要求和监测，适用于全省所有企事业单位和其他经营性质的固定污染源一氧化碳的排放管理。标准的主要内容包括范围、规范性引用文件、定义、要求、监测等五个部分。

广东省地方标准 DB44/T 1944—2016《碳排放管理体系　要求及使用指南》为组织规定了碳排放管理体系的要求，旨在适用于各种类别、不同规模和提供不同产品和服务的组织。标准的主要内容包括范围、规范性引用文件、术语和定义、组织环境、领导作用、策划、支持、运行、绩效评价、持续改进，以及附录等十一个部分。

重庆市地方标准 DB50/T 936—2019《工业企业碳管理指南》规定了工业企业碳管理术语和定义、组织管理、战略管理、碳排放管理、碳资产管理及信息公开等方面的要求，适用于重庆市行政区域内工业企业碳管理工作。标准的主要内容包括范围、规范性引用文件、术语和定义、组织管理、战略管理、碳排放管理、碳资产管理、信息公开，以及附录等九个部分。

呼和浩特市地方标准 DB1501/T 0008—2020《水泥行业碳管理体系实施指南》规定了水泥企业建立、实施、保持和改进碳管理体系的技术要求，适用于各类水泥企业建立、实施、保持和改进碳管理体系。标准的主要内容包括范围、规范性引用文件、术语和定义、碳排放管理体系、策划、实施、绩效评价、改进，以及附录等九个部分。

呼和浩特市地方标准 DB1501/T 0009—2020《碳管理体系　要求》规定了术语和定义、领导作用、策划、实施、绩效评价、改进，使组织采用过程方法实现碳管理绩效，包括减少碳排放量，持续改进碳排放绩效，适用于碳排放组织。标准的主要内容包括范围、规范性引用文件、术语和定义、领导作用、策划、实施、绩效评价、改进，以及附录等九个部分。

表 10-7　碳排放管理标准

序号	标准级别	标准编号/标准计划号	标准中文名称
1	行业标准	SB/T 11042—2013	饭店业碳排放管理规范
2	地方标准	DB11/T 1559—2018	碳排放管理体系实施指南
3	地方标准	DB11/T 1558—2018	碳排放管理体系建设实施效果评价指南
4	地方标准	DB11/T 1419—2017	通用用能设备碳排放评价技术规范
5	地方标准	DB11/T 1539—2018	商场、超市碳排放管理规范
6	地方标准	DB11/T 1471—2017	高等学校碳排放管理规范
7	地方标准	DB13/ 487—2002	固定污染源一氧化碳排放标准
8	地方标准	DB44/T 1944—2016	碳排放管理体系　要求及使用指南
9	地方标准	DB50/T 936—2019	工业企业碳管理指南
10	地方标准	DB1501/T 0008—2020	水泥行业碳管理体系实施指南
11	地方标准	DB1501/T 0009—2020	碳管理体系　要求

七、碳足迹标准

碳足迹标准是规范行业、企业、活动的全生命周期碳变化等的技术文件。

现行行业标准 4 项、地方标准 5 项，在研国家标准计划项目 1 项、国际标准 1 项（表 10-8）。

国际标准 ISO 14067：2018《温室气体　产品碳足迹　量化要求和指南 Greenhouse gases-Carbon footprint of products-Requirements and guidelines for quantification》规范了产品和服务的碳足迹核算方法。ISO 14067：2018 被认为是更具普遍性的标准，提供了最基本的要求和指导。

此外，英国标准学会（British Standards Institution，简称 BSI）发布了 PAS 2050：2011《生命周期内商品和服务温室气体排放评价规范 Specification for the assessment of the life cycle greenhouse gas emissions of goods and services》，其中英国标准学会（BSI）颁布的 PAS 2050：2008 是第一个产品碳排放核算标准，已被广泛所应用，并于 2011 年更新版本，为产品碳排放核算提供了更加详细的要求和指导。

电子行业标准 SJ/T 11717—2018《产品碳足迹　产品种类规则　液晶显示器》规定了产品层次上对液晶显示器的 GHG 排放和清除进行量化和交流的特定要求，其中包括产品的系统边界、生命周期阶段、数据收集、信息交流等的要求和指南，适用于采用各种背光源的液晶显示器产品。标准的主要内容包括范围、术语和定义、总则、产品种类的定义和描述、产品碳足迹的目标和范围、生命周期清单、有效期等七个部分。

电子行业标准 SJ/T 11718—2018《产品碳足迹　产品种类规则　液晶电视机》规定了产品层次上对液晶电视机的 GHG 排放和清除进行量化和交流的特定要求，其中包括产品的系统边界、生命周期阶段、数据收集、信息交流等的要求和指南，适用于采用各种背光源的液晶电视机产品。标准的主要内容包括范围、术语和定义、总则、产品种类的定义和描述、产品碳足迹的目标和范围、生命周期清单、有效期等七个部分。

通信行业标准 YD/T 3048.1.1—2016《通信产品碳足迹评估技术要求 第 1 部分：移动通信手持机》规定了移动通信手持机碳足迹评估的原则、系统边界、计算方法、数据收集、数据质量要求、分配原则及数据发布原则，适用于各类移动通信手持机，包括机身、随机附件和包装。标准的主要内容包括范围、规范性引用文件、术语和定义、原则、功能单位、系统边界、碳足迹计算、数据质量要求、数据收集、分配原则、数据发布原则等十一个部分。

通信行业标准 YD/T 3048.2—2016《通信产品碳足迹评估技术要求　第 2 部分：以太网交换机》规定了以太网交换机碳足迹评估的原则、系统边界、计算方法、数据收集、数据质量要求、分配原则，适用于各类以太网交换机，包括机身、随机附件和包装。标准的主要内容包括范围、规范性引用文件、术语和定义、原则、功能单位、系统边界、碳足迹计算、数据质量要求、数据收集、分配原则、数据发布原则等十一个部分。

北京市地方标准 DB11/T 1860—2021《电子信息产品碳足迹核算指南》规定了电子信息产品碳足迹核算的目标、核算范围、功能单位、系统边界、数据收集与处理、核算、报告等内容，适用于指导电子信息产品碳足迹核算活动。标准的主要内容包括范围、规范性引用文件、术语和定义、核算范围、功能单位、系统边界、数据采集与处理、产品碳足迹核算、产品碳足迹报告，以及附录等十个部分。

上海市地方标准 DB31/T 1071—2017《产品碳足迹核算通则》规定了产品生命周期内的碳排放核算和评估的具体方法和要求。本标准用于上海行政区域内生产或销售的产品和提供的服务的碳排放的核算。既可用于产品全生命周期碳排放的核算和评估，也可用于产品从“原材料开采—生产制造”部分生命周期碳排放的核算和评估。本通则不包含量化过程中的抵消，生物质碳涉及的排放亦不纳入核算。

广东省地方标准 DB44/T 1874—2016《产品碳足迹　产品种类规则　巴氏杀菌乳》规定了巴氏杀菌乳产品碳足迹评价的基本规则，适用于全脂、脱脂和部分脱脂巴氏杀菌乳的碳足迹评价范围。标准的主要内容包括范围、规范性引用文件、术语和定义、产品种类及产品描述、产品功能单位、系统边界、数据收集、产品碳足迹评价报告、产品碳足迹信息披露，以及附录等十个部分。

广东省地方标准 DB44/T 1503—2014《家用电器碳足迹评价导则》给出了家用电器碳足迹评价的范围确定、排放计算、分配原则、报告内容及报告发布的一般原则和方法，适用于家用和类似用途的、依赖电能运行的器具。本标准可指导家用电器行业企业获得其产品声明周期的碳排放清单并计算出碳足迹。标准的主要内容包括范围、规范性引用文件、术语和定义、范围确定、数据收集、产品生命周期碳排放的计算、分配原则、评价报告的内容、评价结果的发布，以及附录等十个部分。

成都市地方标准 DB5101/T 41—2018《成都市会展活动碳足迹核算与碳中和实施指南》规定了成都市会展活动碳足迹的核算原则、核算程序、核算边界、核算方法、碳足迹报告内容与格式、碳中和实施程序和碳中和声明等内容，适用于成都市行政区域内会展活动碳足迹的核算以及碳中和的实施。标准的主要内容包括范围、规范性引用文件、术语和定义、核算原则、核算程序、核算边界、核算方法、碳足迹报告内容与格式、碳中和实施程序、碳中和声明，以及附录等十一个部分。

表 10-8　碳足迹标准

序号	标准级别	标准编号/标准计划号	标准中文名称
1	行业标准	SJ/T 11717—2018	产品碳足迹　产品种类规则　液晶显示器
2	行业标准	SJ/T 11718—2018	产品碳足迹　产品种类规则　液晶电视机
3	行业标准	YD/T 3048.1.1—2016	通信产品碳足迹评估技术要求　第 1 部分：移动通信手持机
4	行业标准	YD/T 3048.2.2—2016	通信产品碳足迹评估技术要求　第 2 部分：以太网交换机
5	地方标准	DB11/T 1860—2021	电子信息产品碳足迹核算指南
6	地方标准	DB31/T 1071—2017	产品碳足迹核算通则
7	地方标准	DB44/T 1874—2016	产品碳足迹　产品种类规则　巴氏杀菌乳
8	地方标准	DB44/T 1503—2014	家用电器碳足迹评价导则
9	地方标准	DB5101/T 41—2018	成都市会展活动碳足迹核算与碳中和实施指南
10	国家标准计划	20202957-T-469	塑料 生物基塑料的碳足迹和环境足迹　第 1 部分：通则
11	国际标准	14067：2018	温室气体　产品碳足迹　量化要求和指南 Greenhouse Gases—Carbon Footprint Of Products—Requirements And Guidelines For Quantification

八、碳中和标准

碳中和标准主要包括碳中和要求、评价等方面的技术文件。

现行行业标准 1 项、地方标准 2 项、国际标准计划 1 项（表 10-9）。

林业行业标准 LY/T 3116—2019《中国森林认证　碳中和产品》规定了产品实施碳中和认证的要求，包括产品碳排放计量、碳汇来源和管理、产品碳中和、碳中和产品标识和管理体系等，适用于中国实施的碳中和产品认证活动。标准的主要内容包括范围、规范性引用文件、术语和定义、产品碳排放计量、碳汇来源和管理、产品碳中和、碳中和产品标识、管理体系等八个部分。

此外，生态环境部 2019 年发布《大型活动碳中和实施指南（试行）》，规范了大型活动的碳中和实施，填补了我国在这方面的空白。指南中将“碳中和”定义为“通过购买碳配额、碳信用的方式或通过新建林业项目产生碳汇量的方式抵消大型活动的温室气体排放量”。

北京市地方标准 DB11/T 1861—2021《企事业单位碳中和实施指南》规定了企事业单位碳中和实施工作的基本原则和实施流程以及碳中和准备阶段、实施阶段、评价阶段和声明阶段的详细内容和工作要求，适用于企事业单位实施碳中和开展的工作。园区实施碳中和开展的工作可参照执行。标准的主要内容包括范围、规范性引用文件、术语和定义、基本要求和原则、企事业单位碳中和实施流程、企事业单位碳中和准备阶段、企事业单位碳中和实施阶段、企事业单位碳中和评价阶段、企事业单位碳中和声明阶段，以及附录等十个部分。

北京市地方标准 DB11/T 1862—2021《大型活动碳中和实施指南》规定了大型活动碳中和的基本要求和原则、实施流程、实施计划的制定与发布、实施、排放核算、碳中和实现、评价和实现声明，适用于大型活动碳中和，其他活动可参考本文件实施。标准的主要内容包括范围、规范性引用文件、术语和定义、基本要求和原则、碳中和实施流程、碳中和实施计划的制定与发布、减排行动的实施、温室气体排放核算、碳中和实现、碳中和评价、碳中和实现声明，以及附录等十二个部分。

2020 年 2 月 ISO 成立国际标准制定工作组制定国际标准 ISO/WD 14068《温室气体管理及其相关或活动　碳中和》。该标准当前还在工作草案（WD）阶段，预计将于 2023 年制定完成并发布。ISO 14068 制定重点集中在标准范围、核心术语的定义、减排量要求、碳中和信息交流等方面，将有助于为人们提供一种实现碳中和的统一方法和原则，并支持各国在制定本国气候变化的计划、战略和方案时更好地使用碳中和相关的目标和说明。

表 10-9　碳中和标准

序号	标准级别	标准编号/计划号	标准中文名称
1	行业标准	LY/T 3116—2019	中国森林认证 碳中和产品
2	地方标准	DB11/T 1861—2021	企事业单位碳中和实施指南
3	地方标准	DB11/T 1862—2021	大型活动碳中和实施指南
4	国际标准	ISO/WD 14068	温室气体管理及其相关或活动　碳中和 Greenhouse gas management and related activities—Carbon neutrality

九、低碳发展标准

低碳发展标准是低碳产品评价、低碳城市、低碳社区评价等方面的技术文件。

现行地方标准 1 项，在研国家标准 3 项（表 10-10）。

2016 年发布的广东省地方标准 DB44/T 1941—2016《产品碳排放评价技术通则》规定了产品碳排放评价的通用原则和要求、目标及范围、系统边界、数据收集与计算、不确定性分析、具体产品碳排放评价技术规范的内容、产品碳排放评价报告及信息披露。本标准为具体产品碳排放评价技术规范的制定提供指南。标准的主要内容包括范围、规范性引用文件、术语和定义、原则及要求、产品碳排放评价的目标及范围、系统边界、数据收集与计算、不确定性分析、具体产品碳排放评价技术规范的内容、产品碳排放评价报告、信息披露，以及附录等十二个部分。

表 10-10　低碳发展标准

序号	类别	标准级别	标准编号/计划号	标准中文名称
1	低碳产品	地方标准	DB44/T 1941—2016	产品碳排放评价技术通则
2	低碳评价	国家标准计划	20193355-T-303	工业低碳企业评价通则
3	低碳产品	国家标准计划	20111536-T-469	低碳产品评价技术要求 浮法玻璃
4	低碳产品	国家标准计划	20111738-T-424	低碳产品评价技术要求—中小型三相异步电动机

十、林业碳汇标准

林业碳汇标准是碳汇计量，碳汇监测，碳储量计算，优势树种生物量测定，竹林、竹材碳计量规程等方面的技术文件。

现行林业国家标准 1 项、林业行业标准 21 项、地方标准 19 项、国家标准计划项目 1 项、林业行业标准计划项目 1 项（表 10-11）。

林业行业标准 LY/T 2252—2014《碳汇造林技术规程》规定了碳汇造林地点选择、调查和作业设计、树种选择、造林方式、整地栽植、森林抚育、检查验收、档案管理等技术要求，适用于中国境内的碳汇造林。标准的主要内容包括范围、规范性引用文件、术语和定义、总则、碳汇造林地点选择、造林方法与技术、抚育管护、碳汇造林活动记录、检查验收、碳汇计量与监测、技术档案，以及附录等十二个部分。

林业行业标准 LY/T 2409—2015《林业碳汇项目审定和核证指南》规定了林业碳汇项目审定和核证的内容，适用于在中国实施温室气体减排交易的林业碳汇项目。标准的主要内容包括范围、术语和定义、审定和核正的基本原则、审定、核正，以及附录等六个部分。

国家林草局发布了 12 项优势树种立木生物量模型及碳计量参数行业标准，规范森林碳汇核算。标准分别为：林业行业标准 LY/T 2260—2014《立木生物量模型及碳计量参数 油松》、LY/T 2261—2014《立木生物量模型及碳计量参数 湿地松》、LY/T 2263—2014《立木生物量模型及碳计量参数 马尾松》、LY/T 2264—2014《立木生物量模型及碳计量参数 杉木》、LY/T 2654—2016《立木生物量模型及碳计量参数 落叶松》、LY/T 2655—2016《立木生物量模型及碳计量参数 云杉》、LY/T 2656—2016《立木生物量模型及碳计量参数 冷杉》LY/T 2657—2016《立木生物量模型及碳计量参数 柳杉》、LY/T 2658—2016《立木生物量模型及碳计量参数 栎树》、LY/T 2659—2016《立木生物量模型及碳计量参数 桦树》、LY/T 2660—2016《立木生物量模型及碳计量参数 木荷》、LY/T 2661—2016《立木生物量模型及碳计量参数 枫香》等，规定了油松（*Pinus tabulaeformis*）、湿地松（*Pinus elliottii*）、马尾松（*Pinus massoniana*）、杉木（*Cunninghamia lanceolata*）、落叶松（*Larix* spp.）、云杉（*Picea* spp.）、冷杉（*Abies* spp.）、柳杉（*Cryptomeria fortunei*）、栎树（*Quercus* spp.）、桦树（*Betula* spp.）、木荷（*Schima superba*）、枫香（*Liquidambar formosana*）的立木生物量模型及其相容性生物量转换因子函数、根茎比函数和含碳系数等。本标准适用于全国油松林、湿地松林、马尾松、杉木、落叶松、云杉、冷杉、柳杉、栎树、桦树、木荷、枫香林生物量与碳储量的计量和监测。

林业行业标准 LY/T 2743—2016《碳汇造林项目设计文件编制指南》规定了碳汇造林项目设计文件编制的格式和内容。本标准适用于参与中国温室气体自愿减排交易的碳汇造林项目。标准的主要内容包括范围、规范性引用文件、编制内容、编制格式，以及附录等五个部分。

林业行业标准 LY/T 2744—2016《碳汇造林项目监测报告编制指南》规定了编制碳

汇造林项目监测报告的内容和格式。本标准适用于参与中国温室气体自愿减排交易的碳汇造林项目。标准的主要内容包括范围、规范性引用文件、编制内容、编制格式，以及附录等五个部分。

林业行业标准 LY/T 2988—2018《森林生态系统碳储量计量指南》规定了森林生态系统碳储量计量的内容和方法。本标准适用于森林生态系统林分尺度碳储量的计量。标准的主要内容包括范围、规范性引用文件、术语和定义、计量内容、计量方法，以及附录等六个部分。

林业行业标准 LY/T 3181—2020《森林生态旅游低碳化管理导则》规定了森林生态旅游低碳化管理导则的基本要求，主要规定了总则、森林生态旅游资源保护、森林生态环境环境管理、建筑、基础配套、服务配套、游客低碳行为、低碳宣传与教育、服务管理等要求。标准的主要内容包括范围、规范性引用文件、术语和定义、总则、森林生态旅游资源保护要求、森林生态环境管理、建筑要求、基础配套、服务配套、游客低碳行为、低碳宣传与教育、服务管理等十二个部分。

林业行业标准 LY/T 3196—2020《竹林碳计量规程》规定了竹林碳计量的术语和定义、计量方法。本标准适用于天然分布和人工栽培的竹林碳储量的计量。标准的主要内容包括范围、规范性引用文件、术语和定义、竹林碳储量的计量方法，以及附录等五个部分。

林业行业标准 LY/T 3197—2020《竹材制品碳计量规程》规定了在用竹材制品碳储量计量相关的术语、定义、分类和计量方法。本标准适用于各类竹材制品碳储量的计量。标准的主要内容包括范围、规范性引用文件、术语和定义、竹材制品的分类、各类竹材制品碳储量变化计量，以及附录等六个部分。

林业行业标准 LY/T 3253—2021《林业碳汇计量监测术语》规定了有关林业应对气候变化和林业碳汇计量监测方面的术语定义。本文件适用于林业应对气候变化和林业碳汇计量监测方面相关工作。标准的主要内容包括范围、术语、缩略语，以及附录等四个部分。

北京市地方标准 DB11/T 1089—2014《林业碳汇项目审定与核证技术规范》规定了北京市林业碳汇项目审定与核证工作的原则、程序和要求。本标准适用于指导审定与核证机构对北京地区的碳汇造林、森林经营、森林保护和绿地建设等类型的林业碳汇项目开展审定与核证工作。标准的主要内容包括范围、规范性引用文件、术语和定义、审定与核证的原则、审定、核证等六个部分。

北京市地方标准 DB11/T 1214—2015《平原地区造林项目碳汇核算技术规程》规定了平原地区造林项目的碳汇量计量、监测的技术方法和要求。本标准适用于 2005 年 2 月 16 日以来的无林地，包括宜林地、农地、废弃沙石坑地、荒滩、荒地、拆迁腾退地、重要水源保护地（不含湿地）地区造林项目和城市景观造林绿化活动的碳汇计量与监测。标准的主要内容包括范围、规范性引用文件、术语和定义、碳计量方法、监测程序，以及附录等六个部分。

北京市地方标准 DB11/T 953—2013《林业碳汇计量监测技术规程》规定了林业碳

汇计量监测的碳库确定与选择、计量监测的技术方法和监测的相关要求。本标准适用于指导开展林地与城市绿地的碳汇计量监测工作。主要计量监测林地与城市绿地的碳储量、碳储量的变化量、林业活动及森林火灾造成的温室气体排放。标准的主要内容包括范围、规范性引用文件、术语和定义、碳库的确定与选择、计量与监测、监测要求，以及附录等七个部分。

黑龙江省地方标准 DB23/T 1919—2017《森林经营碳汇项目技术规程》规定了森林经营碳汇项目的术语和定义、总则、基线和碳计量方法、监测程序及标准和森林经营措施的要求。本标准适用于黑龙江省境内的森林经营碳汇项目。标准的主要内容包括范围、规范性引用文件、术语和定义、总则、基线和碳计量方法、监测程序及指标、森林经营，以及附录等八个部分。

黑龙江省地方标准 DB23/T 1923—2017《碳汇造林项目技术规程》规定了碳汇造林项目的术语和定义、总则、基线和碳计量方法、造林措施、监测程序及指标的要求。本标准适用于黑龙江省内碳汇造林项目。标准的主要内容包括范围、规范性引用文件、术语和定义、总则、基线和碳计量方法、造林措施、监测程序及指标，以及附录等八个部分。

黑龙江省地方标准 DB23/T 2015—2017《红松人工林碳储量计量方法》规定了红松人工林碳储量计量方法的术语与定义、立木生物量模型、含碳系数、碳密度计量方法和碳储量计量方法及应用。本标准适用于市县林区红松人工林立木及林分碳储量的计量。标准的主要内容包括范围、规范性引用文件、术语和定义、立木生物量模型、含碳系数、碳密度计量方法、碳储量计量方法、应用，以及附录等九个部分。

黑龙江省地方标准 DB23/T 2016—2017《碳汇造林技术规程》规定了碳汇造林的术语和定义、原则、作业区选择、作业区调查和作业设计、造林分区、造林树种、苗木、造林密度、造林作业、未成林抚育管护、造林地生境保护、造林成效评价、造林活动记录、碳汇计量与监测及造林档案。本标准适用于市县造林档案。标准的主要内容包括范围、规范性引用文件、术语和定义、原则、作业区选择、作业区调查和作业设计、造林树种、森林类别及林种的确定、苗木、造林密度、造林作业、未成林抚育管护、造林地生境保护、造林成效评价、造林活动记录、计量与监测、造林档案，以及附录等十八个部分。

黑龙江省地方标准 DB23/T 2475—2019《林业碳汇计量检测体系建设技术规范》规定了林业碳汇计量的原则、监测范围、监测期、监测内容、体系建设和建设成果。本标准适用于林业碳汇计量监测体系建设。标准的主要内容包括范围、规范性引用文件、体系建设原则、监测范围和监测期、监测内容、地类划分、地类变化原因、其他因子、监测体系建设、监测体系建设成果，以及附录等十一个部分。

黑龙江省地方标准 DB23/T 2669—2020《杂种落叶松碳汇林营建及计量技术规程》规定了杂种落叶松碳汇林营建及计量的术语和定义、作业区选择调查和设计、培育技术、碳密度计量和监测方法。本标准适用于杂种落叶松碳汇林的营建及计量。标准的主要内容包括范围、规范性引用文件、术语与定义、作业区选择和调查设计、培育技术、碳密度计量、监测方法，以及附录等八个部分。

上海市地方标准 DB31/T 1232—2020《城市森林碳汇调查及数据采集技术规范》规定了城市森林碳汇的调查对象、样地设置、样品采集、参数测定及数据精度等技术要求和标准。本标准适用于城市森林质量评价、碳汇估测及碳库动态的长期监测。

上海市地方标准 DB31/T 1234—2020《城市森林碳汇计量监测技术规程》规定了城市森林碳汇计量监测的碳库确定与选择、计量监测的技术方法与相关要求。适用于开展城市森林的碳汇计量监测工作，用于计量监测城市森林的碳储量、碳储量变化量及林地转化造成的碳变化量。标准的主要内容包括范围、规范性引用文件、术语与定义、碳库的选择与确定、调查方法、计量方法、监测要求，以及附录等八个部分。

山东省地方标准 DB37/T 4203.1—2020《林业碳汇计量监测体系建设规范 第 1 部分：导则》确立了林业碳汇计量监测体系建设的术语和定义、计量监测原则、建设内容、计量监测对象、计量监测尺度、精度要求和计量监测成果等内容。本标准适用于山东省林业碳汇计量监测工作。标准的主要内容包括范围、规范性引用文件、术语与定义、计量监测原则、建设内容、计量监测对象、计量监测尺度、精度要求、计量监测成果、档案管理等十个部分。

山东省地方标准 DB37/T 4203.2—2020《林业碳汇计量监测体系建设规范 第 2 部分：森林碳汇监测方法》规定了林业碳汇计量监测体系建设中森林碳汇调查监测方法和数据统计等内容。本标准适用于省级、县级和项目级三个尺度的森林碳汇基础数据的调查监测。标准的主要内容包括范围、规范性引用文件、术语与定义、调查监测方法、数据统计等五个部分。

山东省地方标准 DB37/T 4203.3—2020《林业碳汇计量监测体系建设规范 第 3 部分：森林碳储量计算》规定了林业碳汇计量监测体系中森林碳储量计算的术语和定义、森林碳库生物量计算、森林碳库碳储量计算和竹林、经济林、灌木林碳储量等内容。本文件适用于林业碳汇计量监测工作中森林生物量和碳储量的计算。标准的主要内容包括范围、规范性引用文件、术语与定义、乔木林碳库生物量、乔木林碳库碳储量、经济林/灌木林/竹林碳库碳储量，以及附录等七个部分。

广东省地方标准 DB44/T 1917—2016《林业碳汇计量与监测技术规程》规定了林业碳汇计量监测的基本原则、基线和碳汇计量方法、碳汇监测程序与方法等技术要求。本标准适用于林业碳汇的计量与监测。标准的主要内容包括范围、规范性引用文件、术语与定义、基本原则、林业碳汇项目要求、基线和项目碳汇计量、监测程序和方法、基线和项目碳汇监测，以及附录等九个部分。

广东省地方标准 DB44/T 2116—2018《碳汇造林技术规程》规定了造林地选择、基线调查、作业设计、造林、检查验收、碳汇计量与监测、档案等要求。本标准适用于碳汇造林工程。标准的主要内容包括范围、规范性引用文件、术语与定义、总则、造林地选择、基线调查、作业设计、造林、检查验收、碳汇计量与监测、档案，以及附录等十二个部分。

广东地方标准 DB44/T 2177—2019《樟树等三个乡土阔叶树种立木碳计量模型及参

数》规定了樟树（*Cinnamomum camphora*（L.）Presl）、木荷（*Schima superba* Gardn. et Champ.）、枫香（*Liquidambar formosana* Hance）的立木生物量生长模型、生物量异速生长模型、生物量转换因子函数、根茎比函数、含碳系数和模型适用等要求。本标准适用于樟树、木荷、枫香立木生物量计算和碳储量计量监测。

表 10-11　林业碳汇标准

序号	标准级别	标准编号/标准计划号	标准中文名称
1	国家标准	GB/T 41198—2021	林业碳汇项目审定和核证指南
2	行业标准	LY/T 2252—2014	碳汇造林技术规程
3	行业标准	LY/T 2409—2015	林业碳汇项目审定和核证指南
4	行业标准	LY/T 2260—2014	立木生物量模型及碳计量参数　油松
5	行业标准	LY/T 2261—2014	立木生物量模型及碳计量参数　湿地松
6	行业标准	LY/T 2263—2014	立木生物量模型及碳计量参数　马尾松
7	行业标准	LY/T 2264—2014	立木生物量模型及碳计量参数　杉木
8	行业标准	LY/T 2654—2016	立木生物量模型及碳计量参数　落叶松
9	行业标准	LY/T 2655—2016	立木生物量模型及碳计量参数　云杉
10	行业标准	LY/T 2656—2016	立木生物量模型及碳计量参数　冷杉
11	行业标准	LY/T 2657—2016	立木生物量模型及碳计量参数　柳杉
12	行业标准	LY/T 2658—2016	立木生物量模型及碳计量参数　栎树
13	行业标准	LY/T 2659—2016	立木生物量模型及碳计量参数　桦树
14	行业标准	LY/T 2660—2016	立木生物量模型及碳计量参数　木荷
15	行业标准	LY/T 2661—2016	立木生物量模型及碳计量参数　枫香
16	行业标准	LY/T 2743—2016	碳汇造林项目设计文件编制指南
17	行业标准	LY/T 2744—2016	碳汇造林项目监测报告编制指南
18	行业标准	LY/T 2988—2018	森林生态系统碳储量计量指南
19	行业标准	LY/T 3181—2020	森林生态旅游低碳化管理导则
20	行业标准	LY/T 3196—2020	竹林碳计量规程
21	行业标准	LY/T 3197—2020	竹材制品碳计量规程
22	行业标准	LY/T 3253—2021	林业碳汇计量监测术语
23	地方标准	DB11/T 1089—2014	林业碳汇项目审定与核证技术规范
24	地方标准	DB11/T 1214—2015	平原地区造林项目碳汇核算技术规程
25	地方标准	DB11/T 953—2013	林业碳汇计量监测技术规程
26	地方标准	DB23/T 1919—2017	森林经营碳汇项目技术规程
27	地方标准	DB23/T 1923—2017	碳汇造林项目技术规程
28	地方标准	DB23/T 2015—2017	红松人工林碳储量计量方法
29	地方标准	DB23/T 2016—2017	碳汇造林技术规程
30	地方标准	DB23/T 2475—2019	林业碳汇计量检测体系建设技术规范
31	地方标准	DB23/T 2669—2020	杂种落叶松碳汇林营建及计量技术规程
32	地方标准	DB31/T 1232—2020	城市森林碳汇调查及数据采集技术规范

续表

序号	标准级别	标准编号/标准计划号	标准中文名称
33	地方标准	DB31/T 1234—2020	城市森林碳汇计量监测技术规程
34	地方标准	DB37/T 4203.1—2020	林业碳汇计量监测体系建设规范　第1部分：导则
35	地方标准	DB37/T 4203.2—2020	林业碳汇计量监测体系建设规范　第2部分：森林碳汇监测方法
36	地方标准	DB37/T 4203.3—2020	林业碳汇计量监测体系建设规范　第3部分：森林碳储量计算
37	地方标准	DB44/T 1917—2016	林业碳汇计量与监测技术规程
38	地方标准	DB44/T 2116—2018	碳汇造林技术规程
39	地方标准	DB44/T 2177—2019	樟树等三个乡土阔叶树种立木碳计量模型及参数
40	地方标准	DB45/T 1108—2014	造林再造林项目碳汇计量与监测技术规程
41	地方标准	DB33/T 2416—2021	城市绿化碳汇计量与监测技术规程
42	国家标准计划	20181923-T-432	林业碳汇项目审定和核证指南
43	行业标准计划	2018—LY—117	木质林产品碳贮藏测算方法

十一、二氧化碳捕集、运输和地质封存（CCUS）标准

二氧化碳捕集、运输和地质封存是未来减少二氧化碳排放、保障能源安全和实现可持续发展的重要手段。

作为可大规模推广应用的碳清除技术之一，二氧化碳捕集、利用与封存（CCUS）是实现碳达峰和碳中和目标的重要前沿技术。据全球碳捕集与封存研究院《全球碳捕集与封存现状2020》报告，目前全球总计有65个商业CCS设施，其中26个正在运行（中国有3个）、2个暂停运行、其他37个处于在建或开发阶段。已运行的CCS设施每年可捕集和永久封存4000万吨二氧化碳。中国企业也积极开展CCUS技术研发与示范活动，已建成多套10万吨级以上CO_2捕集和万吨级CO_2利用示范装置，并完成了10万吨/年陆上咸水层CO_2地质封存示范。CCUS技术发展、示范项目实施、政策落实等都急需标准化工作支持。

2011年ISO成立了国际标准化组织二氧化碳捕集、运输与地质封存技术委员会（ISO/TC265），其主要职责为：（1）制修订CCUS术语标准，通过规范统一该领域专业术语和定义，以减少混淆；（2）制修订CCUS项目量化与验证标准，为企业确定清除量、参与减排交易等提供标准化支撑；（3）制修订地质封存分类评估的标准研制，为示范项目选址实施等提供技术依据；（4）制修订燃烧后捕集、CO_2地质利用等技术标准，促进新技术应用推广；（5）制定CCUS风险评估和风险管理标准，以防范CCUS建设和应用相关风险。

二氧化碳捕集、运输和地质封存标准是指针对将所产生的二氧化碳（CO_2）进行捕集、运输和地质封存的技术文件。

目前已发布10项国际标准（表10-12）。

表 10-12　二氧化碳捕集、运输和地质封存标准

序号	标准级别	标准编号	标准中文名称	标准英文名称
1	国际标准	ISO/TR 27912：2016	二氧化碳捕集　二氧化碳捕集体系、技术和工艺流程	Carbon dioxide capture—Carbon dioxide capture systems, technologies and processes
2	国际标准	ISO 27913：2016	二氧化碳捕集、运输和地质封存　管道运输系统	Carbon dioxide capture, transportation and geological storage—Pipeline transportation systems
3	国际标准	ISO 27914：2017	二氧化碳捕集、运输和地质封存　地质封存	Carbon dioxide capture, transportation and geological storage—Geological storage
4	国际标准	ISO/TR 27915：2017	二氧化碳捕集、运输和地质封存　地质封存　量化和核查要求	Carbon dioxide capture, transportation and geological storage—Quantification and verification
5	国际标准	ISO 27916：2019	二氧化碳捕集、运输和地质封存　地质封存　采用石油回复贮存使用二氧化碳	Carbon dioxide capture, transportation and geological storage—Carbon dioxide storage using enhanced oil recovery (CO_2-EOR)
6	国际标准	ISO 27917：2017	二氧化碳捕集、运输和地质封存　术语　交叉切割词语	Carbon dioxide capture, transportation and geological storage—Vocabulary—Cross cutting terms
7	国际标准	ISO/TR 27918：2018	二氧化碳捕集综合项目周期风险管理	Lifecycle risk management for integrated CCS projects
8	国际标准	ISO 27919-1：2018	二氧化碳捕集　第1部分　发电厂燃烧捕捉二氧化碳的性能评估	Carbon dioxide capture—Part 1: Performance evaluation methods for post-combustion CO_2 capture integrated with a power plant
9	国际标准	ISO/TR 27921：2020	二氧化碳捕集、运输和地质封存　地质封存　交叉切割法　二氧化碳流的组成	Carbon dioxide capture, transportation, and geological storage—Cross Cutting Issues—CO_2 stream composition
10	国际标准	ISO/TR 27922：2021	二氧化碳捕集　水泥工业的碳捕捉技术概述	Carbon dioxide capture—Overview of carbon dioxide capture technologies in the cement industry

第十一章　木材工业国际标准

第一节　木材工业国际标准化组织

木材工业国际标准化组织有国际标准化组织木材技术委员会（ISO/TC 218　Timber）、国际标准化组织木结构技术委员会（ISO/TC 165 Timber structure）、国际标准化组织人造板技术委员会（ISO/TC 89 Wood-based panels）、国际标准化组织铺地物技术委员会第 3 工作组——强化木地板工作组（ISO/TC 219/WG 3 Floor coverings/Laminate floor coverings）、国际标准化组织软木技术委员会（ISO/TC 87 Cork），分别归口管理木材、木结构、人造板、强化木地板和软木材料与产品的国际标准。

（一）国际标准化组织木材技术委员会（ISO/TC 218　Timber）

ISO/TC 218 的范围：主要规范原木、锯材、加工木材、原木或锯材的原材料的标准化工作，包括术语、规格、产品和试验方法标准，但不包括国际标准化组织木结构技术委员会（ISO/TC 165）“木结构”的内容。

ISO/TC 218 委员会下设 7 个工作组，分别如下：

（1）术语工作组（ISO/TC 218/WG 1 Terminology）；

（2）原木工作组（ISO/TC 218/WG 2 Round timber）；

（3）锯材和加工木材工作组（ISO/TC 218/WG 3 Sawn and processed timber）；

（4）试验方法工作组（ISO/TC 218/WG 4 Test methods）；

（5）拼花地板和木地板工作组（ISO/TC 218/WG 5 Parquet and wood flooring）；

（6）木制品工作组（ISO/TC 218/WG 6 Wooden products）；

（7）废弃木材工作组（ISO/TC 218/WG 7 Wood residue and post consumer wood）。

该技术委员会成立于 1998 年，共有 27 个 P 成员国，37 个观察员国。截至 2020 年 5 月，ISO/TC 218 已经颁布的标准 62 项，正在制、修订标准 8 项。

该技术委员会秘书处设立在乌克兰，地址和联系信息：

ISO/TC 218-SECRETARIAT

DSTU [UKRAINE]

Ukrainian scientific research and training center for standardization, certification and quality problems

Svyatoshynska St.，2，Kyiv 03115

Ukraine

Tel：＋38 044 452 33 96；Fax：＋38 044 452 69 07

Email：secretar. ukrndnc@gmail. com；

Web：http：//uas. org. ua/ua/

（二）国际标准化组织木结构技术委员会（ISO/TC 165 Timber structure）

范围：主要归口管理木结构设计要求，木结构用的材料、产品、零件和组件的结构特性，木结构性能和设计值、木建筑结构、力学和物理性能和表现的测试方法和要求等的标准化工作。木结构的原料和产品包括木材、人造板、其他基于木材的产品和相关木质纤维材料。

目前，该委员会下设5个工作组：

（1）结构用胶合木产品工作组（ISO/TC 165/WG 2，Structural glued wood products）；

（2）木结构连接件和组装工作组（ISO/TC 165/WG 7，Connections and assemblies）；

（3）木结构特征值和设计规范工作组（ISO/TC 165/WG 10，Characteristic values and design specifications）；

（4）实木和层积材产品工作组（ISO/TC 165/WG 11，Solid and mechanically laminated timber products）；

（5）结构用竹材工作组（ISO/TC 165/WG 12，Structural use of bamboo）。

该技术委员会成立于1976年，共有29个P成员国，35个观察员国。截至2020年5月，ISO/TC 165已经颁布的标准49项，正在制、修订标准7项。

该技术委员会秘书处设立在加拿大，地址和联系信息如下：

SECRETARIAT：SCC

ISO/TC 165-SECRETARIAT

SCC [CANADA]

Council of Forest Industries

5563 Frigate Road，Delta V4K 4Z5 BC，Canada

Tel：＋1 604 838 87 91；Fax：＋1 604 687 49 30

（三）国际标准化组织人造板技术委员会（ISO/TC 89 Wood-based panels）

范围：主要归口管理木质纤维素材料（源自木材或其他材料）的纤维板、刨花板和胶合板等领域的标准化工作，主要包括人造板产品的术语、分类、尺寸、测试方法和质量要求的标准。

该技术委员会下设3个分技术委员会和第5工作组：

（1）纤维板分技术委员会（ISO/TC 89/SC 1，Fibre boards）；

（2）刨花板分技术委员会（ISO/TC 89/SC 2，Particle boards）；

（3）胶合板分技术委员会（ISO/TC 89/SC 3，Plywoods）；

（4）试验方法工作组（ISO/TC 89/WG 5，Test methods）。

该技术委员会成立于1957年。共有27个P成员国，35个观察员国。截至2020年5月，ISO/TC 89已经颁布的标准42项，正在制、修订标准4项。

该技术委员会秘书处设立在德国，地址和联系信息如下：

ISO/TC 89-SECRETARIAT

DIN [GERMANY]

DIN Deutsches Institut für Normung e. V.

Saatwinkler Damm 42/43，D-13627 Berlin，Germany

Tel：+49 30 26 01-0；Fax：+49 30 26 01 12 31

Email：directorate. international@din. de

Web：http：//www. din. de

此外，ISO/TC 89/SC 1和ISO/TC 89/SC 2的秘书处设在澳大利亚，ISO/TC 89/SC3的秘书处设在法国。

（四）国际标准化组织铺地物技术委员会第3工作组——强化木地板工作组（ISO/TC 219/WG3 Floor coverings/Laminate floor coverings）

强化木地板（Laminate floor coverings），也就是浸渍纸层压木质地板。

ISO/TC 219铺地物技术委员会工作范围包含织物铺地物、柔性铺地物和强化木地板铺地物。ISO/TC 219/WG3是第3工作组，即强化木地板工作组。

ISO/TC 219成立于1999年，共有26个P成员国，18个观察员国。截至2020年5月，ISO/TC 219/WG3发布强化木地板标准16项，正在制、修订2项。

该技术委员会秘书处设立在比利时，地址和联系信息如下：

ISO/TC 219-SECRETARIATNBN [BELGIUM]

Bureau de Normalisation

Rue Joseph II，40

B-1000 Bruxelles

Belgium

Tel：+32 2 738 01 11；Fax：+32 2 733 42 64

Email：marketing@nbn. be；Web：http：//www. nbn. be

（五）国际标准化组织软木技术委员会（ISO/TC 87Cork）

范围：软木类，包括软木类原材料及其通过软木加工或制备的产品。

目前，该委员会下设8个工作组：

（1）软木术语工作组（ISO/TC 87/WG 18 Cork Vocabulary）；

（2）软木规格工作组（ISO/TC 87/WG 19 Cork-Specifications）；

（3）软木取样方法工作组（ISO/TC 87/WG 14 Sampling）；

（4）软木瓶塞物理性质试验方法工作组（ISO/TC 87/WG 9 Stoppers-Physical test methods）；

（5）软木瓶塞化学性质试验方法工作组（ISO/TC 87/WG 10 Stoppers-Chemical

test methods)；

（6）软木瓶塞感知性质试验方法工作组（ISO/TC 87/WG 12 Stoppers-Sensorial test methods)；

（7）软木的可持续发展工作组（ISO/TC 87/WG 15 Sustainable development in the cork field)；

（8）软木原材料工作组（ISO/TC 87/WG 17 Raw material)。

该技术委员会成立于 1957 年。共有 8 个 P 成员国，13 个观察员国。截至 2020 年 12 月，该委员会已经颁布的标准 38 项，正在制、修订标准 6 项。

该技术委员会秘书处设立在葡萄牙，地址和联系信息如下：

Web：http：//www1. ipq. pt

IPQ［PORTUGAL］

Instituto Português da Qualidade

Rua António Gião，2　P-2829-513

CaparicaPortugal

Tel：+351 21 294 81 00；Email：ipq@ipq. pt

第二节　木材工业相关国际标准

一、木材国际标准

ISO/TC 218 主要负责制定非结构用原木、锯材，以及木制品方面的标准。截至 2020 年 12 月，ISO/TC 218 木材技术委员会共制定标准 60 项。其中，基础标准 2 项、产品标准 19 项、方法标准 29 项、术语标准 9 项、符号标准 1 项。详见表 11-1。

表 11-1　木材国际标准

序号	工作组	国际标准号	国际标准名称	国际标准中文名	标准类别
1	TC 218 术语工作组	ISO 24294：2013	Timber—Round and sawn timber—Vocabulary	木材　原木和锯材　术语	术语标准
2	TC 218 原木工作组	ISO 19474：2018	Round timber—Visual characteristics—Methods of determination	原木　外观特性　测定方法	方法标准
3	TC 218 原木工作组	ISO 8965：2013	Logging industry—Technology—Terms and definitions	木材采伐　技术　术语和定义	术语标准
4	TC 218 原木工作组	ISO 13059：2011	Round timber-Requirements for the measurement of dimensions and methods for the determination of volume	原木尺寸测量要求和体积测定方法	方法标准
5	TC 218 锯材工作组	ISO 1029：1974	Coniferous sawn timber—Defects—Classification	针叶树锯材　缺陷　分类	术语标准

续表

序号	工作组	国际标准号	国际标准名称	国际标准中文名	标准类别
6	TC 218 锯材工作组	ISO 1030：1975	Coniferous sawn timber—Defects—Measurement	针叶树锯材　缺陷　测量	方法标准
7	TC 218 锯材工作组	ISO 16415：2012	Non-structural timber grading requirements	非结构木材分级要求	基础标准
8	TC 218 锯材工作组	ISO 2299：1973	Sawn timber of broadleaved species—Defects-Classification	阔叶树锯材　缺陷　分类	基础标准
9	TC 218 锯材工作组	ISO 2300：1973	Sawn timber of broadleaved species—Defects-Terms and definitions	阔叶树锯材　缺陷　术语和定义	术语标准
10	TC 218 锯材工作组	ISO 2301：1973	Sawn timber of broadleaved species—Defects-Measurement	阔叶树锯材　缺陷　测量	方法标准
11	TC 218 锯材工作组	ISO 1031：1974	Coniferous sawn timber—Defects—Terms and definitions	针叶树锯材　缺陷　术语和定义	术语标准
12	TC 218 锯材工作组	ISO 3179：1974	Coniferous sawn timber—Nominal dimensions	针叶树锯材　公称尺寸	产品标准
13	TC 218 锯材工作组	ISO 4470：1981	Sawn timber—Determination of the average moisture content of a lot	锯材　批量木材平均含水量的测定	方法标准
14	TC 218 锯材工作组	ISO 1032：1974	Coniferous sawn timber—Sizes—Terms and definitions	针叶树锯材　尺寸　术语和定义	术语标准
15	TC 218 锯材工作组	ISO 4472：1983	Coniferous and broadleaved sawn timber—Transportation packages	针叶树和阔叶树锯材　运输包装	产品标准
16	TC 218 锯材工作组	ISO 4475：1989	Coniferous and broadleaved tree sawlogs—Visible defects—Measurement	针叶树和阔叶树锯材　可见缺陷　测量	方法标准
17	TC 218 锯材工作组	ISO 737：1975	Coniferous sawn timber—Sizes—Methods of measurement	针叶树锯材　尺寸　测量方法	方法标准
18	TC 218 锯材工作组	ISO 738：2015	Coniferous sawn timber—Sizes—Permissible deviations and shrinkage	针叶树锯材　尺寸　允许偏差和收缩	产品标准
19	TC 218 锯材工作组	ISO 8903：2016	Broadleaved sawn timber—Nominal sizes	阔叶树锯材　公称尺寸	产品标准
20	TC 218 锯材工作组	ISO 8904：1990	Broadleaved sawn timber—Sizes—Methods of measurement	阔叶树锯材　尺寸　测量方法	方法标准
21	TC 218 锯材工作组	ISO 8905：1988	Sawn timber—Test methods—Determination of ultimate strength in shearing parallel to grain	锯材　试验方法　平行于纹理的剪切极限强度的测定	方法标准
22	TC 218 试验方法工作组	ISO 13061-12：2017	Physical and mechanical properties of wood—Test methods for small clear wood specimens—Part 12：Determination of static hardness	木材的物理和力学性能　无疵小试样木材的试验方法　第 12 部分：静态硬度的测定	方法标准

续表

序号	工作组	国际标准号	国际标准名称	国际标准中文名	标准类别
23	TC 218 试验方法工作组	ISO 13061-13：2016	Physical and mechanical properties of wood—Test methods for small clear wood specimens—Part 13：Determination of radial and tangential shrinkage	木材的物理和力学性能 无疵小试样木材的试验方法 第13部分：径向和切向收缩的测定	方法标准
24	TC 218 试验方法工作组	ISO 13061-14：2016	Physical and mechanical properties of wood—Test methods for small clear wood specimens—Part 14：Determination of volumetric shrinkage	木材的物理和力学性能 无疵小试样木材的试验方法 第14部分：体积收缩的测定	方法标准
25	TC 218 试验方法工作组	ISO 13061-15：2017	Physical and mechanical properties of wood—Test methods for small clear wood specimens—Part 15：Determination of radial and tangential swelling	木材的物理和力学性能 无疵小试样木材的试验方法 第15部分：径向和切向膨胀的测定	方法标准
26	TC 218 试验方法工作组	ISO 13061-16：2017	Physical and mechanical properties of wood—Test methods for small clear wood specimens—Part 16：Determination of volumetric swelling	木材的物理和力学性能 无疵小试样木材的试验方法 第16部分：体积膨胀的测定	方法标准
27	TC 218 试验方法工作组	ISO 13061-17：2017	Physical and mechanical properties of wood—Test methods for small clear wood specimens—Part 17：Determination of ultimate stress in compression parallel to grain	木材的物理和力学性能 无疵小试样木材的试验方法 第17部分：平行于纹理的压缩极限应力的测定	方法标准
28	TC 218 试验方法工作组	ISO 13061-2：2014	Physical and mechanical properties of wood—Test methods for small clear wood specimens—Part 2：Determination of density for physical and mechanical tests	木材的物理和力学性能 无疵小试样木材的试验方法 第2部分：物理和力学试验用密度的测定	方法标准
29	TC 218 试验方法工作组	ISO 13061-3：2014	Physical and mechanical properties of wood—Test methods for small clear wood specimens—Part 3：Determination of ultimate strength in static bending	木材的物理和力学性能 无疵小试样木材的试验方法 第3部分：静态弯曲极限强度的测定	方法标准
30	TC 218 试验方法工作组	ISO 13061-4：2014	Physical and mechanical properties of wood—Test methods for small clear wood specimens—Part 4：Determination of modulus of elasticity in static bending	木材的物理和力学性能 无疵小试样木材的试验方法 第4部分：静态弯曲弹性模量的测定	方法标准
31	TC 218 试验方法工作组	ISO 13061-5：2020	Physical and mechanical properties of wood—Test methods for small clear wood specimens—Part 5：Determination of strength in compression perpendicular to grain	木材的物理和力学性能 无疵小试样木材的试验方法 第5部分：横纹抗压强度的测定	方法标准

续表

序号	工作组	国际标准号	国际标准名称	国际标准中文名	标准类别
32	TC 218 试验方法工作组	ISO 13061-6：2014	Physical and mechanical properties of wood—Test methods for small clear wood specimens—Part 6：Determination of ultimate tensile stress parallel to grain	木材的物理和力学性能 无疵小试样木材的试验方法 第6部分：平行于纹理的极限拉伸应力的测定	方法标准
33	TC 218 试验方法工作组	ISO 13061-7：2014	Physical and mechanical properties of wood—Test methods for small clear wood specimens—Part 7：Determination of ultimate tensile stress perpendicular to grain	木材的物理和力学性能 无疵小试样木材的试验方法 第7部分：垂直于纹理的极限拉伸应力的测定	方法标准
34	TC 218 试验方法工作组	ISO 3129：2019	Wood—Sampling methods and general requirements for physical and mechanical testing of small clear wood specimens	木材 无疵小试样木材物理和力学试验的取样方法和一般要求	方法标准
35	TC 218 试验方法工作组	ISO 3132：1975	Wood—Testing in compression perpendicular to grain	木材 横纹抗压试验	方法标准
36	TC 218 试验方法工作组	ISO 3347：1976	Wood—Determination of ultimate shearing stress parallel to grain	木材 平行于纹理的极限剪切应力的测定	方法标准
37	TC 218 试验方法工作组	ISO 4471：1982	Wood—Sampling sample trees and logs for determination of physical and mechanical properties of wood in homogeneous stands	木材 均匀林分中木材物理和力学性能测定用取样树和原木	方法标准
38	TC 218 试验方法工作组	ISO 8906：1988	Sawn timber—Test methods—Determination of resistance to local transverse compression	锯材 试验方法 局部横纹抗压的测定	方法标准
39	TC 218 试验方法工作组	ISO 9086-1：1987	Wood—Methods of physical and mechanical testing-Vocabulary—Part 1：General concepts and macrostructure	木材 物理力学试验方法术语 第1部分：一般概念和宏观结构	术语标准
40	TC 218 试验方法工作组	ISO 13061-1：2014	Physical and mechanical properties of wood—Test methods for small clear wood specimens—Part 1：Determination of moisture content for physical and mechanical tests	木材的物理和力学性能 无疵小试样木材的试验方法 第1部分：物理和力学试验中含水量的测定	方法标准
41	TC 218 试验方法工作组	ISO 13061-10：2017	Physical and mechanical properties of wood—Test methods for small clear wood specimens—Part 10：Determination of impact bending strength	木材的物理和力学性能 无疵小试样木材的试验方法 第10部分：冲击弯曲强度的测定	方法标准
42	TC 218 试验方法工作组	ISO 13061-11：2017	Physical and mechanical properties of wood—Test methods for small clear wood specimens—Part 11：Determination of resistance to impact indentation	木材的物理和力学性能 无疵小试样木材的试验方法 第11部分：抗冲击压痕的测定	方法标准

续表

序号	工作组	国际标准号	国际标准名称	国际标准中文名	标准类别
43	TC 218 地板工作组	ISO 1324：1985	Solid wood parquet—Classification of oak strips	实木拼花地板 橡木条的分类	产品标准
44	TC 218 地板工作组	ISO 17959：2014	General requirements for solid wood flooring	实木地板通用要求	产品标准
45	TC 218 地板工作组	ISO 2036：1976	Wood for manufacture of wood flooring—Symbols for marking according to species	木地板制造用木材 树种标识用符号	符号标准
46	TC 218 地板工作组	ISO 2457：1976	Solid wood parquet—Classification of beech strips	实木拼花地板 山毛榉条的分类	产品标准
47	TC 218 地板工作组	ISO 3397：1977	Broadleaved wood raw parquet blocks—General characteristics	拼花地板用阔叶木原材——一般特性	产品标准
48	TC 218 地板工作组	ISO 3398：1977	Broadleaved wood raw parquet blocks—Classification of oak parquet blocks	拼花地板用阔叶木原材——橡木拼花地板块的分类	产品标准
49	TC 218 地板工作组	ISO 3399：1976	Broadleaved wood raw parquet blocks—Classification of beech parquet blocks	拼花地板用阔叶木原材——山毛榉拼花地板块的分类	产品标准
50	TC 218 地板工作组	ISO 5320：1980	Solid wood parquet—Classification of fir and spruce strips	实木拼花地板 冷杉和云杉条的分类	产品标准
51	TC 218 地板工作组	ISO 5321：1978	Coniferous wood raw parquet blocks—General characteristics	拼花地板用针叶木原材——一般特性	产品标准
52	TC 218 地板工作组	ISO 5323：2019	Wood flooring and parquet—Vocabulary	木地板和拼花地板 术语	术语标准
53	TC 218 地板工作组	ISO 5326：1978	Solid wood paving blocks—Hardwood paving blocks—Quality requirements	实木立木地板 硬木立木地板 质量要求	产品标准
54	TC 218 木制品工作组	ISO 5327：1978	Solid wood paving blocks—General characteristics	实木立木地板——一般特性	产品标准
55	TC 218 地板工作组	ISO 5328：1978	Solid wood paving blocks—Softwood paving blocks—Quality requirements	实木立木地板 针叶材立木地板 质量要求	产品标准
56	TC 218 地板工作组	ISO 5329：1978	Solid wood paving blocks—Vocabulary	实木立木地板 术语	术语标准
57	TC 218 地板工作组	ISO 1072：1975	Solid wood parquet—General characteristics	实木拼花地板 一般特性	产品标准
58	TC 218 地板工作组	ISO 5333：1978	Coniferous wood raw parquet blocks—Classification of fir and spruce parquet blocks	拼花地板用针叶木原材 冷杉和云杉拼花地板块的分类	产品标准
59	TC 218 地板工作组	ISO 5334：1978	Solid wood parquet—Classification of maritime pine strips	实木拼花地板 海岸松木条的分类	产品标准
60	TC 218 地板工作组	ISO 631：1975	Mosaic parquet panels—General characteristics	马赛克拼花地板——一般特征	产品标准

从表 11-1 可见，ISO/TC 218 木材技术委员会制定的标准中，由术语（WG1）工作组归口制定的标准 1 项，为《木材　原木和锯材　术语》ISO 24294：2013，占整个标准数 60 项的 1.6%；由原木（WG2）工作组负责制定标准 3 项，占木材国际标准总数的 5%，分别为《原木　外观特性　测定方法》（ISO 19474：2018）、《木材采伐 技术术语和定义》（ISO 8965：2013）、《原木尺寸测量要求和体积测定方法》（ISO 13059：2011）；由锯材（WG3）工作组负责制定标准 17 项，占整个标准数 60 项的 28%，主要包锯材的缺陷分类、术语和定义、尺寸检量、缺陷测量、含水率和运输包装等方面的标准。

试验方法（WG4）工作组负责制定的标准 21 项，占整个标准数 60 项的 35%，这些标准主要包括无疵小试样木材的采样、试样制作，以及各种木材物理力学性质方面的标准。

地板（WG5）工作组负责制定的标准 17 项，占整个标准数 60 项的 28%，主要包括拼花地板、立木地板和马赛克地板等各类地板的术语、坯料和产品标准。

木制品（WG6）工作组负责制定标准 1 项《实木地板通用要求》（ISO 17959：2014），该项标准由中国专家负责牵头起草。中国实木地板的产量较大、出口较多，制定该项标准对提升中国实木地板产品的国际竞争力有重要意义。中国是实木地板生产和贸易大国，目前中国实木地板生产企业有 1000 多家，年产量在 4000 万平方米左右。主要分布在珠江三角洲、长三角、环渤海及东北林区。

从现行标准的发布年代来看，2000 年以前发布的木材国际标准 35 项，出版时间较长，2000 年以后发布的 25 项。2000 年以前发布的国际标准标龄长，需要进行修订。

二、木结构国际标准

国际标准化组织木结构技术委员会（ISO/TC 165）主要负责制定木结构方面的标准。截至 2020 年年底，ISO/TC 165 共制定标准 51 项，其中产品标准 11 项、方法标准 32 项、分级标准 2 项、设计标准 3 项、技术报告 3 项。详见表 11-2。

表 11-2　木结构国际标准

序号	领域	国际标准号	国际标准名称	国际标准中文名	标准类别
1	胶粘剂	ISO 20152—1：2010	Timber structures-Bond performance of adhesives—Part 1：Basic requirements	木结构用胶粘剂的胶合性能　第 1 部分：基本性能	产品标准
2	胶粘剂	ISO 20152—2：2011	Timber structures-Bond performance of adhesives—Part 2：Additional requirements	木结构用胶粘剂的胶合性能　第 2 部分：附加要求	产品标准
3	胶粘剂	ISO/TR 20152—3：2013	Timber structures-Bond performance of adhesives—Part 3：Use of alternative species for bond tests	木结构用胶粘剂的胶合性能　第 3 部分：使用可选树种的胶合性能测试	技术报告

续表

序号	领域	国际标准号	国际标准名称	国际标准中文名	标准类别
4	结构复合木材	ISO 16696—1：2019	Timber structures—Cross laminated timber-Part 1：Component performance，production requirements and certification scheme	木结构　交叉层积材（CLT）第1部分：构件性能，生产要求和认证计划	产品标准
5	结构复合木材	ISO 19993：2020	Timber structures—Glued laminated timber-Face and edge joint cleavage test	木结构　胶合层压木材面和边缝开裂测试	产品标准
6	结构复合木材	ISO 22390：2020	Timber structures—Laminated veneer lumber-Structural properties	木材结构　单板层压板材结构性能	产品标准
7	结构复合木材	ISO 12578：2016	Timber structures—Glued laminated timber—Component performance requirements	木结构　集成材　单元性能要求	产品标准
8	结构复合木材	ISO 18100：2017	Timber structures—Finger-jointed timber—Manufacturing and production requirements	木结构　指接木材　制造和生产要求	产品标准
9	结构复合木材	ISO 22390：2010	Timber structures—Laminated veneer lumber-Structural properties	木结构单板层积材结构性能	产品标准
10	结构复合木材	ISO 10983：2014	Timber-Finger joints-Minimum production requirements and testing methods	指接材生产要求和测试方法	方法标准
11	结构复合木材	ISO 12579：2007	Timber structures—Glued laminated timber—Method of test for shear strength of glue lines	木结构　集成材　胶合剪切强度试验方法	方法标准
12	结构复合木材	ISO 12580：2007	Timber structures—Glued laminated timber—Methods of test for glue-line delamination	木结构　集成材　浸渍剥离试验方法	方法标准
13	结构复合木材	ISO 19993：2007	Timber structures—Glued laminated timber—Face and edge joint cleavage test	木结构　集成材　正面和侧面结合处开裂试验	方法标准
14	结构复合木材	ISO 8375：2017	Timber structures—Glued laminated timber—Test methods for determination of physical and mechanical properties	木结构　集成材　物理和力学性能的测定用试验方法	方法标准
15	结构复合木材	ISO/TR 19623：2019	Timber structures—Glued laminated timber-Assignment of glued laminated timber characteristic values from laminate properties	木结构　从层压板特性获得集成材特征值	技术报告
16	结构人造板	ISO 16507：2013	Timber structures—Uniform，concentrated static and concentrated impact loads on wood-based roof and floor panel assemblies-Test methods	木结构　屋面板和楼面板的均布、集中荷载试验方法	方法标准

续表

序号	领域	国际标准号	国际标准名称	国际标准中文名	标准类别
17	结构人造板	ISO 16572：2008	Timber structures—Wood-based panels-Test methods for structural properties	木结构　人造板结构性能测试方法	方法标准
18	紧固件	ISO 10984—1：2009	Timber structures—Dowel-type fasteners Part 1：Determination of yield moment	木结构　销类紧固件　第1部分：屈服力矩测定	方法标准
19	紧固件	ISO 10984—2：2009	Timber structures—Dowel-type fasteners Part 2：Determination of embedding strength	木结构　销类紧固件　第2部分：销槽承压强度测定	方法标准
20	紧固件	ISO 16670：2003	Timber structures—Joints made with mechanical fasteners-Quasi-static reversed-cyclic test method	木结构　机械紧固件连接静态循环试验方法	方法标准
21	紧固件	ISO 17754：2014	Timber structures—Test methods-Torsional resistance of driving in screws	木结构　螺钉的抗扭性能测试方法	方法标准
22	紧固件	ISO 6891：1983	Timber structures—Joints made with mechanical fasteners—General principles for the determination of strength and deformation characteristics	木结构　机械紧固件连接强度和变形特性测定的一般原则	方法标准
23	紧固件	ISO 8969：2011	Timber structures—Testing of punched metal plate fasteners and joints	木结构 冲孔金属板紧固件和连接的试验	方法标准
24	紧固件	ISO 8970：2020	Timber structures—Testing of joints made with mechanical fasteners—Requirements for timber density	木结构　用机械紧固件制作的接头的试验　木材密度要求	方法标准
25	紧固件	ISO 9087：1998	Wood-Determination of nail and screw holding power under axial load application	木材在轴向负荷下握钉力测试方法	方法标准
26	连接和组件	ISO 22389—2：2020	Timber structures—Bending applications of I-beams-Part 2：Component performance and manufacturing requirements	木材结构　工字梁的弯曲应用　第2部分：组件性能和制造要求	产品标准
27	连接和组件	ISO 22389—2：2012	Timber structures—Bending applications of I-beams Part 2：Component performance and manufacturing requirements	木结构　工字梁的弯曲应用　第2部分：组件性能和加工要求	产品标准
28	连接和组件	ISO 19323：2018	Timber structures—Joist hangers—Test methods	木结构　托梁吊架　试验方法	方法标准
29	连接和组件	ISO 18402：2016	Timber structures—Structural insulated panel roof construction—Test methods	木结构　结构隔热板屋顶结构　试验方法	方法标准
30	连接和组件	ISO 19049：2016	Timber structures—Test method-Static load tests for horizontal diaphragms including floors and roofs	木结构试验方法　楼板和屋顶水平隔板静载荷试验	方法标准

续表

序号	领域	国际标准号	国际标准名称	国际标准中文名	标准类别
31	连接和组件	ISO 21581：2010	Timber structures—Static and cyclic lateral load test methods for shear walls	木结构　剪力墙静载和循环侧向测试的方法	方法标准
32	连接和组件	ISO 22389—1：2010	Timber structures—Bending strength of I-beams Part 1：Testing，evaluation and characterization	木结构　工字梁弯曲强度　第 1 部分：试验、评价和特征描述	方法标准
33	连接和组件	ISO 22452：2011	Timber structures—Structural insulated panel walls-Test methods	木结构　结构绝缘隔板墙试验方法	方法标准
34	连接和组件	ISO 18324：2016	Timber structures—Test methods—Floor vibration performance	木结构　试验方法　楼板振动性能	方法标准
35	连接和组件	ISO 15206：2010	Timber poles-Basic requirements and test methods	木柱　基本性能和测试方法	方法标准
36	连接和组件	ISO/TR 21136：2017	Timber structures—Vibration performance criteria for timber floors	木结构　楼板振动性能	技术报告
37	结构用锯材	ISO 16598：2015	Timber structures—Structural classification for sawn timber	木结构　锯材的结构分类	分级标准
38	分级标准	ISO 9709：2018	Structural timber-Visual strength grading-Basic principles	结构用木材目测分等基本原理	方法标准
39	分级标准	ISO 13910：2014	Timber structures—Strength graded timber—Test methods for structural properties	木结构　强度等级　木结构性能试验方法	方法标准
40	分级标准	ISO 13912：2017	Structural timber—Machine strength grading—Basic principles	木结构　强度等级　木材结构性质试验方法	分级标准
41	设计标准	ISO/TR 12910：2010	Light-frame timber construction—Comparison of four national design documents	结构材　机械强度分级基本原理	设计标准
42	设计标准	ISO/TR 18267：2013	Timber structures—Review of design standards	木结构 设计标准评述	设计标准
43	特征值确定	ISO 12122—1：2014	Timber structures—Determination of characteristic values—Part 1：Basic requirements	木结构　特征值确定　第 1 部分　基本要求	方法标准
44	特征值确定	ISO 12122—2：2014	Timber structures—Determination of characteristic values—Part 2：Sawn timber	木结构　特征值确定　第 2 部分　锯材	方法标准
45	特征值确定	ISO 12122—3：2016	Timber structures—Determination of characteristic values—Part 3：Glued laminated timber	木结构　特征值确定　第 3 部分　集成材	方法标准

续表

序号	领域	国际标准号	国际标准名称	国际标准中文名	标准类别
46	特征值确定	ISO 12122—4：2017	Timber structures—Determination of characteristic values—Part 4：Engineered wood products	木结构　特征值确定　第4部分　工程木产品	方法标准
47	特征值确定	ISO 12122—5：2018	Timber structures—Determination of characteristic values—Part 5：Mechanical connections	木结构　特征值确定　第5部分　力学连接	方法标准
48	特征值确定	ISO 12122—6：2017	Timber structures—Determination of characteristic values—Part 6：Large components and assemblies	木结构　特征值确定　第6部分　大构件和部件	方法标准
49	竹结构	ISO 19624：2018	Bamboo structures—Grading of bamboo culms—Basic principles and procedures	竹结构　竹杆分级　基本原理和程序	产品标准
50	竹结构	ISO 22157：2019	Bamboo structures—Determination of physical and mechanical properties of bamboo culms—Test methods	竹结构　竹杆的物理和力学性能的测定　试验方法	方法标准
51	竹结构	ISO 22156：2004	Bamboo-Structural design	竹结构设计	设计标准

从表11-2可见，ISO/TC 165制定的标准中，胶粘剂方面标准为3项，占整个标准数51项的6%，即《木结构用胶粘剂的胶合性能　第1部分：基本性能》(ISO 20152—1：2010)、《木结构用胶粘剂的胶合性能　第2部分：附加要求》(ISO 20152—2：2011) 和《木结构用胶粘剂的胶合性能　第3部分：使用可选树种的胶合性能测试》(ISO 20152—3：2013) 3个部分。

结构复合木材方面标准12项，占标准总数51项的23%，包括交叉层积材 (CLT)、集成材、单板层积材、指接材的产品标准和试验方法标准。

结构人造板标准2项：《木结构　屋面板和楼面板的均布、集中荷载试验方法》(ISO 16507：2013)、《木结构　人造板结构性能测试方法》(ISO 16572：2008)，占标准总数51项的4%。

紧固件标准8项，占标准总数51项的15%，包括木结构销类紧固件、冲孔金属板紧固件等各类紧固件的强度、变形等要求，及其有关的试验方法标准。

连接和组件标准11项，占整个技术委员会制定标准数51项的22%，包括工字梁、托梁吊架、隔热板屋顶、楼板和屋顶水平隔板、搁栅吊架、剪力墙、结构绝缘隔板墙等连接和组件的性能要求和试验方法标准。

分级标准4项，占整个技术委员会制定标准数51项的8%，包括锯材的结构分类、规格材的目测分级、结构材的机械强度分级木的基本原理，以及结构材的试验方法等相关标准等。

设计标准2项：《结构材　机械强度分级　基本原理》（ISO/TR 12910：2010）、《木结构　设计标准评述》（ISO/TR 18267：2013），占标准总数量的4%。

木结构特征值确定标准6项，包括基本要求、锯材、集成材、工程木产品、机械连接、大构件和部件等的特征值的确定，占整个技术委员会制定标准数52项的12%。

竹结构标准3项：《竹结构　竹杆分级　基本原理和程序》（ISO 19624：2018）、《竹结构　竹杆的物理和力学性能的测定　试验方法》（ISO 22157：2019）、《竹结构设计》（ISO 22156：2004），占整个技术委员会制定标准数52项的6%。

从现行标准的发布年代来看，2000年以前发布的标准2项，分别为：ISO 6891：1983 *Timber structures-Joints made with mechanical fasteners—General principles for the determination of strength and deformation characteristics*（《木结构　机械紧固件连接　强度和变形特性测定的一般原则》）、ISO 9087：1998 *Wood-Determination of nail and screw holding power under axial load application*（《木材在轴向负荷下握钉力测试方法》）。2000年以后发布的51项。与木材国际标准相比，木结构标准更新较快。

三、人造板国际标准

截至2020年年底，ISO/TC 89共发布人造板国际标准42项。其中术语标准2项，试验方法标准23项和产品标准17项。详见表11-3。

表11-3　人造板国际标准

序号	对应分技术委员会或工作组	国际标准号	国际标准名称	国际标准中文名称	标准类别
1	胶合板分技术委员会（SC3）	ISO 2074：2007	Plywood—Vocabulary	胶合板 术语	术语
2	纤维板分技术委员会（SC1）	ISO 17064：2016	Wood-based panels—Fibreboard, particleboard and oriented strand board (OSB) —Vocabulary	人造板、纤维板、刨花板、定向刨花板术语	术语
3	TC 89试验方法工作组	ISO 3340：1976	Fibre building boards—Determination of sand content	建筑纤维板　含沙量的测定方法	试验方法
4	TC 89试验方法工作组	ISO 9424：2003	Wood-based panels—Determination of dimensions of test pieces	人造板　试件尺寸测定方法	试验方法
5	TC 89试验方法工作组	ISO 9426：2003	Wood-based panels—Determination of dimensions of panels	人造板　尺寸测定方法	试验方法
6	TC 89验方法工作组	ISO 9427：2003	Wood-based panels—Determination of density	人造板　密度测定方法	试验方法
7	TC 89试验方法工作组	ISO 12460—1：2007	Wood-based panels—Determination of formaldehyde release—Part 1: Formaldehyde emission by the 1-cubic-metre chamber method	人造板　甲醛释放量测定　第1部分：1m³气候箱法	试验方法

续表

序号	对应分技术委员会或工作组	国际标准号	国际标准名称	国际标准中文名称	标准类别
8	TC 89 试验方法工作组	ISO 12460—2：2018	Wood-based panels—Determination of formaldehyde release—Part 2：Small-scale chamber method	人造板　甲醛释放量测定方法　第 2 部分：小室法	试验方法
9	TC 89 试验方法工作组	ISO 12460—3：2015	Wood-based panels—Determination of formaldehyde release—Part 3：Gas analysis method	人造板　甲醛释放量测定方法　第 3 部分：气体分析法	试验方法
10	TC 89 试验方法工作组	ISO 12460—4：2016	Wood-based panels—Determination of formaldehyde release—Part 4：Desiccator method	人造板　甲醛释放量测定方法　第 4 部分：干燥器法	试验方法
11	TC 89 试验方法工作组	ISO 12460—5：2015	Wood-based panels—Determination of formaldehyde release—Part 5：Extraction method (called the perforator method)	人造板　甲醛释放量测定方法　第 5 部分：穿孔萃取法	试验方法
12	TC 89 试验方法工作组	ISO 16978：2003	Wood-based panels—Determination of modulus of elasticity in bending and of bending strength	人造板　抗弯强度和抗弯弹性模量的测定方法	试验方法
13	TC 89 试验方法工作组	ISO 16979：2003	Wood-based panels—Determination of moisture content	人造板　含水率的测定方法	试验方法
14	TC 89 试验方法工作组	ISO 16981：2003	Wood-based panels—Determination of surface soundness	人造板　表面结合强度的测定方法	试验方法
15	TC 89 试验方法工作组	ISO 16983：2003	Wood-based panels—Determination of swelling in thickness after immersion in water	人造板　吸水厚度膨胀的测定方法	试验方法
16	TC 89 试验方法工作组	ISO 16984：2003	Wood-based panels—Determination of tensile strength perpendicular to the plane of the panel	人造板　顺纹抗拉强度的测定方法	试验方法
17	TC 89 试验方法工作组	ISO 16985：2003	Wood-based panels—Determination of dimensional changes associated with changes in relative humidity	人造板　尺寸稳定性测定方法	试验方法
18	TC 89 试验方法工作组	ISO 16987：2003	Wood-based panels—Determination of moisture resistance under cyclic test conditions	人造板　不同循环试验条件下的耐水性测定方法	试验方法
19	TC 89 试验方法工作组	ISO 16998：2003	Wood-based panels—Determination of moisture resistance—Boil test	人造板　耐水性测定方法—蒸煮试验	试验方法
20	TC 89 试验方法工作组	ISO 16999：2003	Wood-based panels—Sampling and cutting of test pieces	人造板　试验的样品取样方法和试件加工方法	试验方法

续表

序号	对应分技术委员会或工作组	国际标准号	国际标准名称	国际标准中文名称	标准类别
21	TC 89 试验方法工作组	ISO 20585：2005	Wood-based panels—Determination of wet bending strength after immersion in water at 70 degrees C or 100 degrees C (boiling temperature)	人造板　湿强度测定方法	试验方法
22	TC 89 试验方法工作组	ISO 27528：2009	Wood-based panels—Determination of resistance to axial withdrawal of screws	人造板　握定钉力的测定方法	试验方法
23	纤维板分技术委员会（SC1）	ISO 16895：2016	Wood-based panels—Dry-process fibreboard	人造板　干法纤维板	产品标准
24	纤维板分技术委员会（SC1）	ISO 27769：2016	Wood-based panels—Wet process fibreboard	人造板　湿法纤维板	产品标准
25	胶合板分技术委员会（SC3）	ISO 1954：2013	Plywood-Tolerances on dimensions	胶合板 尺寸偏差	产品标准
26	胶合板分技术委员会（SC3）	ISO 1096：2014	Plywood—Classification	胶合板 分类	产品标准
27	胶合板分技术委员会（SC3）	ISO 12465：2007	Plywood—Specifications	胶合板 规格	产品标准
28	胶合板分技术委员会（SC3）	ISO 12466—1：2007	Plywood—Bonding quality—Part 1：Test methods	胶合板　胶合质量　第 1 部分：试验方法	试验方法
29	胶合板分技术委员会（SC3）	ISO 12466—2：2007	Plywood—Bonding quality—Part 2：Requirements	胶合板　胶合质量　第 2 部分：技术要求	产品标准
30	刨花板分技术委员会（SC2）	ISO 16893：2016	Wood-based panels—Particleboard	人造板　刨花板	产品标准
31	刨花板分技术委员会（SC2）	ISO 16894：2016	Wood-based panels—Oriented strand board (OSB) —Definitions, classification and specifications	人造板　定向刨花板　定义、分类和规格	产品标准
32	胶合板分技术委员会（SC3）	ISO 18775：2020	Veneers—Terms and definitions, determination of physical characteristics and tolerances	单板　术语和定义、物理特征及其偏差的测定	产品标准
33	胶合板分技术委员会（SC3）	ISO 13609：2014	Wood-based panels—Plywood-Blockboards and battenboards	人造板　细木工板	产品标准
34	胶合板分技术委员会（SC3）	ISO 2426—1：2020	Plywood—Classification by surface appearance—Part 1：General	胶合板　表面外观质量分类　第 1 部分：通则	产品标准
35	胶合板分技术委员会（SC3）	ISO 2426—2：2020	Plywood—Classification by surface appearance—Part 2：Hardwood	胶合板 表面外观质量分类　第 2 部分：阔叶材	产品标准

续表

序号	对应分技术委员会或工作组	国际标准号	国际标准名称	国际标准中文名称	标准类别
36	胶合板分技术委员会（SC3）	ISO 2426—3：2000	Plywood—Classification by surface appearance—Part 3：Softwood	胶合板 表面外观质量分类　第 3 部分：针叶材	产品标准
37	胶合板分技术委员会（SC3）	ISO 2426—4：2018	Plywood—Classification by surface appearance—Part 4：Palm-plywood	胶合板 表面外观质量分类　第 4 部分：棕榈胶合板	产品标准
38	胶合板分技术委员会（SC3）	ISO 18776：2008	Laminated veneer lumber（LVL）—Specifications	单板层积材　规格	产品标准
39	胶合板分技术委员会（SC3）	ISO 10033—1：2011	Laminated Veneer Lumber（LVL）—Bonding quality—Part 1：Test methods	单板层积材　胶合质量　试验方法	试验方法
40	胶合板分技术委员会（SC3）	ISO 10033—2：2011	Laminated Veneer Lumber（LVL）—Bonding quality—Part 2：Requirements	单板层积材　胶合质量　要求	产品标准
41	胶合板分技术委员会（SC3）	ISO 27567：2009	Laminated veneer lumber—Measurement of dimensions and shape—Method of test	单板层积材　尺寸和形状的测量　试验方法	试验方法
42	胶合板分技术委员会（SC3）	ISO 13608：2014	Plywood—Decorative veneered plywood	装饰单板贴面胶合板	产品标准

从表 11-3 可见，人造板国际标准中，纤维板标准 3 项，分别为：《人造板　纤维板、刨花板和定向刨花板　术语》（ISO 17064：2016）、《人造板　干法纤维板》（ISO 16895：2016）和《人造板　湿法纤维板》（ISO 27769：2015），占人造板国际标准总数的 7.1%；而刨花板国际标准也仅有 2 项，分别为《人造板　刨花板》（ISO 16893：2016）和《人造板　定向刨花板　定义、分类和规格》（ISO 16894：2016），占标准总数的 4.8%；胶合板国际标准为 17 项，占人造板国际标准总数的 40.5%；而人造板试验方法国际标准为 20 项，包括《建筑纤维板含沙量的测定方法》（ISO 3340：1976）以及人造板密度、含水率、吸水厚度膨胀、握钉力等物理力学性能指标的测量和甲醛释放量的测量方法等国际标准，占标准总数的 47.6%。

从现行标准的发布年代来看，2000 年以前发布的标准 1 项，为《建筑纤维板含沙量的测定方法》（ISO 3340：1976）；2010 年以前的为 22 项，包括《胶合板　术语》（ISO 2074：2007）、《人造板　纤维板刨花板定向刨花板　术语》（ISO 17064：2016）、《人造板　尺寸测定方法》（ISO 9424：2003）、《人造板　试验方法　板子尺寸测定》（ISO 9426：2003）、《人造板　密度测定方法》（ISO 9427：2003）、《人造板　甲醛释放量测定—第 1 部分：$1m^3$ 气候箱法》（ISO 12460—1：2007）、《人造板　抗弯强度和抗弯弹性模量的测定方法》（ISO 16978：2003）、《人造板　含水率的测定方法》（ISO 16979：2003）、《人造板　表面结合强度的测定方法》（ISO 16981：2003）、《人造板吸水厚度膨胀的测定方法》（ISO 16983：2003）、《人造板　顺纹抗拉强度的测定方法》（ISO 16984：2003）、《人造板　稳定性测定方法》（ISO 16985：2003）、《人造板　不同循环试验条件下的耐水性测定方法》（ISO 16987：2003）、《人造板　耐水性测定方法—蒸煮试验》（ISO 16998：2003）、《人造板　试验的样品取样方法和试件加工方法》（ISO 16999：2003）、《人造板　湿强度测定方法》（ISO 20585：2005）、《人造板　握定钉力的测定方法》（ISO 27528：2009）、《胶合板　规格》（ISO 12465：2007）、《胶合板　胶合质量　第 1 部分：试验方法》（ISO 12466—1：2007）、《胶合板　表面外观质量分类　第 3 部分：针叶材》（ISO 2426—3：2000）、《单板层积材　规格》（ISO 18776：2008）和《单板层积材　尺寸和形状的测量　试验方法》（ISO 27567：2009）。2010 以后制定的为 19 项，包括《人造板　甲醛释放量测定方法　第 2 部分：小室法》（ISO 12460—2：2018）、《人造板　甲醛释放量测定方法　第 3 部分：气体分析法》（ISO 12460—3：2015）、《人造板　甲醛释放量测定方法　第 4 部分：干燥器法》（ISO 12460—4：2016）、《人造板　甲醛释放量测定方法　第 5 部分：穿孔萃取法》（ISO 12460—5：2015）、《人造板　干法纤维板》（ISO 16895：2016）、《人造板　湿法纤维板》（ISO 27769：2016）、《胶合板　尺寸偏差》（ISO 1954：2013）、《胶合板　分类》（ISO 1096：2014）、《胶合板　胶合质量　第 2 部分：技术要求》（ISO 12466—2：2007）、《人造板　刨花板》（ISO 16893：2016）、《人造板　定向刨花板　定义分类和规范》（ISO 16894：2016）、《单板　术语和定义、物理特征及偏差的测定》（ISO 18775：2020）、《细木工板》（ISO 13609：2014）、《胶合板　表面外观质量分类　第 1 部分：通则》（ISO 2426—1：2020）、《胶合板　表面外观质量分类　第 2 部分：阔叶材》（ISO 2426—2：2020）、《胶合板　表面外观质量分类　第 4 部分：棕榈胶合板》（ISO 2426—4：2018）、《单板层积材　胶合质量　试验方法》（ISO 10033—1：2011）、《单板层积材　胶合质量要求》（ISO 10033—2：2011）和《装饰单板贴面胶合板》（ISO 13608：2014）。

四、强化木地板国际标准

浸渍纸层压木质地板，商品名为强化木地板（Laminate floor coverings）。

截至 2020 年底，强化木地板国际标准共有 16 项，其中试验方法类标准 14 项，主要包括浸渍纸层压木质地板吸水厚度膨胀率、几何特性、尺寸稳定性、防潮性能和抗静电性能、耐磨性能、轮椅脚轮、抗椅子移动耐磨性能等物理性能测定方法的标准 7 项，浸渍纸层压木质地板锁合力、抗冲击压痕、抗压陷等力学性能测定方法标准 6 项，还有 1 项《弹性，纺织和层压木质地板—挥发性有机化合物（VOC）测定方法》（ISO 10580：2010）产品环保性能试验方法标准。

此外，还有产品标准 2 项，分别为《浸渍层压地板　规格》（ISO 14486：2012）、《弹性，纺织及浸渍纸层压木质地板—分类》（ISO 10874：2009），见表 11-4。

从现行标准的发布年代来看，2010 年（含）以前发布的 9 项，2010 以后发布的 7 项。

表 11-4 强化木地板国际标准

序号	国际标准号	国际标准名称	国际标准中文名	标准类别
1	ISO 10580：2010	Resilient, textile and laminate floor coverings—Test method for volatile organic compound (VOC) emissions	弹性，纺织和层压木质地板—挥发性有机化合物（VOC）测定方法	试验方法
2	ISO 24334：2014	Laminate floor coverings—Determination of locking strength for mechanically assembled panels	浸渍纸层压木质地板—机械装配的护墙板锁合力的测定	试验方法
3	ISO 24335：2006	Laminate floor coverings—Determination of impact resistance	浸渍纸层压木质地板—抗冲击性能的测定	试验方法
4	ISO 24336：2005	Laminate floor coverings—Determination of thickness swelling after partial immersion in water	浸渍纸层压木质地板—部分浸入水的厚度膨胀率的测定	试验方法
5	ISO 24337：2006	Laminate floor coverings—Determination of geometrical characteristics	浸渍纸层压木质地板—几何特性的测定	试验方法
6	ISO 24338：2006	Laminate floor coverings—Determination of abrasion resistance	浸渍纸层压木质地板—耐磨性能的测定	试验方法
7	ISO 24339：2006	Laminate and textile floor coverings—Determination of dimensional variations after exposure to humid and dry climate conditions	浸渍纸层压木质地板—暴露于干燥和潮湿条件下尺寸变化及尺寸稳定性的测定	试验方法
8	ISO 24343—1：2007	Resilient and laminate floor coverings—Determination of indentation and residual indentation—Part 1：Residual indentation	弹性铺地物和浸渍纸层压木质地板—压痕与残留压痕的测定—第 1 部分：压陷试验	试验方法
9	ISO 24343—2：2011	Resilient and laminate floor coverings—Determination of indentation and residual indentation—Part 2：Short-term indentation and residual indentation of resilient floor covering	弹性铺地物和浸渍纸层压木质地板—压痕与残留压痕的测定—第 2 部分：弹性铺地物短期内的残留压痕	试验方法
10	ISO 24343—3：2011	Resilient and laminate floor coverings—Determination of indentation and residual indentation—Part 3：Indentation of resilient semi-flexible/vinyl composition tiles	弹性铺地物和浸渍纸层压木质地板—压痕与残留压痕的测定—第 3 部分：弹性半挠性地板或者乙烯基复合地板的压痕	试验方法
11	ISO 25620：2008	Laminate floor coverings—Determination of long-side friction for mechanically assembled panels	浸渍纸层压木质地板—机械装配板材的长边摩擦力的测定	试验方法
12	ISO 6356：2012	Textile and laminate floor coverings—Assessment of static electrical propensity—Walking test	纺织品和浸渍纸层压木质地板表面抗静电性能测定——步行试验	试验方法

续表

序号	国际标准号	国际标准名称	国际标准中文名	标准类别
13	ISO 4918：2016	Resilient，textile and laminate floor coverings—Castor chair test	弹性、纺织和浸渍纸层压木质地板——椅子脚轮试验	试验方法
14	ISO 16581：2014	Resilient and laminate floor coverings—Determination of the effect of simulated movement of a furniture leg	弹性、纺织和浸渍纸层压木质地板——家具腿地面模拟移动效果的测定	试验方法
15	ISO 14486：2012	Laminate floor coverings—Specification	浸渍层压木质地板规格	产品标准
16	ISO 10874：2009	Resilient，textile and laminate floor coverings—Classification	弹性，纺织及浸渍纸层压木质地板—分类	产品标准

五、软木类国际标准

软木类国际标准共有 38 项，其中，术语类标准 1 项，试验方法类标准 30 项和产品类标准 7 项，详见表 11-5。

表 11-5　软木国际标准

序号	国际标准化组织编号	国际标准号	国际标准名称	国际标准中文名	标准类别
1	ISO/TC 87	ISO 1997：2018	Granulated cork and cork powder—Classification，properties and packing	软木粒和软木粉：分类、性能和包装	试验方法
2	ISO/TC 87	ISO 2030：2018	Granulated cork—Size analysis by mechanical sieving	软木粒：机械筛法尺寸分析	试验方法
3	ISO/TC 87	ISO 2031：2015	Granulated cork—Determination of apparent bulk density	软木粒：松装和散装密度测定	试验方法
4	ISO/TC 87	ISO 2190：2016	Granulated cork—Determination of moisture content	软木粒：含水率测定	试验方法
5	ISO/TC 87	ISO 2067：2019	Granulated cork，broken cork and crushed cork—Sampling for the determination of moisture content	软木粒 破碎软木 软木屑：含水率测定的取样方法	试验方法
6	ISO/TC 87	ISO 2386：2019	Packed cork-Virgin cork，raw reproduction cork，burnt cork，boiled reproduction cork and raw cork waste—Determination of moisture content	初生栓皮、次生栓皮、腐木栓皮、剩余料、烧伤栓皮、蒸煮次生栓皮、废弃栓皮——含水率测定方法	试验方法
7	ISO/TC 87	ISO 2385：2015	Packed cork-Virgin cork，raw reproduction cork，ramassage，gleanings，burnt cork，boiled reproduction cork and raw cork-waste—Sampling to determine moisture content	软木的含水率测定取样方法——涵盖初生栓皮、次生栓皮、腐木栓皮、剩余料、烧伤栓皮、蒸煮次生栓皮、废弃栓皮	试验方法

续表

序号	国际标准化组织编号	国际标准号	国际标准名称	国际标准中文名	标准类别
8	ISO/TC 87	ISO 1215：2015	Virgin cork，raw reproduction cork，ramassage，gleanings，burnt cork，corkwaste，boiled cork pieces and raw corkwaste—Definitions and packaging	定义和包装——初生栓皮、次生栓皮、腐木栓皮、剩余料、烧伤栓皮、蒸煮次生栓皮、废弃栓皮	试验方法
9	ISO/TC 87	ISO 633：2019	Cork—Vocabulary	软木 术语	术语
10	ISO/TC 87	ISO 3850：2004	Resilient floor coverings-Determination of apparent density of composition cork	弹性地板：胶结软木的松装密度测定	试验方法
11	ISO/TC 87	ISO 2066：2004	Resilient floor coverings-Determination of moisture content of agglomerated composition cork	弹性地板：自聚结软木的含水率测定法	试验方法
12	ISO/TC 87	ISO/DIS 3810	Resilient floor coverings—Determination of apparent density of composition cork	弹性地板：胶结软木的松装密度测定	试验方法
13	ISO/TC 87	ISO 3810：1987	Floor tiles of agglomerated cork—Methods of test	自聚结膨胀软木地板——测试方法	试验方法
14	ISO/TC 87	ISO 9366：2001	Agglomerated cork floor tiles—Determination of dimensions and deviation from squareness and from straightness of edges	成型软木地板砖——尺寸测量、方正度与边缘平直度	试验方法
15	ISO/TC 87	ISO 4708：2017	Composition cork—Gasket material-Test methods	胶结软木 垫圈材料：测试方法	试验方法
16	ISO/TC 87	ISO 7322：2014	Composition cork—Test methods	胶结软木：测试方法	试验方法
17	ISO/TC 87	ISO 9986：2014	Composition cork for shoe outsoles	鞋底用软木	产品标准
18	ISO/TC 87	ISO 9149：2010	Cork wallcoverings in rolls-Specifications	成卷的软木墙体覆盖物相关规范	产品标准
19	ISO/TC 87	ISO 2219：2010	Thermal insulation products for buildings—Factory-made products of expanded cork（ICB）—Specification	建筑用绝热产品——工厂生产的绝热软木板（ICB）相关规范	产品标准
20	ISO/TC 87	ISO 2509：1989	Sound-absorbing expanded pure agglomerated cork in tiles	具有吸声功能的软木砖——自聚结软木	产品标准
21	ISO/TC 87	ISO/DIS 22308—1	Cork bark selected as bottling product—Part 1：Sensory analysis	用于瓶塞的栓皮——第一部分：感官分析	试验方法

续表

序号	国际标准化组织编号	国际标准号	国际标准名称	国际标准中文名	标准类别
22	ISO/TC 87	ISO 10106：2018	Cork stoppers—Determination of global migration	软木塞：总体质量流失测定方法	试验方法
23	ISO/TC 87	ISO 9727—2：2007	Cylindrical cork stoppers-Physical tests— Part 2：Determination of mass and apparent density for agglomerated cork stoppers	圆柱状软木瓶塞物理性能测试——成型软木塞的质量和表观密度测定	试验方法
24	ISO/TC 87	ISO 10718：2015	Cork stoppers-Characterization of a low-in-germs stopper，through the enumeration of colony-forming units of yeasts，moulds and bacteria，capable of both being extracted and growing in alcoholic medium	低菌软木塞的表征方法——测量酵母、霉菌和细菌（能在酒精介质中提取和成长）的菌落形成数	试验方法
25	ISO/TC 87	ISO 20752：2014	Cork stoppers—Determination of releasable 2，4，6-trichloroanisol（TCA）	软木塞：可迁移2，4，6-三氯苯甲醚测定	试验方法
26	ISO/TC 87	ISO 21128：2006	Cork stoppers—Determination of oxidizing residues-Iodometric titration method	软木塞：氧化残留物的测定 碘量滴定法	试验方法
27	ISO/TC 87	ISO 22308：2005	Cork stoppers—Sensory analysis	软木塞：感官分析	试验方法
28	ISO/TC 87	ISO 17727：2012	Cork—Cork stoppers for still wine-Sampling plan for the quality control of cork stoppers	软木——无气葡萄酒用软木塞的质量控制取样方法	试验方法
29	ISO/TC 87	ISO 9727—6：2007	Cylindrical cork stoppers-Physical tests Part 6：Determination of liquid tightness	圆柱状软木瓶塞物理性能测试6——液体密封性测试	试验方法
30	ISO/TC 87	ISO 9727—7：2007	Cylindrical cork stoppers-Physical tests Part 7：Determination of dust content	圆柱状软木瓶塞物理性能测试7——粉尘含量测定	试验方法
31	ISO/TC 87	ISO 9727—1：2007	Cylindrical cork stoppers-Physical tests Part 1：Determination of dimensions	圆柱状软木瓶塞物理性能测试1——尺寸测定	试验方法
32	ISO/TC 87	ISO 9727—3：2007	Cylindrical cork stoppers-Physical tests Part 3：Determination of humidity content	圆柱状软木瓶塞物理性能测试3——含水量测定	试验方法
33	ISO/TC 87	ISO 9727—6：2007	Cylindrical cork stoppers-Physical tests Part 6：Determination of liquid tightness	圆柱状软木瓶塞物理性能测试6——液体密封性测试	试验方法

续表

序号	国际标准化组织编号	国际标准号	国际标准名称	国际标准中文名	标准类别
34	ISO/TC 87	ISO 9727—4：2007	Cylindrical cork stoppers-Physical tests Part 4：Determination of dimensional recovery after compression	圆柱状软木瓶塞物理性能测试——压缩后的尺寸回弹性能	试验方法
35	ISO/TC 87	ISO 9727—5：2007	Cylindrical cork stoppers-Physical tests Part 5：Determination of extraction force	圆柱状软木瓶塞物理性能测试5——拔出力的测定	试验方法
36	ISO/TC 87	ISO 16420：2013	Cork-Cork stoppers for still wines-Mechanical and physical specifications	无气葡萄酒软木塞用栓皮 物理力学性能规范	产品标准
37	ISO/TC 87	ISO 16419：2013	Cork—Visual anomalies of cork stoppers for still wines	软木——无气葡萄酒用软木塞的外观缺陷	产品标准
38	ISO/TC 87	ISO 4710：2000	Cork-Cylindrical stoppers for sparkling wines and gasified wines-Characteristics	用于起泡葡萄酒的圆柱形软木塞的特征	产品标准

从表 11-5 可见，软木国际标准，软木瓶塞方面的标准有 18 项，占 46%，分别由瓶塞物理性质试验方法工作组（ISO/TC87/WG 9 Stoppers-Physical test methods)、瓶塞化学性质试验方法工作组（ISO/TC87/WG 10 Stoppers-Chemical test methods)、瓶塞感知性质试验方法工作组（ISO/TC87/WG 12 Stoppers-Sensorial test methods）归口管理；

软木原材料标准 9 项，占 23%，由原材料（ISO/TC87/WG 17 Raw material）工作组归口管理；

软木规范、取样方法、软木可持续发展标准 11 项，占 28%，分别由取样方法工作组（ISO/TC87/WG 14 Sampling)、软木可持续发展工作组（ISO/TC87/WG 15 Sustainable development in the cork field)、软木规格工作组（ISO/TC87/WG 19 Cork-Specifications）归口。软木术语标准 1 项，由软木术语工作组（ISO/TC87/WG 18 Cork Vocabulary）归口管理。

从现行标准的制修订年代来看，2000 年以前发布实施的 2 项，分别为 ISO 2509：1989 Sound—absorbing expanded pure agglomerated cork in tiles（具有吸声功能的软木砖——自聚结软木）和 ISO 3810：1987 Floor tiles of agglomerated cork-Methods of test（自聚结膨胀软木地板——测试方法)；2000 年后发布实施的标准 36 项，其中 2000—2010 年期间发布实施 14 项，2010 年发布实施 22 项（表 11-5)。

参考文献

［1］白殿一，等．标准的编写［M］．北京：中国标准出版社，2009.

［2］甘藏春，田世宏．中华人民共和国标准化法释义［M］．北京：中国法制出版社，2018.

［3］关桂峰．京津冀将在多领域实施统一的区域标准［EB/OL］．2015-03-07. http：//finance. sina. com. cn/china/dfjj/20150307/164221669467. shtml.

［4］国家标准化管理委员会．中国标准化发展年度报告（2020）［R］．2021，7.

［5］刘杰，张定康．标准化战略：领导干部必读［M］．北京：中国质检出版社，中国标准出版社，2017.

［6］李春田．标准化概论［M］．6 版．北京：中国人民大学出版社，2014.

［7］麦绿波．标准学：标准的科学理论［M］．北京：中国科学出版社，2019.

［8］上海市工商行政管理局．"走进新条例"协同推进长三角区域标准化合作［EB/OL］．2019-9-24. https：//baijiahao. baidu. com/s？ id＝1645537310633083009.

［9］宋大成．安全生产标准化指南［M］．北京：煤炭工业出版社，2012.

［10］王瑞，段新芳．中国定制木质家居产业标准体系研究［M］．北京：中国建材工业出版社，2020.

［11］叶柏林．质量　标准化　计量百科全书［M］．北京：中国大百科全书出版社，2001.

［12］张冉，段新芳．中国林产工业循环经济标准体系及其绿色产品评价标准［M］．北京：中国建材工业出版社，2018.

［13］住房和城乡建设部标准定额司．工程建设标准编制指南［M］．北京：中国建筑工业出版社，2009.

［14］住房和城乡建设部标准定额研究所．中国工程建设标准化发展报告（2020）［M］．北京：中国建筑工业出版社，2021.

［15］中华人民共和国住房和城乡建设部．住房城乡建设部关于印发深化工程建设标准化工作改革意见的通知．（建标〔2016〕166 号）．

［16］中华人民共和国质量监督检验检疫总局，中国国家标准化管理委员会．GB/T 20000. 1—2014 标准化工作指南 第 1 部分 ：标准化和相关活动的通用术语［S］．北京 ：中国标准出版社，2015.

［17］陈迎，巢清尘，等. 碳达峰、碳中和 100 问［M］．北京：人民日报出版社，2021.

［18］安永碳中和课题组．一本书读懂碳中和［M］．北京：机械工业出版社，2021.

［19］李阳．碳中和与碳捕集利用封存技术进展［M］．北京：中国石化出版社，2021.

［20］中金公司研究部，中金研究院．碳中和经济学［M］．北京：中信出版集团，2021.